新編諸子集成續編

意林校釋

下

王天海
王　韌　撰

中華書局

意林校釋卷四

四五　風俗通三十一卷　應劭。

應劭，字仲瑗，一字仲遠，汝南南頓（今河南項城西）人，生卒年不詳。應劭年少篤學，博覽多聞。東漢靈帝時舉孝廉，熹平二年爲郎，六年爲汝南主簿，中平六年出任泰山太守。興平初年依袁紹，詔爲袁紹軍謀校尉，後卒於鄴縣。事見後漢書應奉傳。

風俗通亦稱風俗通義，隋志雜家載三十一卷，録一卷，兩唐志作三十卷，宋志作十卷。今所存本以元大德刻本爲最早，乃殘闕之本，後收入四部叢刊。上海古籍出版社重印原中法漢學研究所編印的風俗通義通檢時，據四部叢刊本排印了風俗通義正文十卷，又將清人盧文弨、嚴可均輯佚文並張澍所補風俗通姓氏篇予以訂正增補，編爲佚文六卷，一併附後。本書即以此本參校。意林所録五十七條，見於今傳本者僅十二條，其餘四十五條見於佚文中。

1　序云〔一〕：風者，天氣有寒煖，地形有險易〔二〕，水泉有美惡，草木有剛柔。俗者，含血之類，象之而生〔三〕。百里不同風，千里不同俗〔四〕。周秦常以八月遣輶軒使者〔五〕，採異代方言，藏之秘府〔六〕。及嬴氏之亡，遺棄殆盡〔七〕。蜀人嚴君平有千餘言，林閭翁孺者才有梗概，與揚雄注續〔八〕，云：「二十七年，凡九千字〔九〕。」張竦云〔一〇〕：「懸諸日月，不刊之書〔一一〕。」余雖不才，敢比隆於斯人〔一二〕。

〔一〕此二字爲馬總録文時所加。以下爲應劭原序之文，見今本。

〔二〕「險易」，御覽引作「陰陽」。

〔三〕含血之類：此指有血液的人及其他動物。象之：仿效萬物。

〔四〕此二句上，今本有「傳曰」二字，句下尚有「户異政，人殊服，由此言之，爲政之要，辨風正俗最其上也」數句。此爲應劭著書宗旨，故録之供參閱。

〔五〕「八月」上，今本有「歲」字；「使者」，今本作「之使」。輶軒：輕便小車，古代使者所乘。

〔六〕「方言」，道藏本作「芳言」，誤。「採」，今本作「求」；句下有「還奏籍之」四字。秘府：古代王室中專門收藏要籍的書庫。

〔七〕此句今本作「遺脱漏棄，無見之者」。嬴氏：秦始皇姓嬴名政，故秦朝亦稱嬴氏。

〔八〕此三句，上句「千」，道藏本誤作「十」；次句「者」，道藏本誤録於「才」字下；下句「云」道藏本誤録於「注」字下。此與上句，今本作「林閭翁孺才有梗概之法，揚雄好之。天下孝廉衛卒交會，周章質問，以次注續」。嚴君平：名遵，字君平，蜀郡人。以卜筮成都爲生，閑讀老子，稱爲逸民。一生不爲官，卒年九十。揚雄少時曾從其遊學。事見漢書王吉傳序。林閭翁孺：復姓林閭，字翁孺，名未詳。西漢臨邛人。隱居不仕，揚雄師之，因作方言。事見方言載揚雄答劉歆索方言書，又見華陽國志。

〔九〕「云」字原脱，據道藏本補。此二句今本作「二十七年，爾乃治正，凡九千字」。

〔一〇〕「云」，今本作「以爲」。張竦：與揚雄同時代人。參見本書卷三論衡第六十條注。

〔一一〕語又見古文苑揚雄答劉歆書：「是懸諸日月，不刊之書也。」不刊：不須删削修改。古代文書刻於竹簡，有錯誤用刀削去叫「刊」。

〔一二〕此二句今本作「予實頑暗，無能述演，豈敢比隆於斯人哉」。比隆：一樣的興盛。

2 神農者：神，信也；農，濃也，其德濃厚若神〔一〕。五帝：黄帝、顓頊、帝嚳、堯、舜也〔二〕。黄，光也〔三〕；顓，專也；頊，信也〔四〕；嚳，考也〔五〕；堯，高也〔六〕；舜，推也，修原作「循」，下同。也，言推德行，修堯之緒〔七〕。三王：禮號謚記曰〔八〕：「夏禹、殷湯，周武王〔九〕。」禹，輔也〔一〇〕；湯，昌也〔一一〕；王，往也，言天下所歸往〔一二〕。五伯：春秋云：「齊桓、晉文、秦繆、宋襄、楚莊〔一三〕。」伯者，白也，長也，言其咸建五長，功實明白〔一四〕。伯者，把也，言其把持天下之政〔一五〕。

〔一〕此上之文見今本卷一皇霸篇三皇章，原作「神農：神者，信也；農者，濃也。德濃厚若神，故爲神農也」。

〔二〕以上見今本卷一皇霸篇五帝章，原作「易傳、禮記、春秋、國語、太史公記：黄帝、顓頊、帝嚳、帝堯、帝舜，是五帝也」。此五人爲傳説中上古五帝，實爲我國遠古部落聯盟酋長。

〔三〕「黄，光也」，今本作「黄者，光也，厚也。中和之色，德四季，與地同功，故先黄以别之也」。其下「顓」、「頊」、「嚳」、「堯」、「舜」五字下，今本亦皆有「者」字。

〔四〕此下，羣書拾補增「慤也」二字，並曰：「二字脱，御覽有。」句下今本尚有「言其承易，文之以質」等四句。

〔五〕句下今本尚有「成也，言其考明法度，醇美嚳然，若酒之芬香也」四句。

〔六〕句下今本尚有「嬈也，言其隆興焕炳，最高明也」三句。

〔七〕此上五句今本作「舜者，推也，循也，言其推行道德，循堯緒也」。緒：功績。

〔八〕「記」字道藏本脱；「曰」，道藏本作「云」。

〔九〕「三王」至此，今本作「禮號謚記説：夏禹、殷湯、周武王，是三王也」。

〔一〇〕句下今本有「輔續舜後」數句，文繁不引。

〔一一〕「昌也」上，今本有「攘也」二字，其下有「言其攘除不軌，改亳爲商，成就王道，天下熾盛」數語。

〔一二〕上三句今本作「王者，往也，爲天下所歸往也」，且句上今本有「文、武皆以其所長。夫擅國之謂王，能制割之謂王，制殺生之威之謂王」數句。「三王」句至此，見今本卷一皇霸篇三王章。

〔一三〕此以上，今本作「春秋説：齊桓、晉文、秦繆、宋襄、楚莊，是五伯也」。

〔一四〕「長也」，今本在「白也」上。五長：五國諸侯之長。書益稷：「外薄四海，咸建五長。」孔傳曰：「至海諸侯，五國立賢者一人爲方伯，謂之五長，以相統治，以獎帝室。」功實：功業實績。

〔一五〕此上三句今本作「或曰：霸者，把也，駁也，言把持天子政令」。伯：同「霸」。「言」，道藏本作「而」。

3 按：秦昭王太后始臨朝也〔一〕。

〔一〕句下底本有聚珍本館臣案曰：「此條上下當有缺文。」周廣業注亦認爲有脱文，並引考要云：「漢唐以來，女主臨朝專制，自芈太后始。」又稱：「此下九條今本闕。」秦昭王太后：又稱宣太后，秦昭王之母，芈姓，叫做芈八子。楚國貴族出身。秦昭王年幼繼位，由她把持朝政。秦昭王：即秦昭襄王，戰國時秦國國君，名稷，一作側。先入質於燕，後回國即位，宣太后專權。後用范雎爲相，收回實權。天海案：戰國時趙威太后與秦宣太后同時，亦專朝政，事見戰國策齊策。嚴氏輯本引此條，文同。

4 牧、守長不宜數易。按：尚書有考績〔一〕。孔子曰：「如有用我者，期月而已〔二〕，三年有成。」鄭子産從政三年，民乃歌之。賢聖尚須漸進，況中才乎？數易豈不紛錯道路也〔三〕？

〔一〕考績：考覈官吏政績，見尚書舜典：「三載考績。三考，黜陟幽明。」

〔二〕期月：一年。論語子路：「苟有用我者，期月而已可也，三年有成。」疏：「期月，周月也，謂週一年之十二月也。」

〔三〕中才：中等才能的人，即一般的人。紛錯：紛亂、複雜。天海案：嚴氏輯本引此條，文同。

5 古制本無奴婢，奴婢皆是犯事者。奴者，頑劣；婢者，卑陋〔一〕。

〔一〕「頑」字道藏本、四庫本脱。卑陋：低賤鄙陋。天海案：嚴氏輯本引此條，文同。又見藝文類聚、初學記，文略異。

6 里語云：「取官漫漫，怨死者半〔一〕。」昔在清平之世，使明恕君子哀矜折獄〔二〕，尚有怨言，況在今時耶？應劭，三國時人。此當時語〔三〕。

〔一〕「取」，御覽作「縣」。「怨」，御覽作「冤」。取官：治官，即刑獄官。取：治理。老子：「取天下，常以無事。」河上公注：「取，治也。」漫漫：昏瞶糊塗。

〔二〕明恕：明信寬厚。哀矜折獄：抱着同情心斷案，尚書呂刑作「哀敬折獄」。

〔三〕此爲意林自注之文。應劭爲東漢末年人，非三國時人，此或未審之故。説見題解。

7 光武車駕徙都洛陽，載素簡紙經凡二千兩〔一〕。董卓盪覆王室，天子西移，中外倉卒〔二〕，所載書七十車，於道遇雨，分半投棄。卓又燒焫觀閣，經籍盡作灰燼，所有餘者，或作囊帳。先王之道幾湮滅矣〔三〕。

〔一〕光武：即東漢光武帝劉秀。漢高祖劉邦九世孫，少長民間，王莽地皇三年起兵，更始三年即帝位，定都洛陽，建立東漢，號光武帝。素簡紙經：絹帛、竹簡、紙書，泛指典籍文獻。兩：通「輛」。尚書牧誓序：「武王戎車三百兩。」傳：「車稱兩。」

〔二〕董卓：字仲穎，臨洮人。漢少帝時，大將軍何進謀誅宦官，密召卓引兵入京，誅滅宦官後卓專權，廢少帝，立獻帝，兇暴淫亂。袁紹等舉兵討伐，董卓便挾獻帝西遷長安，自爲太師。後司徒王允設計誘呂布殺卓，棄屍於市。後漢書、三國志有傳。中外：宮廷內外。倉卒：即「倉猝」。

〔三〕聚學軒本周廣業注曰：「隋經籍志：『獻帝西遷，圖書縑帛，軍人皆取以爲帷幕。所收而西，猶七十餘載。兩京大亂，掃地皆盡。』據應氏，則載以西者已無七十車矣。」天海案：「湮滅」，道藏本作「煙滅」，嚴氏輯本作「堙滅」。嚴氏輯本引此條，文略異。御覽亦引之。

8　俗説有功得賜金者，皆黄金也。按：孫子兵書：「日費千金〔一〕。」千金，百萬錢也。陳平間楚千金，贈二疏金五十斤〔二〕，並黄金也。或云：一金亦是一萬錢也〔三〕。

〔一〕此語見孫子用間篇。

〔二〕「間楚」，道藏本、四庫本作「諫楚」。間楚：指陳平離間楚王項羽與范增、鍾離昧事。史記陳丞相世家：「漢王以爲然，乃出黄金四萬斤與陳平。」二疏：漢宣帝時名臣疏廣與其侄疏受。疏廣爲太傅，疏受爲少傅，並以年老辭官，皇上賜金二十斤，皇太子贈以五十斤。事見漢書疏廣傳。

〔三〕一金：一斤。史記平準書：「一黄金一斤。」索隱：「秦以一鎰爲一斤，漢以一斤爲一金。」天海案：

嚴氏輯本引此條，文同。御覽亦引之。

9 不養併生三子，俗説似六畜，妨父母〔一〕。按：春秋、國語，越王時，民生二子與之餼〔二〕，生三子與之乳母，遂滅强吴，何害之有〔三〕？

〔一〕「養」，御覽作「舉」。併生：同胎而生。此二句御覽作「俗説生子至於三，似六畜，言其妨父母，故不舉之也」。

〔二〕「餼」，此指糧食，道藏本作「餘」。此二句御覽作「越王勾踐令民生二子者與之餼」。

〔三〕上句「遂」，御覽引作「卒」；下句御覽無。

10 不舉父同月子，俗云妨父〔一〕。按：左傳，魯桓公子與父同月生，因名子同〔二〕。漢明帝亦與光武同月生〔三〕。

〔一〕聚學軒本周廣業注曰：「後漢書張奂傳：武威郡俗多妖，忌凡二月、五月生子及與父母同月生者，悉殺之。」

〔二〕此以上御覽引作「謹案：左氏傳，桓公之子與父同月生，因名子同」。「月」下「生」字原脱，據補。魯桓公：名軌，一名允，春秋時魯國國君，公元前七一一年至前六九四年在位。同：魯桓公之子，是爲魯莊公。

〔三〕漢明帝：名莊，光武帝劉秀第四子，公元五八年至七六年在位。善理刑，重儒學。

11 不宜歸生，俗云令人衰〔一〕。按：婦人好以女易他男，故不許歸〔二〕。

〔一〕聚學軒本周廣業注曰：「出嫁女不宜歸母家生子。」歸生：出嫁之女回娘家生子女。女子出嫁後回娘家，叫做歸。人衰：人丁減少。

〔二〕「婦人」，道藏本、四庫本作「人婦」。天海案：嚴氏輯本引此條，文同。以上九條，今本正文皆無。

12 封泰山。俗説岱宗上有金篋玉策〔一〕，能知人年壽修短。武帝探得十八〔二〕，因倒讀之曰八十〔三〕。按：岱宗封者，立石高一丈二尺，刻之曰〔四〕：「事天以禮，立身以義，事父以孝，成名以仁〔五〕。四方之内，莫不師服〔六〕。」刻石紀號，著功績也〔七〕。其時武帝已年四十七，因何更得十八〔八〕？若言倒讀，神無福矣〔九〕。余承乏東嶽，忝素六載，數經祈祀〔一〇〕，咨問長老更上泰山者，云：「無金篋玉牒探籌之事〔一一〕。」

〔一〕「封泰山」三字當爲本章小標題，今本卷二正失篇正有封泰山禪梁父一章。古代帝王在泰山上築土爲壇以祭天，報天之功，叫做「封泰山」；在泰山下梁父山上辟場祭地，叫做「禪梁父」。自秦漢以後，歷代帝王都把封禪作爲國家興盛大典。岱宗：泰山別稱岱，古人認爲是四岳之宗，故稱。金篋玉策：金箱玉書，極言絶密珍貴。

〔二〕「探」下，今本有「策」字。武帝：此指漢武帝劉徹。

〔三〕此句今本作「因讀曰八十」。

〔四〕「刻」，今本作「剋」，盧文弨拾補曰：「同刻。」

〔五〕「成名」，今本作「成民」，疑今本有誤。

〔六〕上句「方」，今本作「守」，盧文弨拾補曰：「續漢書作『海』。」下句今本作「莫不爲郡縣」。「師服」，聚學軒本周校作「帥服」。師服：率衆歸服。詩大雅文王「殷之來喪師，克配上帝」，鄭玄箋：「師，衆也。」

〔七〕「刻」，今本作「剋」；「功」，今本作「己」。

〔八〕「四十七」，道藏本、廖本、四庫本作「三十七」，誤。考漢書武帝紀，漢武帝十六歲即位，三十年後，即元封元年，始封泰山，應爲四十七歲。今本正作「武帝已年四十七矣」。下句今本作「何緣反更得十八也」。

〔九〕此二句今本作「權時倒讀，焉能誕招期乎」。

〔一〇〕「余」下，今本有「以空僞」三字。「經」，今本作「聘」。「祀」，今本作「祠」。承乏：謙詞，表示自己無才擔任此職，一時因無適當人選而暫時充任。東嶽：泰山別稱。忝素：謙詞，愧居官位，猶尸位素餐。祈祀：祭祀祈禱。應劭曾任泰山太守，故有此説。

〔一一〕此上之文，今本作「咨問長老賢通上泰山者，云：殊無有金篋玉牒探籌之事」。長老：年壽高的人的通稱。探籌：摸籌策，猶今抽籤。道藏本、廖本、四庫本皆作「探壽」。天海案：此條散見於今本卷二正失篇封泰山禪梁父一章，文略異。

13 東方朔是太白精〔一〕，黃帝時作風后，堯時作務成子〔二〕，後又生於越〔三〕，在越作范蠡，在齊作鴟夷子，言其變化無常也〔四〕。按：朔滑稽之雄〔五〕，俗人因以怪語附之，安得神耶〔六〕？

〔一〕此句今本作「俗言東方朔太白星精」。東方朔：參見本書卷三桓譚新論第十一條注。太白精：即太白金星，又名啓明、長庚，傳説爲主殺伐之神。

〔二〕此條四「作」字，今本作「爲」。風后：相傳爲黃帝之相。務成子：複姓務成，名昭，相傳爲堯、舜之師。

〔三〕此句今本作「周時爲老聃」，聚學軒本此句作「後又生於周，爲老聃」。范蠡：參見本書卷一范子題解。

〔四〕「鴟夷子」，今本作「鴟夷子皮」。下句今本作「言其神聖，能興王霸之業，變化無常」。鴟夷子：范蠡浮海到齊國，改名鴟夷子皮。

〔五〕此句今本作「謹按：漢書，東方朔，平原人也……其滑稽之雄乎」，文繁不具引。

〔六〕此二句今本作「而後之好事者因取奇言怪語附著之耳，安在能神聖歷世爲輔佐哉」。天海案：此條見今本卷二正失篇東方朔一章。

14 彭城相袁元服，父伯楚作光禄卿，於服中生子〔一〕，自謂年長〔二〕，不孝莫大於無後，故收舉之。君子不隱其過，因以「服」作字。按：元服名賀，母汝南人〔三〕。祖名京〔四〕，作侍中時，安帝加元服〔五〕，百官來賀。垂出而孫兒生〔六〕，喜其嘉會〔七〕，因名作「賀」，字元服。服父伯楚歷典三郡〔八〕，早喪妻，不肯娶〔九〕。臨終敕子使留葬，「無取汝母喪柩〔一〇〕。若亡者有知，往來不難；若無知，只爲煩耳。」清高若此，豈有服中生子而名作「賀」〔一一〕？

〔一〕上句「袁」，道藏本誤作「表」。此句今本作爲此章小標題。彭城：東漢章和二年改稱彭城國，治在今江蘇銅山縣。相：官名。此爲諸侯國小相，漢時中央派往各諸侯國的行政官員。次句今本作「俗説元服父字伯楚，爲光禄卿」。伯楚：袁京之子，名彭，字伯楚，少傳家學，歷任廣漢、南陽太守。漢順帝時爲光禄勳，爲官清正。光禄卿：秦置此官，掌管宮殿門户。漢武帝時改名光禄勳，掌管宮中職事官吏，爲九卿之一。下句今本作「於服中生此子」。服中：居喪期間。

〔二〕此句今本作「時年長矣」。

〔三〕此句今本無「母」字，作「汝南人也」。黄以周案：各本「賀」下衍「母」字，周校本無。天海案：汝南：郡名，西漢劉邦時置，治在上蔡。東漢時移治平輿。

〔四〕此句今本作「祖父名原」，誤。據後漢書袁安傳「安子京，字仲譽；京子彭，字伯楚；彭子賀，汝南汝陽人」，故作「京」是。

〔五〕此二句道藏本、四庫本作「作侍中，安帝時生元服」；今本作「爲侍中，安帝始加元服」。安帝：東漢安帝劉祜，公元一〇七年至一二五年在位。元服：即冠、帽子。儀禮士冠禮：「令月吉日，始加元服。」漢書昭帝紀：「元鳳四年春正月丁亥，帝加元服。」注：「元者，首也。冠者首之所著，故曰元服。」加元服，即舉行加冠禮。

〔六〕垂出：將要出宮，道藏本、四庫本作「垂老」。此上二句今本作「百官會賀，臨嚴，垂出，而孫兒適生」。

〔七〕「嘉」，今本作「加」。嘉會：國運昌盛的際會，此指漢安帝加冠盛典。

〔八〕此句今本作「伯楚名彭，清擬夷叔，政則冉季，歷典三郡，至位上列」。歷典：歷任。三郡：未詳。後漢書袁安傳稱袁伯楚歷任廣漢、南陽二郡太守，未言三郡。

〔九〕此二句今本作「賀早失母，不復繼室」。

〔一〇〕此二句今本作「及臨病困，敕使：『留葬，侍衛先公，慎無迎取汝母喪柩』」。「使」，原作「便」，此據今本改。

〔一一〕此二句今本作「清高舉動，皆此類也，何其在服中生子而名之賀者乎」。此條散見於卷二正失篇彭城相袁元服一章。

15 汝南王叔漢，父子方出遊〔一〕，二十餘年不還。叔漢作尚書郎〔二〕，有人告子方死於汝南，即遣兄伯三往迎喪。叔漢即發哀，詔書賻錢二十萬〔三〕。既而子方從蒼梧還〔四〕，叔漢詣闕乞納賻錢，受虛妄罪〔五〕。靈帝詔將相大夫會議之，博士任敏議曰〔六〕：「凡人中壽七十，視父同儕亡，可製服也〔七〕。子方在遠，人指其處不可驗也，罪不可加焉。」詔書還錢，復本官〔八〕。

〔一〕王叔漢：叔漢爲其字，名未詳。子方：王叔漢父之字。
〔二〕尚書郎：秦漢時郎中令屬官有侍郎，東漢以後尚書屬官初任職稱郎中，一年後稱尚書郎，三年後稱侍郎。
〔三〕發哀：舉哀發喪，道藏本作「發衰」。賻錢：助喪的錢。
〔四〕蒼梧：東漢郡名，在今廣西東部。
〔五〕詣闕：赴皇上宫闕。虚妄罪：即欺君之罪。此指用荒誕不經的事來欺騙皇上。
〔六〕靈帝：東漢靈帝劉宏，公元一六八年至一八八年在位。會議：召集羣臣商議。「曰」，道藏本、四庫本作「云」。博士：戰國時始設的學官。西漢時設五經博士，可參預國政。東漢光武時立十四博士。任敏：人名，事未詳。
〔七〕中壽：古人説法不一。莊子盜跖以八十爲中壽，淮南子原道以七十爲中壽，吕氏春秋安死、抱朴子至理以六十爲中壽。同儕：同輩的人。製服：製辦喪事服裝。
〔八〕底本句下聚珍本館臣案及聚學軒本周廣業注並曰：「此下六條今缺。」天海案：此條今本無，嚴氏輯本引此，文同。

16　汝南張妙會杜士〔一〕，士家娶婦，酒後相戲，張妙縛杜士，捶二十〔二〕，又懸足指，士遂致死。鮑昱決事云〔三〕：「酒後相戲，原其本心，無賊害之意，宜減死也〔四〕。」

〔一〕張妙、杜士：皆人名，事未詳。

〔二〕「十」下，嚴氏輯本有「下」字。

〔三〕鮑昱：東漢光武帝時人，字文泉，有智謀。爲官仁愛，境内安寧。中元初（公元五五年）拜司隸校尉，漢明帝時任汝南太守，累遷司徒，後拜太尉。後漢書有傳。決事：獄案判決詞。

〔四〕賊害：故意殺害。減死：免死。天海案：嚴氏輯本引此，文略異。御覽亦引此文。

17 汝南周翁仲婦産一女，會屠者妻産一男〔一〕，翁仲妻密以錢易屠者之男。後翁仲作北海相，使見鬼主簿周光，與兒同祭先塋〔二〕。主簿回謂翁仲曰：「祭所但見屠兒敝衣繿縷，持刀割肉〔三〕，別有人帶青綬仿偟東廂不進〔四〕，何也？」翁仲乃持劍問妻，妻具陳其事。翁仲曰：「凡有子者，欲承先祖，先祖不享〔五〕，何用？」遂以車馬送還屠家，乃迎其女。女已嫁賣餅人，取歸，適安平李文思〔六〕。文思官至南陽太守〔七〕。神不歆非類，明矣，豈得養他人子乎〔八〕？

〔一〕「妻」字原脱，據道藏本、四庫本補。此二句御覽作「汝南周霸，字翁仲，爲太尉掾。婦於乳舍生女，自毒無男，時屠婦比卧得男」。周翁仲：名霸，字翁仲，漢汝南人。曾爲太尉掾。

〔二〕北海：西漢郡名。東漢時改爲北海國，治所在劇。主簿：官名。漢以後中央到地方各級官府中皆設此職，掌印鑒、文書簿籍，爲掾吏之首。周光：人名，事未詳。先塋：祖先的墳地。

〔三〕「屠兒」：疑當作「屠者」；「刀」，道藏本作「刃」。此二句御覽作「但見屠者弊衣蠡結，倨神坐」。

〔四〕青綬：青色印帶。漢朝三公以上佩金印紫綬，御史大夫位上卿，佩銀印青綬。
〔五〕承：奉承，指爲祖先捧上祭品。享：鬼神享用祭品。
〔六〕安平：縣名，在今河北省。李文思：人名，事未詳。
〔七〕南陽，郡名，治宛，地在今河南南陽。
〔八〕歆：即「享」。非類：不是同族類。天海案：此條見嚴氏輯本引御覽，文詳於此。

18 陳留有富翁，年九十無男〔一〕，娶田舍女，一宿身死，後産一男〔二〕。至長，女曰：「我父娶一宿身亡，此子非父之子〔三〕。」遂争財，數年不決。丞相邴吉決云〔四〕：「老翁兒無影，不耐寒〔五〕。」其時八月中〔六〕，取同歲小兒，俱解衣試之〔七〕，老翁兒獨呼寒〔八〕，日中行，果然無影，遂以財與之〔九〕。

〔一〕「富翁」，嚴氏輯本作「富室公」；「男」，嚴氏輯本作「子」。陳留：春秋時爲留地，屬鄭，後爲陳所併，故稱陳留。秦始皇時置縣，漢時置郡。今屬河南開封市。
〔二〕此上之文，書鈔作「娶田家女爲妾，一交接便氣絶，後生得男」，嚴氏輯本同書鈔。
〔三〕聚學軒本周廣業注引天中記：「謂其母曰：我父年尊，無復人道，一宿斯須何由有子。汝小家淫佚，乃欲污我種類乎。」此以上嚴氏輯本引作「其女誣其淫佚有兒，曰：我父死時年尊，何一夕便有子」。
〔四〕此句嚴氏輯本作「丞相邴吉出，上殿決獄，云」。邴吉：一作「丙吉」，魯人，字少卿，漢宣帝時爲丞相。

〔五〕此二句嚴氏輯本作「老公子不耐寒，又無影」。聚學軒本周廣業注引天中記：「曾聞真人無影，老翁子亦無影，又不耐寒，可共試之。」

〔六〕「中」字嚴氏輯本無。

〔七〕「試之」，嚴氏輯本作「裸之」。

〔八〕此句嚴氏輯本作「此兒獨言寒」。

〔九〕此上三句，嚴氏輯本作「復令並行日中，獨無影。大小歎息，因以財與兒」。天海案：此條今本闕，嚴氏輯本引御覽，文多異。

19 潁川有兄弟同居，兩婦俱懷姙〔一〕。長婦數月胎傷不言，知産期至，俱卧産房，候弟婦産得一男，夜盜之，因争，三年不決〔二〕。丞相黄霸殿前令以兒去兩母各十步〔三〕，叱兩婦，令争取之〔四〕。長婦抱持甚急，兒大啼，弟婦恐傷，放之〔五〕。長婦色喜〔六〕，弟婦愴然。霸曰：「此弟婦子也。」即劾長婦，果然伏罪〔七〕。

〔一〕此二句嚴氏輯本作「潁川有富室，兄弟同居，兩婦皆懷姙數月」；姙，一作「孕」。潁川：郡名，轄今河南省中南部。漢治陽翟，晉移治許昌。

〔二〕此上之文，嚴氏輯本作「長婦胎傷，因閉匿之；産期至，同到乳舍。弟婦産男，夜因盜取之；争訟三年，州郡不能決」。郡，一作「縣」。

〔三〕此句嚴氏輯本作「丞相黄霸出坐殿前，令卒抱兒去兩婦各十餘步」。黄霸：淮陽夏人，字次公，少學律令，宣帝時任揚州刺史、潁川太守。後爲御史大夫、丞相，封建成侯。人稱其治政「外寬内明」。漢代言治民吏，以黄霸爲第一。見漢書循吏傳。

〔四〕此二句嚴氏輯本作「叱婦曰：自往取之」。

〔五〕此上三句，嚴氏輯本作「長婦搶兒甚急，兒大啼叫。弟婦恐相害之，因乃放與」。

〔六〕此句嚴氏輯本作「長婦甚喜」。

〔七〕上句嚴氏輯本作「責問大婦」。下句「伏」上，嚴氏輯本有「乃」字。天海案：此條今本闕，嚴氏輯本引御覽，文多異。

20　臨淮有一人持一疋縑〔一〕，到市賣之，遇雨披之〔二〕。後有一人求庇蔭一頭之地；雨霽，共争之〔三〕。丞相薛宣決曰：「縑直數百，何用紛紛〔四〕。」遂中斷，各與半，續察之〔五〕，縑主稱冤不已，後人有喜色〔六〕。宣知其情，考而伏之〔七〕。

〔一〕臨淮：郡名。西漢置，治徐州。東漢廢。疋：同「匹」，漢書食貨志：「布帛廣二尺二寸爲幅，長四丈爲匹。」縑：雙絲織成微帶黄色的細絹。

〔二〕此句嚴氏輯本作「道遇雨披戴」。

〔三〕此上三句，嚴氏輯本作「後人求共庇蔭，因與一頭之地。雨霽當别，因共争鬥，各云我縑，詣府自言」。庇蔭：遮蓋。

〔四〕此二句嚴氏輯本作「縑直數百錢耳，何足紛紛自致縣官」。紛紛：争執不休。後一「紛」字，底本原誤作「粉」，徑改。薛宣：東海郯人，字贛君。曾任陳留太守、御史大夫，後代張禹爲相。因其子犯殺人罪，免爲庶人。漢書有傳。

〔五〕此三句嚴氏輯本作「呼騎吏，中斷縑，各與半，使追聽之」。

〔六〕上句「冤」字，嚴氏輯本作「怨」；下句作「後人曰受恩，前撮之」，且在「縑主稱冤不已」句上。

〔七〕此二句嚴氏輯本作「宣曰：固知當爾也。因詰責之，具服，俾悉還本主」。天海案：此條今本闕，嚴氏輯本引御覽，文詳於此。

21 周公樂曰勺，勺者斟酌先祖之道〔一〕。武王樂曰武，武功定天下也〔二〕。舜樂曰韶，韶者紹堯也〔三〕。堯樂曰大章，章者彰也〔四〕。帝嚳樂曰五英，英者華也〔五〕。劉向云〔六〕：「商，章也，物成就可章度也〔七〕；角，觸也，物觸地載芒角而生也〔八〕；宮者，中也；徵者，祉也，物盛大而繁祉〔九〕；羽者，宇也，物聚藏，宇覆之。聞宮聲使人温潤而廣大〔一〇〕，聞商聲使人方正而好義，聞角聲使人齊整而好禮，聞徵聲使人惻隱而博愛，聞羽聲使人善養而好施〔一一〕。」

〔一〕此二句今本作「周公作勺，勺言能斟勺先祖之道也」。勺：古樂曲名，相傳爲周公旦所作。斟酌：吸取。

〔二〕此二句今本作「武王作武」，「武言以功定天下也」。論語八佾：「謂武，盡美矣，未盡善也。」武：古樂曲名，頌武王克殷武功之樂。

〔三〕「韶者」下，道藏本、四庫本有「紹」字，依文例，此字或衍。此句今本作「韶，繼堯也」。韶：傳説舜所作樂曲名。論語述而：「子在齊聞韶，三月不知肉味。」

〔四〕此二句今本作「堯作大章」，「大章，章之也」。大章：古樂曲名，相傳爲堯所作。禮記樂記：「大章，章之也。」鄭玄注：「堯樂名也，言堯德章明也。」

〔五〕「英者華也」，今本作「五英，英華茂也」。五英：亦作「五瑛」，古樂曲名，傳説爲帝嚳所作。

〔六〕「劉向云」，今本作「劉歆鐘律書」。聚學軒本周廣業注曰：「漢書律曆志亦作『歆』，此作『向』，疑誤。」

〔七〕「成就」，今本作「成熟」。漢書律曆志曰：「商之爲言章也，物成孰可章度也。」章度：衡量，計算。

〔八〕此句今本作「物觸地而出，戴芒角也」。芒角：指幼苗初生的尖葉。

〔九〕「祉」下，今本有「也」字。繁祉：多福。

〔一〇〕「聞」上，今本有「故」字。温潤而廣大：形容人温和寬厚。以下四句中四「聞」字下，今本皆有「其」字。

〔一一〕「齊整」，行爲端莊。今本作「整齊」。「側隱」，原作「隱側」，據今本乙正。「施」，道藏本作「聞」，四庫本作「問」。天海案：此條散見於今本卷六聲音篇，略有不同。

22 琵琶〔一〕，近世樂家所作，不知誰也〔二〕。以手批把，因以得名〔三〕。長三尺五寸，法天地人與五行也；四絃，象四時。

〔一〕「琵琶」，今本作「批把」。盧文弨拾補曰：「釋名皆从木。」琵琶：樂器名，曲首長頸，四絃，一手把絃，一手撥動，故名「批把」，亦作「枇杷」。

〔二〕「不知誰也」，盧文弨拾補曰：「初學記作『不知所起』，御覽同。」

〔三〕「批把」，原作「琵琶」，據今本改。此爲古人因形得聲、因聲求義的訓詁方法。「得」，今本作「爲」。

23　易云：「利見大人〔一〕。」大人與聖人，其義一也〔二〕。

〔一〕此句出自乾卦：「九二：見龍在田，利見大人。」

〔二〕嚴氏輯本引此，文同。底本句下有聚珍本館臣案曰：「此下十一條今缺。」

24　論語云：「君子上達〔一〕。」臧孫紇曰〔二〕：「後有達者，將在孔丘乎〔三〕。」

〔一〕語見論語憲問「子曰：君子上達，小人下達」，意爲君子通達仁義在上，小人通達財利在下。

〔二〕臧孫紇：單名紇，字武仲，春秋時魯國大夫。

〔三〕此二句非盡爲臧孫紇語，原爲孟僖子引用臧孫紇之言而論及孔丘的。事見左傳昭公七年：「九月，公自至楚。孟僖子病不能相禮，乃講學之，苟能禮者從之。及其將死也，召其大夫曰：『禮，人之幹也。無禮，無以立。吾聞將有達者曰孔丘，聖人之後也，而滅於宋。』……臧孫紇有言曰『聖人有明德者，若不當世，其後必有達人』，今其將在孔丘乎。」天海案：此與下條原作一條，依文意當分列二條。嚴氏輯本引此，文同，亦作二條。

25　儒者，區也，别古今賢愚〔一〕。章帝時以賈逵爲通儒〔二〕，時人語曰：「問事不休賈長頭〔三〕。」

〔一〕此句嚴氏輯本作「言其區别古今」，其下尚有十數句，嚴氏稱引後漢書杜林傳注、賈逵傳注。

〔二〕「帝」，道藏本誤作「家」；「爲」作「曰」。章帝：東漢肅宗劉炟，公元七六年至八八年在位。賈逵：參見本書卷三論衡第四十三條注。

〔三〕據本傳載，賈逵身高八尺二寸（漢尺約今八寸），時人戲稱賈長頭。因他自小在太學讀書，不通人間世事，常問人不休，故有此語。

26　禮云：「羣居五人，長者必異席〔一〕。」今呼權貴作長者，非也。

〔一〕此二句見禮記曲禮上第一，「長」上另有一「則」字。長者：年長德高的人。異席：另設一席。

27　管子云：「先生施教，弟子則之〔一〕。」非知古之道，是師者之稱〔二〕。諸生、弟子、學者非一，故曰諸。先生者當如醒，學者譬如醉。言生俱醉，獨有醒者。

〔一〕此二句見管子卷十九弟子職篇，「則之」作「是則」。

〔二〕聚學軒本周廣業注曰：「韓詩外傳：『古之謂知道者曰先生，何也？猶言先醒也。不聞道術之人，冥於得失，眊眊乎其猶醉也。』應氏語蓋本此，而文有脱誤，不可强解。」嚴氏注曰：「此二語疑有訛，大意謂古者以先生爲師之稱也。」天海案：此二句或有脱訛，故文意不屬。

28 祭酒〔一〕。禮云：「飲酒必祭，尊其先也〔二〕。」孫卿在齊，最是老師，故三稱祭酒〔三〕。

〔一〕祭酒：古時饗宴酹酒祭神，必由一尊者或老者舉酒祭地，此位尊年老者便稱爲祭酒。漢代設博士祭酒，爲博士之長，始爲官名。後世沿襲，遂以國學之長爲祭酒。

〔二〕此二句不見於今本禮記。

〔三〕「老師」，道藏本、四庫本誤作「師老」。此三句御覽作「孫卿在齊襄王時，最是老師，三爲祭酒」。史記荀卿傳：「田駢之屬皆已死，齊襄王時，而荀卿最爲老師。齊尚修列大夫之缺，而荀卿三爲祭酒焉。」應氏語應本此。

29 士〔一〕。詩云：「殷士膚敏〔二〕，髦士俊秀，雅士博達〔三〕，烈士有不易之分，處士隱居放言〔四〕。」

〔一〕士：古代四民之一。管子小匡：「士農工商四民者，國之石民也。」士亦指商、西周、春秋時最低一級的貴族階層。尚書多士：「用告商王士。」春秋時士多爲卿大夫家臣，春秋末至戰國時士多指具有文化知識的文人、武士。

〔二〕見詩大雅文王：「殷士膚敏，祼將於京。」傳：「膚，美也；敏，疾也。」殷士：原指殷商的臣子，此指富裕之士。膚敏：品德優秀，言行敏捷。

〔三〕此二句今本詩經未見，詩大雅棫樸有「髦士攸宜」一句。髦士：英俊之士。俊秀：才智出衆。雅士：品行高雅之士。博達：博識通達。

〔四〕此二句今本詩經未見。烈士：指堅貞不屈的剛强之士。不易之分：不可改變的素質、天分。劉劭人物志英雄：「夫聰明者，英之分也。」處士：隱居不仕的士人。放言：放棄言談，即不論説世事；一説爲放縱言談。天海案：應氏此條引詩五句，除首句見於今本詩經外，餘皆未見。且從文意看，是並論五種士人的特點，故不可按詩經原意理解。如「殷士」在詩經中指殷商之士，此當作「富裕之士」解；又如「髦士」在詩經中指英俊之士，此當作「賢能之士」解。嚴氏輯本注曰：「文選曹子建雜詩注引『烈士者，有不易之分』；又鸚鵡賦注引『處士者，隱居放言也』。」然此非詩經語甚明，不知是應氏之誤，還是馬總之誤。

30 易云：「師貞，丈人吉〔一〕。」非徒尊老，須德行先人也。傳云「杖德莫如信」者〔二〕，其恩德可信杖也。

〔一〕此句見今本周易師卦。師：卦名。本卦下卦爲坎，坎爲水；上卦爲坤，坤爲地；地下有水，順勢而行。這是軍旅勢衆之象，故卦名師。李鼎祚周易集解引何晏曰：「師者，軍旅之名。」貞：中正、公正。丈人吉：言指揮者有利。丈人，本指扶杖而行的老人，此借喻軍事指揮的長者。一説「丈」通「杖」，杖人，即持杖指揮者。

〔三〕先人：在人之前，超過別人。傳：此指左傳。「如」，原作「有」，據道藏本改。左傳襄公八年「杖莫如信」，意思是説没有什麽比誠信更可依仗；「德」字或因下文而衍。

31 禮云：十尺曰丈，成人之長也；夫者，膚也〔一〕。言其智膚敏弘教也〔二〕，故曰丈夫。

〔一〕此文今本禮記未見。長：此指身高。周尺小於今尺，約今尺八寸。故用丈概指成年人的高度。膚：美。詩豳風狼跋：「公孫碩膚，德音不瑕。」毛傳：「膚，美也。」

〔二〕「弘」，嚴氏輯本作「宏」。膚敏：品德優秀，言行敏捷。弘教：光大教化。

32 論語云：「匹夫匹婦〔一〕。」傳云：「一晝一夜成一日，一男一女成一室〔二〕。」按：古人男女作衣用二疋，今人單衣，故言匹〔三〕。

〔一〕語見論語憲問：「豈若匹夫匹婦之爲諒也？」匹夫匹婦：一男一女。

〔二〕此二句未詳所出。

〔三〕上句「疋」，同「匹」，嚴氏輯本正作「匹」。下句「匹」，道藏本、四庫本作「疋」，依文意當作「匹」。下句「匹」下，嚴氏輯本有「夫」字。

33 夫人當龍變起，不繫鄉里〔一〕。若止繫風俗〔二〕，見善不徙，故謂之俗人。

〔一〕「起」上，聚學軒本周校有「雲」字。龍變：比喻乘時興起。史記外戚世家褚少孫論：「丈夫龍變。

傳曰：『蛇化爲龍，不變其文；家化爲國，不變其姓。』丈夫當時富貴，百惡滅除，光耀榮華，貧賤之時，何足累之哉？」起：起事，興起。

不繫：不受束縛。

〔三〕「止」，聚學軒本周校作「上」。

34　禮言：「簡不肖〔一〕。」按：生子鄙陋，不似父母，曰不肖〔二〕；今人謙辭亦曰不肖〔三〕。

〔一〕此語本禮記王制：「簡不肖以絀惡。」簡：本爲選擇、區别，引申爲剔除。不肖：此指品行不端的人。

〔二〕嚴氏輯本注引文選報任安書注：「生子不似父母者，曰不肖。」不肖：此指不像、不似。孟子萬章上：「丹朱之不肖，舜之子亦不肖。」

〔三〕不肖：此指不才、不賢。

35　方言曰〔一〕：「人不事事而放蕩，謂之無賴，不可恃賴也〔二〕。」猶高祖謂太上皇云〔三〕：「大人以臣無賴也〔四〕。」

〔一〕方言：西漢揚雄撰，全名是輶軒使者絶代語釋别國方言。原爲十五卷，後定爲十三卷。該書依爾雅體例，彙集古今各地同義詞語，分别注明通行範圍。取材來自古籍或調查所得，从中可見漢代語言的分佈狀況，爲研究我國古代辭彙的珍貴文獻。

〔二〕事事：做事。無賴：没有才德，不可依賴。恃賴：依靠信賴。

〔三〕高祖：指漢高祖劉邦。太上皇：指劉邦之父。

〔四〕語見史記高祖本紀：「始大人常以臣無賴，不能治産業，不如仲力。」大人：舊時稱父親爲大人。

36　司徒中山祝恬，字伯休，公車徵〔一〕，在道得温疾〔二〕，過友人謝著〔三〕，鄴令。著拒不受。至汲郡止客舍，舍六七日〔四〕。諸生見恬轉劇，欲告汲令〔五〕。恬曰：「友人尚不相容，汲令不相識，告之何益〔六〕？死生，命也，不須醫藥〔七〕。」諸生潛告汲令，令即汝南應融〔八〕，聞之大驚，至疾所，泣曰〔九〕：「伯休不世英才，當作國家幹輔，何乃默止客舍，不遣人知〔一〇〕？」融遂躬御而歸，親自侍疾，疾漸損〔一一〕。融謂伯休曰：「吉凶不諱〔一二〕，憂怖交心，已備凶具〔一三〕。」對之悲喜〔一四〕。伯休停傳舍數十日〔一五〕，遂去拜侍中、尚書令，又拜司隸。薦融自代，歷典五郡〔一六〕。謝著不爲公府所取〔一七〕。

〔一〕司徒：官名，東漢時司徒主管教化，爲三公之一。中山：其地在今河北唐縣、定縣一帶，東漢時爲郡國名。祝恬：此人不見於史傳，事未詳。公車徵：朝廷派車召見。漢代官府用公車接送應舉之人或朝廷召見之人。

〔二〕此句今本作「道得温病」。温疾：温病、熱病的總稱。

〔三〕聚學軒本亦有小注「鄴令」二字，道藏本、四庫本均無。此與下句今本作「過友人鄴令謝著，著拒不通，因載病去」。過：拜訪。謝著：人名，不見於史傳，生平事皆未詳。

〔四〕此與上句今本作「至汲，積六七日，止客舍中」。汲郡：故地在今河南汲縣。舍：住宿。

〔五〕此二句今本作「諸生曰：今君所苦沈結，困無醫師，聞汲令好事，欲往語之」。

〔六〕此三句今本作「謝著，我舊友也，尚不相見視，汲令初不相知，語之何益」。

〔七〕此句今本作「醫藥何爲」。

〔八〕上句今本作「諸生事急，坐相守，吉凶莫見收舉，便至寺門口白」。應融：字義高，事未詳。

〔九〕此三句今本作「時令汝南應融義高，聞之驚愕，即嚴使出，經詣牀蓐，手自收摸，對之垂涕曰」。

〔一〇〕此二句今本作「人何有生相知者，默止客舍，不爲人所知」。其下文繁不引。

〔一一〕此三句今本作「伯休辭讓，融遂不聽，歸取衣車，厚其薦蓐，躬自御之，手爲丸藥，口嘗饘粥，身自分熱。三四日間，加甚劣極。便製衣棺器送終之具。後稍加損」。

〔一二〕吉凶不諱：死之委婉説法，意即人死難免，不可忌諱。

〔一三〕此句今本作「間粗作備具」。凶具：棺木等喪事用具。

〔一四〕此句今本作「相對悲喜」。

〔一五〕此句今本作「客止傳中。數十日，伯休彊健，入舍後，室家酣宴，乃别」。傳舍：古代官府爲出公差之人提供的食宿之處。

〔一六〕此以上數句今本作「伯休到，拜侍中尚書僕射令、豫章太守、大將軍從事中郎。義高爲廬江太守。

八年，遭母喪，停柩官舍。章百餘上，得聽行服。未闋，而恬拜司隸，薦融自代，歷典五郡，名冠遠近」。

〔一七〕「不爲」，道藏本作「不謂」。此句今本作「著去鄰，淺薄流聞，不爲公府所取」。

37 彭城孝廉張子矯議云〔一〕：「若君臣不得相襲作名，周穆王諱滿，至定王時有王孫滿〔二〕；厲王諱胡，莊王之子名胡〔三〕。」

〔一〕聚學軒本周廣業注曰：「三國志：『張昭，字子布，彭城人，弱冠察孝廉，與王朗共論舊君諱事。』裴松之注曰：『時汝南主簿應劭議宜爲舊君諱，論者皆互有異同。事在風俗通昭著論。略曰：周穆王諱滿，至定王時有王孫滿者爲大夫，是臣協君也。厲王諱胡，莊王之子名胡，其比衆多。』」彭城：西漢時爲郡，東漢章和二年改爲彭城國，轄今山東、江蘇、安徽三省交界地區，治在今徐州市。孝廉：漢代選拔官吏的科目之一，凡舉孝廉者，多任爲郎。東漢時州舉秀才，郡舉孝廉。

〔二〕句下底本有聚珍本館臣案曰：「此下二條今缺。」王孫滿：周定王時大夫，名滿。楚子觀兵於洛，欲問鼎之輕重。定王使王孫滿勞楚子，對曰：「在德不在鼎。」楚師遂退。

〔三〕厲王：西周國君，姓姬名胡，公元前八五七年至前八四二年在位。莊王：姓姬名佗，公元前六九六年至前六八二年在位，其子名胡齊，繼位後稱周僖（釐）王。天海案：此條今本闕，嚴氏輯本引此，文同。考三國志張昭傳裴松之注引風俗通昭著論有此文，詳於此。可參見前引周廣業注文。

38 俗云：五月到官，至免不遷〔一〕。今年有茂才除蕭令〔二〕，五月到官，破日入舍〔三〕。視事五月，四府所表，遷武陵令〔四〕。余爲營陵令，正觸太歲〔五〕，主簿令余東北上，余不從。在事五月，遷太山守〔六〕。

〔一〕「免」，嚴氏輯本注曰：「似『死』字，或『老』字。」免即免官。

〔二〕茂才：即秀才。漢代選拔官吏科目之一。東漢避光武帝劉秀名諱，改稱茂才。蕭令：蕭縣縣令。蕭縣，漢屬沛郡，今屬安徽省。

〔三〕「日」下原衍一「日」字，此據嚴氏輯本删。破日：凶日，舊曆書上標示的不吉利的日子。

〔四〕視事：任職治事，辦理政務。四府：東漢時大將軍府、太尉府、司徒府、司空府爲四府，均爲國家軍政重要機關。表：表彰。一説表奏。武陵：縣名，今屬湖南常德市。

〔五〕營陵：縣名，今屬山東淄博市。太歲：本爲古代天文學中假設的歲星。漢代稱太歲之神。數術家認爲太歲神所在方向及相反方位均不可興造、移徙、婚嫁、遠行，犯者必凶。

〔六〕在事：在職治事。太山：即泰山，此爲郡名，治在奉高，地在今山東泰安縣東北。

39 楚辭云〔一〕：「風伯，飛廉也〔二〕。」按周禮：祀風師，箕星也〔三〕。主簸揚〔四〕，能致風氣。戊戌之神作風伯，故丙戌日祀於西北〔五〕。

〔一〕「云」，今本作「説」。楚辭：騷體類文章總集，爲西漢劉向所輯，以戰國時屈原等人作品爲主。

〔二〕此二句乃用王逸注文，非楚辭正文。風伯：風神，字飛廉。楚辭離騷：「前望舒使先驅兮，後飛廉使奔屬。」王逸注：「飛廉，風伯也。」

〔三〕此上之文，今本作「謹按，周禮：以禋燎祀風師。風師者，箕星也」。風師：即「風伯」。箕星：二十八宿之一，東方蒼龍七宿之末宿。考周禮春官大宗伯鄭玄注曰：「風師，箕也；雨師，畢也。」

〔四〕「主」上，今本有「箕」字。簸揚：古人認爲箕星似簸箕形，故能簸揚而生風。

〔五〕上句今本作「戊之神爲風伯」。戊戌：此指西北方。古人以天干地支紀年月日，又以五行、方位相配合。下句「故」字下，今本有「以」字。丙戌日：是干支曆法中第二十三天。風屬火，故丙戌日祭祀西北方風伯。

40 按周禮：「雨師，畢星也〔一〕。」土中之衆莫若水，故雨稱師〔二〕。丑之神作雨師，故己丑日祀於東北〔三〕。

〔一〕「按」字上，聚學軒本有「左傳云：雨師，玄冥也」八字。此爲周禮春官大宗伯鄭玄注文。雨師：即雨神。畢星：二十八星宿之一，也叫「天口」，西方七宿第五宿。

〔二〕此句今本較此詳繁，不具引。

〔三〕此句道藏本作「故己丑日祀之」，今本作「故己丑日祀雨師於東北，土勝水爲火相也」。丑之神：丑，疑當作丑寅。古人認爲丑寅位在東北方，故東北方之神又稱丑之神。己丑日是干支曆法中第二十六天。天干之己屬阴之土，地支之丑屬阴之土，水屬陰，故己丑日祭祀東北方雨師。

41 桓帝元嘉中，京師婦女作愁眉〔一〕、啼粧、墮馬髻、折腰步、齲齒笑〔二〕。愁眉者，細而折；啼粧者，薄拭眼下似啼痕；墜馬髻，側在一邊；折腰步，足不任體〔三〕；齲齒笑，若齒痛。此事並出梁冀〔四〕。傳曰：「趙王好大眉，人間皆半額；楚王好廣領，國人皆没項；齊王好細腰，後宫有餓死者〔五〕。」京師有胡服、胡帳、胡牀、胡箜篌、胡笛、胡舞〔六〕。按：董卓時，胡兵填塞是也〔七〕。

〔一〕「師」字原脱，據聚學軒本補。

〔二〕後漢書梁冀傳載：梁冀妻孫壽「色美而善爲妖態，作愁眉、啼妝、墮馬髻、折腰步、齲齒笑」。

〔三〕任，道藏本誤作「在」。

〔四〕此句嚴氏輯本作「始自梁冀家所爲，京師翕然皆放效之」。梁冀：東漢安定烏氏人，字泊卓。爲順帝皇后之兄，繼其父爲大將軍，驕横不法。毒殺質帝，迎立桓帝，專斷朝政二十餘年。延熹二年，桓帝與中常侍單超等五人共謀，派兵捕冀，冀自殺。事見後漢書梁統傳。

〔五〕「傳曰」，嚴氏輯本無此二字。聚學軒本周廣業注曰：「後漢書馬廖傳：肅宗時上書長樂宫，稱傳曰：『吴王好劍客，百姓多瘡瘢；楚王好細腰，宫中多餓死。』長安諺曰：『城中好高髻，四方高一尺；城中好廣眉，四方且半額；城中好大袖，四方全匹帛。』案淮南子曰『靈王好細腰』，注曰『楚靈王也』。此言齊王爲誤。」天海案：御覽引此數句，「人間」作「民間」，「項」作「頸」。

〔六〕此句嚴氏輯本作「靈帝好胡服、胡帳、胡牀，京師皆競爲之」。此句所列三種樂舞皆由西域傳入中原。箜篌：似瑟而小，七絃，用撥彈之，如琵琶。

〔七〕「胡」字道藏本脱，嚴氏輯本作「後董卓擁胡兵掠宮掖」。天海案：此條今本闕，嚴氏輯本引後漢書梁冀傳、御覽列文三條，與此略異。又，此下十五條今本皆無，底本聚珍本館臣案亦曰：「此下十五條今缺。」

42 靈帝宮中遊西園，駕四白馳〔一〕，躬自操轡，公卿倣效，價與馬齊〔二〕。

〔一〕上二句嚴氏輯本引御覽作「靈帝於西園宮中駕四白驢」；此句下嚴氏輯本有「馳驅周施，以爲大樂」二句。靈帝：東漢靈帝劉宏。白馳：白色駱駝。馳，「駝」之俗字。

〔二〕「公卿倣效」，嚴氏輯本作「於是公卿貴戚轉相倣效」，其下尚有「至乘軒以爲騎從」一句；下句嚴氏輯本無。

43 桓帝世謡言〔一〕：「直如弦，死道邊；曲如鉤，反封侯〔二〕。」梁冀欲樹幼主，李固欲立清河王〔三〕。梁冀遂奏〔四〕，李固死於獄中，曝屍路邊。如鉤梁冀，如弦李固〔五〕。

〔一〕聚學軒本周廣業注曰：「續漢志：順帝末，京都童謡直如弦云云。後李固幽斃於獄，暴屍道路，而太尉胡廣封安樂鄉侯，司徒趙戒廚亭侯，司空袁湯安國亭侯。案：順帝後，沖、質二帝皆短祚，梁冀因立蠡吾侯，即桓帝也，則童謡不當在桓帝世。梁冀爲大將軍，固已侯矣。胡、趙等黨附跋扈，不應未滅李賢，以爲曲如鉤，謂梁冀、胡廣等是也。」天海案：此句嚴氏輯本作「順帝之末，京師謡曰」。

謠言：此指童謠、民謠。

〔二〕此四句又見續漢書五行志、文選袁淑白馬篇注及御覽，並引風俗通。

〔三〕東漢質帝劉纘年八歲爲梁冀所立，第二年質帝中毒死，又立蠡吾侯劉志爲帝，年十五歲。事見後漢書梁冀傳。李固：字子堅，漢中南鄭人。漢沖帝時爲太尉，因主張立清河王劉蒜爲帝，忤梁冀，下獄死。清河王：即劉蒜，後因立嗣事被迫自殺。

〔四〕遂奏：終於達到目的。

〔五〕此條嚴氏輯本只引前面童謠數句，「梁冀」以下數句不見諸家所引。

44「千里草，何青青。十日卜，不得一日生〔一〕。」此董卓字也。青青，暴盛之貌〔二〕。

〔一〕「千里草」，拆「董」字；「十日卜」，拆「卓」字。此以上所引爲漢獻帝初年京城童謠。見於續漢書五行志引風俗通，唯末句無「一日」二字。

〔二〕暴盛：突然興盛。此條嚴氏輯本不見收。

45 秦、漢以來，尊者號室作宮，已前貴賤無別〔一〕。

〔一〕「號室作宮」，道藏本、四庫本作「號作宮室」；此句嚴氏輯本作「尊者以宮爲常號」。聚學軒本周廣業注曰：「初學記作『自古宮室一也。漢以來尊者以爲帝號，下乃避之』。御覽作『弟子職曰：室中握手』。論語曰『譬如宮牆』。由此言之，宮其外，室其内也。」天海案：已，同「以」，聚學軒本正作「以」。嚴氏輯本引御覽，與此略同。

46 按世本鮌作城郭〔一〕。城，盛也；郭，大也〔二〕。

〔一〕「按世本」三字嚴氏輯本無。世本：漢志六藝略載有世本十五篇，記黃帝以來至春秋時（後人增至漢）列國諸侯大夫之姓氏、世系、居住都邑、製作等。此書在唐代已殘缺，至宋亡佚，清人有輯本。鮌：同「鯀」，傳説爲夏禹之父，封崇伯。因治水無功，被舜殛於羽山。城郭：内城外郭，此泛指城牆。

〔二〕「盛也」下，嚴氏輯本有「从土，成聲」四字。聚學軒本周廣業注曰：「初學記引曰：郭，或謂之郛，郛亦大也。」天海案：郭：通「廓」，其義爲大。嚴氏輯本引水經注，與此略同。

47 按天子有外屏，令臣下屏氣息〔一〕。

〔一〕下句嚴氏輯本脱「屏」字。外屏：皇帝的門屏，即門前屏風牆，後稱作照壁。荀子大略：「天子外屏，諸侯内屏，禮也。」聚學軒本周廣業注曰：「御覽作示人臣臨見自整，屏氣處也。」屏氣息：抑制呼吸不敢出聲，形容見天子前恭謹畏懼之情。

48 菀，同苑。菀蘊也，薪蒸之所蘊積〔一〕。

〔一〕嚴氏輯本脱一「菀」字。聚學軒本周廣業注將第二個「菀」字改作「苑」，並注曰：「舊訛菀，從初學記改。」苑：通「蘊」，鬱積；又通「苑」，苑囿，帝王的園林。薪蒸：柴草。薪爲粗柴，蒸爲柴草。詩小雅無羊：「爾牧來思，以薪以蒸。」鄭玄箋：「此言牧人有餘力，則取薪蒸。」蘊積：此指柴草聚集。又見初學記、御覽引。

49 孫子云：「金城湯池而無粟者〔一〕，太公、墨翟不能守之。」

〔一〕此孫子提及墨翟，應爲戰國時齊人孫臏，因春秋時齊人孫武在墨子前。金城湯池：形容防守堅固、不易攻破的城池。漢書蒯通傳顏師古注：「金以喻堅，湯喻沸熱不可近也。」

50 郡者〔一〕，羣也。左傳云：「上大夫受縣，下大夫受郡〔二〕。」至始皇，方以郡監縣〔三〕。縣，平也〔四〕。

〔一〕此句上，嚴氏輯本有「周制，天子方千里，分爲百縣，縣有四郡」數句。

〔二〕「左傳云」，嚴氏輯本作「故左氏傳曰」。此二句見左傳哀公二年。周書作雒「千里百縣，縣有四郡」，知周時「縣方百里，郡方五十里」，見左傳杜預注。上大夫、下大夫：周朝諸侯、卿以下有大夫，分爲上、中、下三等。

〔三〕此二句嚴氏輯本作「至秦始皇，初置三十六郡以監縣」。

〔四〕聚學軒本周廣業注曰：「水經注引作『百里曰同，總名爲縣。縣，元也，首也，从系倒首，與縣易偏矣。言當元静徭役也』。黃義仲十三州記曰：『郡者，君在左，邑在右，君爲元首，邑以載民，故取名焉。』」天海案：縣，通「懸」，此指秤錘、稱量，引申爲衡平。史記秦始皇本紀正義、類聚亦引此文。

51 傳舍〔一〕。按：使者傳言〔二〕，乃得舍於傳也。

〔一〕傳舍：古代官府爲往來公差置辦的食宿之處。

〔二〕聚學軒本周廣業校此句作「使者有傳信」，稱據文選注改。此句嚴氏輯本作「案：諸侯及使者有傳信」。

52 南北曰阡，東西曰陌〔一〕。

〔一〕二「曰」字，初學記皆引作「爲」。此二句下嚴氏輯本尚有「河南以東西爲阡，南北爲陌」二句。史記秦本紀索隱、文選注、初學記、御覽、困學紀聞等皆引此文。

53 按易傳〔一〕，上古之時，草居露宿，冬則山南，夏則山北〔二〕；有恙蟲善與人作患〔三〕，故人平居曰「無恙」〔四〕。

〔一〕聚學軒本周廣業注曰：「子夏所作。」易傳：周易的組成部分，史記稱易大傳是先秦儒生對周易所作的各種解釋。

〔二〕「上古之時」至此四句，道藏本、四庫本録在前文第三十六條下。

〔三〕「蟲」，道藏本、四庫本皆誤作「由」。恙蟲：傳説中一種叮咬人的小蟲。作患：作難，作對。史記刺客列傳司馬貞索隱引易傳：「上古之時，草居露宿。恙，齧蟲也，善食人心，俗悉患之，故相勞云『無恙』。恙非病也。」

〔四〕平居：平安無事地生活。此句道藏本作小字注文。天海案：此條道藏本、四庫本分録兩處。嚴氏輯本引匡謬正俗、藝文類聚、史記索隱、御覽等，與此文略異。

54 城門失火，禍及池魚〔一〕。俗説池與魚，人姓字〔二〕，居近城門也〔三〕。按：城門失火，取池水，故魚皆死〔四〕。

〔一〕相傳春秋時宋國城門居住一人姓池仲，名魚。城門失火，延及其家被燒，故有此説。「及」下，嚴氏輯本有「及」字。此二句藝文類聚亦引。

〔二〕「池與魚」，嚴氏輯本作「池中魚」，注曰：「中，讀曰仲。」「姓字」，聚學軒本作「姓李」，注曰：「舊訛字。」此二句類聚引作「舊説池中魚，人姓李」。

〔三〕此句類聚引作「居近城，城門失火，延及其家，仲魚燒死」。

〔四〕此三句類聚引作「謹百家書曰：宋城門失火，因汲池水以沃灌之，池中空竭，魚悉露死」。底本句下有聚珍本館臣案曰：「藝文類聚引作『城門失火，禍及池中魚』。舊説池仲魚，人姓李，居近城。城門失火，延及其家，仲焚燒死。」馬總意林録此，文意似不全。嚴氏輯本所引，文詳於此。

55 獄自三王制肉刑始有〔一〕。獄，夏曰下臺，周曰囹圄，令人思諐改惡〔二〕。獄字，二犬守言，無情狀犬亦得之〔三〕。囚字，罪人置諸圓土，故囚字從口中人〔四〕。罪字本從自，辛苦憂之〔五〕。秦皇謂辠字似「皇」，故改作「罪」〔六〕。

〔一〕此句嚴氏輯本作「周禮：三王始作獄」。三王：即夏禹、商湯、周武王。肉刑：傷殘人肉體的刑罰。聚學軒本周廣業注曰：「史遊急就篇云：『臯陶造獄，法律存。』路史注云：『肉刑，蚩尤之法，謂起禹及有苗者誤。』似獄與肉刑皆不始三王。」

〔二〕此句嚴氏輯本作「令人幽閉思愆，改惡爲善」。僁：古「愆」字，罪過，過失。聚學軒本周廣業注曰：「初學記引作『夏曰憂臺，殷曰羑里』。案：史記越世家：『文種曰：湯系夏臺，文王囚羑里。』淮南子：『紂悔不殺湯於夏臺。』則『下』與『憂』皆誤也。御覽亦作『夏臺』。」天海案：下臺，即夏臺。嚴氏輯本正作「夏臺」。夏臺本爲祭祀之臺，自史記夏本紀索隱解爲獄名，後遂作爲夏獄的代稱。囹圄：今人據甲骨文考訂，商代稱監獄爲「囹圄」。

〔三〕此上之文，嚴氏輯本作「從犬言聲，二犬所以守也」。

〔四〕「囚」下，道藏本、四庫本無「字」字。圓土：一作「圜土」，自商朝起爲監獄之名。見周禮秋官大司寇「以圜土聚教罷民」，鄭玄注：「圜土，獄城也。」此句下嚴氏輯本有「此其象也」四字。

〔五〕此上之文，嚴氏輯本引御覽作「自辛爲辠，令其辛苦憂之」。

〔六〕此條嚴氏輯本引御覽散見於四條之中，文與此多異。

56　會稽多淫祀，家貧不得牛祀者，死作牛鳴〔一〕。太守第五倫，嚴科絶之〔二〕。

〔一〕此上三句今本作「會稽俗多淫祀，或貧家不能以時祀，至竟言不敢食牛肉，或發病且死，先爲牛鳴」。會稽：東漢郡名，治在吴縣，轄地在今江蘇、浙江一帶。淫祀：不合禮制的祭祀。牛祀：牛死後，爲之作祭祀。

〔二〕此二句今本作「時太守司空第五倫到官，先禁絶之」。第五倫：京兆長陵人，官會稽太守。東漢章帝時爲司空，奉公盡節，爲漢代名臣。後漢書有傳。嚴科：嚴厲的法令。馬總録此文，似有脱誤。今本卷九怪神篇有此文，多異，可參閲。

57　桂陽太守李叔堅，少時作州從事，家有狗作人立〔一〕。叔堅曰：「此狗喻人，人行何害〔二〕？」叔堅作縣令，解冠榻上，狗戴之而走〔三〕。叔堅曰：「此狗誤觸冠纓，冠纓掛其耳矣〔四〕。」犬復與人竈前畜火，鄰里告之〔五〕，叔堅曰：「狗能畜火，幸不煩人〔六〕。」犬遂暴死，叔堅至大位〔七〕。

〔一〕此上之文，藝文類聚引作「桂陽太守汝南韋叔堅，少時爲從事，在家，狗人立行於家中，皆言當殺之」；今本作「汝南李叔堅，少時爲從事，在家，狗人立行，家人言當殺之」。桂陽：郡名，漢置，地在湖南長沙桂洞之南，故稱桂陽。李叔堅：汝南人，餘未詳。盧文弨拾補依類聚改作「韋叔堅」。州從事：官名，漢制州刺史之佐吏皆稱爲從事。

〔二〕此二句類聚與今本皆作「犬馬諭君子，狗見人行，效之何傷」。

〔三〕此三句類聚作「叔堅爲縣令還，解冠榻上，狗戴持走，家人驚愕」；今本作「叔堅見縣令還，解冠榻上，狗戴持走，家大驚時」。

〔四〕此三句類聚與今本作「復云：誤觸冠，冠纓掛著之耳」。

〔五〕此二句類聚作「狗又上竈，家益怪」；今本作「狗於竈前蓄火，家益怔忪」。

〔六〕此三句類聚作「復云：兒婦皆在田中，狗何能作怪」；今本作「復云：兒婢皆在田中，狗助蓄火，幸不可煩鄰里，此有何惡」。

〔七〕此二句類聚作「後數日，狗自暴死，卒無纖芥之異，叔堅至太尉，終於位」；今本作「後數日，狗自暴死，卒無纖介之異，叔堅辟太尉掾、固陵長、原武令，終享大位」。天海案：此條見今本卷九怪神篇中世間多有狗作變怪一章，又見類聚所引，文多異。

四六　商君書四卷

商鞅，戰國時衛國人，姓公孫，名鞅，亦稱衛鞅。其先事魏，不受重用，後入秦，歷任左庶長、大良造。因相秦有功，封於商，故又稱商鞅、商君。商鞅相秦十九年，輔助秦孝公變法，使秦國富強。孝公死，公子虔等誣其謀反，車裂死，族滅。史記有傳。

商君書又稱商子，漢志著録二十九篇，隋唐志以來皆著録五卷，至宋時實存二十六篇。今所傳本録目二十六篇，其中刑約、禦盗二篇有目無文，實存二十四篇。

意林録十條，均見於今本中。此以清嚴可均校本參校之。

1　夫有高人之行，見非於世〔一〕；有獨知之明，見怨於人〔二〕。

〔一〕此二句嚴氏校本作「且夫有高人之行者，固見負於世」。

〔二〕聚學軒本周廣業注曰：「怨，史記作『敖』，索隱曰：商君書作『訾』，今本作『毀』。人，原作『民』，史記同，索隱引商君書作『人』，避唐太宗諱。」天海案：「人」，本當作「民」，避唐諱改。此二句嚴氏校本作「有獨知之慮者，必見鶩於民」。

2 螟螣春生秋死，一出而民數年乏食〔一〕。今一人耕百人食，有甚於螟螣矣〔二〕。

〔一〕「螟螣」下，嚴氏校本有「蚼蠋」二字；「乏食」作「不食」。螟螣：兩種食禾苗的害蟲。詩小雅大田：「去其螟螣，及其蟊賊。」毛傳：「食心曰螟，食葉曰螣。」

〔二〕此二句嚴氏校本作「今一人耕而百人食之，此其爲螟螣蚼蠋亦大矣」。

3 農者少而遊食衆，遊食者衆則農怠，農怠則治荒〔一〕。

〔一〕首句「衆」字道藏本脱；此三句嚴氏校本作「故其民農者寡而遊食者衆，衆則農者殆，農者殆則土地荒」。遊食：不務正業遊手好閑的人。治荒：田地不治，土地荒蕪。天海案：此條與下條原合爲一條，今據嚴氏校本篇次分列之。

4 以强去弱者弱〔一〕，以弱去强者强。

〔一〕此句説郛本作「以弱去弱者弱」；嚴氏校本作「以强去强者弱」。

5 上世之士〔一〕，衣不暖膚，食不滿腹，苦其心意，勞其四支〔二〕。

〔一〕此句上，嚴氏校本有「其」字。上世：上古時代。

〔三〕嚴氏校本「腹」作「腸」；「心意」作「志意」；「四支」作「四肢」。

6 古者民叢生而羣處，亂，乃立君〔一〕。

〔一〕嚴氏校本曰：「元本、范本闕『亂』字，秦本有。」下句道藏本脱「乃」字，嚴氏校本作「故求有上也」。叢生：聚集而生存。羣處：有組織地居住。亂：指社會秩序混亂。

7 蠹衆則木折，隙大則牆壞〔一〕。

〔一〕「蠹」上，嚴氏校本有「諺曰」二字；二「則」字，嚴氏校本作「而」。

8 不勝而生，不敗而亡〔一〕，自古及今，未嘗有也。

〔一〕「生」，嚴氏校本作「王」，聚學軒本亦作「王」。生與亡對舉成文，故不當作「王」，或形近而致誤。「亡」下，嚴氏校本有「者」字；「嘗」，説郛本作「之」。天海案：此條見嚴氏校本畫策第十八，文略異。原與上條合爲一條，今據嚴氏校本篇次分列之。

9 使見戰者如餓狼之見肉，則可用矣〔一〕。

〔一〕「者」字道藏本無；「使見戰者」，嚴氏校本作「民之見戰也」；「餓狼」，廖本作「狼虎」；「肉」，書鈔引作「兔」；「可」，嚴氏校本作「民」。

10 聖人制民也，如高下制水，如燥濕制火〔一〕。

〔一〕首句嚴氏校本作「聖人見本然之政，知必然之理，故其制民也」；二「如」字下，嚴氏校本有「以」字。高下：指地勢之高低。燥濕：指柴草之乾濕。

四七　阮子四卷

阮子，即阮武，字文業，陳留尉氏人。三國時從曹魏，曾任清河太守。爲人闊達淵雅，拓落有大才。著書十八篇，即爲阮子。其生平事略見三國志魏志杜畿傳與裴松之注中。阮子一書，又名阮子政論，或作正論。隋志法家有阮子正論五卷，注曰：「魏清河太守阮武撰，亡。」兩唐志皆載阮子政論五卷，亦入法家。明焦竑國史經籍志載同唐志。然此書隋志載既已亡佚，或唐時已不可見，其後史志書目僅虚列其目而已。意林録五條，疑是照鈔梁庾仲容子鈔所録，未必親見其書。因此書亡佚已久，除意林所録五條外，清人嚴可均、馬國翰亦輯有佚文十數條，惜無他書可考，現僅以嚴、馬二氏輯本參校之。

1 漁人張網於淵〔一〕，以制吞舟之魚；明主張法於天下，以制强梁之人〔二〕。立法以隄民，百姓不能干〔三〕；立防以隄水，江河不能犯〔四〕。防而可犯，則江河成災；法而可干，則百姓成害。

〔一〕「張網於淵」，書鈔引作「羅於淵」。

〔二〕「人」，書鈔引作「士」。此以上四句，馬氏輯本稱引北堂書鈔卷四十三。

〔三〕隄民：防範民衆。隄：同「堤」，本爲攔水之壩，此引申爲防範、限制。干：違犯。

〔四〕此以上四句，嚴氏、馬氏輯本皆引御覽卷六百三十八。

2 不樹者，死無棺；不蠶者，身無帛；不績者，凶無縗〔一〕。

〔一〕樹：種樹。蠶：養蠶。績：紡織，緝麻。凶：此指喪事。縗：一作衰，古代喪服，披在胸前的麻布條，服三年喪者用此。一般是臣爲君、子爲父、妻爲夫所服用。左傳襄公十七年：「齊晏桓子卒，晏嬰粗縗斬。」疏：「衰用布爲之，廣四寸，長六寸，當心。」

3 君子暇豫則思義，小人暇豫則思邪。

4 高鳥相木而集，智士擇土而翔〔一〕。

〔一〕「土」，御覽作「主」。集：本指鳥兒羣居樹上，此指棲息。翔：此指遊歷。穆天子傳卷三：「六師之人，翔畋于曠原。」郭璞注：「翔，遊也。」

5 一盜不誅，害在穿窬；修譽不誅，害在詞主〔一〕。

〔一〕修譽：追求虛名。詞主：指擅長文辭、喜歡舞文弄墨的人。

四八　正部十卷〔一〕

王逸，字叔師，南郡宜城（今湖北宜城）人。東漢安帝時任校書郎，漢順帝時爲侍中，官至豫章太守。他曾參編東觀漢記，尤擅長文學，其所著有王逸集，然多已亡佚，唯有楚辭章句十二卷行於世。本傳不載正部一書，而藝文類聚引有王逸正部論一條、王逸子二條。隋志儒家載：「梁有王逸正部論八卷，後漢侍中王逸撰。」兩唐志皆不見載，此書或亡於唐、宋之際。宋高似孫子略目録載梁庾仲容子鈔目，有「王叔師正部六卷」，而意林作十卷，説郛引此亦作十卷，未詳孰是。王逸正部論之書久佚，今無傳本，清人馬國翰據意林所録十三條輯佚文一卷，並稱是書「多勖學語，亦每論當代著作，皆確當不易」。

1　凡人矇矇冥冥，學以啓志，行以處身，進於道則成君子，非於禮則曰小人。君子之舉，履德而榮光；小人之動，陷惡而傷刑〔二〕。

〔一〕底本有聚珍本館臣案曰：「隋志正部論八卷，後漢王逸撰。藝文類聚引作王逸子，即正部也。」

〔二〕傷刑：傷身於刑法，意即觸犯刑律，受到處罰。

2　皎皎練絲〔一〕，得藍則青，得丹則赤，得蘗則黄，得涅則黑〔二〕。

〔一〕「練絲」，道藏本、四庫本誤作「練練」。聚學軒本周廣業注曰：「逸詩『皎皎練絲，在所染之』，見後

〔三〕書楊終傳。」練絲：白色的熟絹。

〔三〕藍：即「蓼藍」，植物名，其葉可製作染料，即靛青。丹：朱砂，可作紅色染料。蘗：即「黄蘗」，俗作黄柏，落葉喬木，皮和根可入藥，亦可作黄色染料。涅：黑泥，可作黑色染料。聚學軒本周廣業注曰：「御覽及吴淑絲賦注『涅』並作『泥』。」

3 玉不琢則南山之圓石〔一〕。

〔一〕南山：稱南山者非確指。一説爲今之祁連山，傳説盛産玉石。見漢書西域傳。圓石：即頑石。

4 穿窬之徒不避腰領〔一〕，奔北之士不憚斧鉞〔二〕。

〔一〕穿窬：穿壁越牆。腰領：腰和頸。

〔二〕「奔北」，御覽作「奔逃」；「不憚」，御覽作「不避」。奔北：敗逃。斧鉞：古代兩種兵器，此指代刑罰。

5 漢家窮天涯，究地圻〔一〕：左湯谷，右虞淵；前炎楚，後塞門〔二〕。祁連以北，黄山以南〔三〕，碣石以東，合黎以西，莫不襁負來貢〔四〕。

〔一〕究：極盡，盡頭。地圻：即地垠，大地的邊際、界限。

〔二〕湯谷：即暘谷，傳説爲日出之處。屈原天問：「出自湯谷，次於蒙汜。」虞淵：傳説爲日入之處。淮南子天文訓：「日入于虞淵之汜，曙於蒙谷之浦。」炎楚：南方國名。炎：音談，古國名，列子湯問：

「楚之南有炎人之國。」炎，一本作「啖」。塞門：泛指北方邊關。

〔三〕祁連：山名，又名白山、雪山，横貫今甘肅、青海兩省交界處。黄山：山名，在今安徽歙縣西北。

〔四〕碣石：山名，在今河北昌黎西北，東入於海。合黎：山名，在今甘肅酒泉、張掖以北。襁負：此指肩扛背馱。

6　仲尼叙書〔一〕，上謂天談，下謂民語，兼該男女〔二〕，究其表裏。

〔一〕叙書：編書。叙：按一定次序編排。

〔二〕二「謂」字，皆通「爲」。天談：即天論，上天的言論。民語：民衆的輿論。該：同「賅」，完備。男女：男女婚嫁之事。

7　淮南浮僞而多恢，太玄幽虚而少效〔一〕，法言雜錯而無主，新書繁文而鮮用〔二〕。

〔一〕淮南：書名，參見本書卷二淮南子題解。恢：虚誇而不實。太玄：書名，參見本書卷三太玄經題解。幽虚：幽深玄虚。效：驗證。

〔二〕法言：書名，參見本書卷三法言題解。新書：書名，西漢著新書者有晁錯、賈誼二人，此或指賈子新書。參見本書卷二賈誼新書題解。

8　玉符云〔一〕：「赤如雞冠，黄如蒸栗，白如脂防，黑如淳漆。」此玉之符也〔二〕。

言成雅訓，辭作典謨，此人之符也〔三〕。

〔一〕底本有聚珍本館臣案曰：「文選注：或問玉符，答曰。」天海案：文選魏文帝與鍾大理書「竊見玉書稱美玉」云云，此玉書即玉符也。李善注此，引王逸正部論「或問玉符，曰」云云，則玉符又指美玉的文理、色彩。此處當作玉書解。

〔二〕此以上之文，類聚與文選注皆引作「或問玉符，曰：『赤如雞冠，黄如蒸栗，白如豬肪，黑如純漆。』玉之符也」。

〔三〕雅訓：雅正的訓教。典謨：聖人的訓誡。尚書有堯典、大禹謨等篇，皆爲古聖賢訓誡之辭，後以典謨指代經典、法言。

9 山神曰螭，物精曰魅〔一〕，土精曰羵羊，水精曰罔象〔二〕，木精曰畢方，火精曰遊光，金精曰清明〔三〕。天下有道，則衆精潛藏。

〔一〕螭：傳説中無角的龍。此通「魑」，常與「魅」連用，爲傳説中山林裏害人的怪物。物精：怪物中的精靈。

〔二〕羵羊：土中怪羊，雌雄不分。國語魯語：「土之怪曰羵羊。」罔象：傳説中的水怪。國語魯語：「石之怪曰夔，蝄蜽；水之怪曰龍，罔象。」

〔三〕畢方：傳説中的木怪。淮南子氾論訓：「山出梟陽，水生罔象，木生畢方，井生墳羊。人怪之，聞見鮮而識物淺也。」高誘注：「畢方狀如鳥，青色，赤脚，一足，不食五穀。」遊光：傳説中的火神。清明：傳説中的金屬之神。廣雅釋天：「金神謂之清明。」

10 天以仙人曰子，衆人曰芻狗〔一〕。愛其子，私其壽；賤芻狗，聽其夭〔二〕。

〔一〕芻狗：古代祭祀時用草紮成的狗。老子：「天地不仁，以萬物爲芻狗；聖人不仁，以百姓爲芻狗。」魏源老子本義：「結芻爲狗，用之祭祀，既畢事則棄而賤之。」比喻百姓的地位低微、身份卑賤。

〔二〕私其壽：偏心而使其長壽。聽其夭：任隨其夭折短命。

11 若不學，譬如無目而視，無脛而走，無翅而飛，無口而語，不可得也。

12 桀紂雖有天子之位，而無一人之譽，猶朽株枯樹，逢風則仆〔一〕。

〔一〕仆：倒地。天海案：御覽引譙周法訓亦有此文。

13 明刑審法，憐民惠下，生者不怨，死者不恨。諺曰：「政如冰霜，奸宄消亡，威如雷霆，寇賊不生。」

四九　士緯十卷　姚信。

姚信，不見於史傳，生平事未詳。意林周廣業注稱：「信本姓嬀，字德祐，又字元直。吴興武康人，吴太常卿。丞相陸遜外甥也。」

隋志子部名家人物志注云：「梁有士緯新書十卷，姚信撰。又姚氏新書二卷，與士緯相似，亡。」兩唐志皆載士緯十卷。宋志後不見載，或此書亡佚於唐宋之際。清人嚴可均輯姚信佚文三章，不引意林。清人馬國翰採意林所録輯爲佚文一卷，稱「其書推尊孟子，亦識仁義爲中正之途。而論清高之士，則以老、莊爲上，君平、子貢爲下，擬其非倫。此所以不能醇乎儒術也」。

士緯一書早已亡佚，就意林所録七條看，其思想雜合儒、道、名、法，論人議事又兼陰陽變易之説，然斷章殘簡難以定論。

1　孔文舉金性太多，木性不足〔一〕，背陰向陽，雄倬孤立〔二〕。

〔一〕孔文舉：孔融，字文舉，曲阜人，爲孔子二十世孫。漢獻帝時爲北海相，入朝官太中大夫，因多非議曹操而被殺。金性：此喻孔融秉性剛强。木性：木性柔韌可曲。

〔二〕背陰向陽：指孔融爲人光明正大，不與陰險小人爲伍。雄倬：雄偉高大，卓然獨立。

2　絲俱生於蠶，銅等出於石。作繒則賤〔一〕，作錦則貴；鑄鈴則小，鑄鐘則大〔二〕。

〔一〕繒：絲織品的總稱；先秦稱帛，漢代稱繒；此指一般的絲絹。

〔二〕聚學軒本周廣業注曰：「見御覽，又吴淑絲賦『分貴賤於繒錦』注引之。」

3 經漸車之水，歷繞輪之沙，趾跡高下不可論〔二〕。

〔二〕漸車之水：指水勢大，將車浸濕。詩衛風氓：「淇水湯湯，漸車帷裳。」繞輪之沙：指沙土埋住了車輪。此與上句互文見義，喻指經歷了人生重大磨難。趾跡：脚跡、行跡，喻指人生的經歷。

4 凡水温則成湯，寒則成冰。冰湯異氣，而水性猶同。蠶能投練，匪湯不綿〔二〕。人性推移，蓋此比也。

〔二〕湯：沸水，開水。投練：把生絲投入熱湯中煮熟，同今之「繅絲」。綿：纏綿細長。

5 琴瑟張而鄭衛作，五色成而綺縠生〔二〕。

〔二〕鄭衛：春秋時鄭、衛兩國的音樂。綺縠：色彩華美的絲織品。

6 孟軻驅世事於仁義之域，行者步中正之塗〔二〕。

〔二〕「世事」，御覽作「世士」，聚學軒本從之。世事：世上事物。此句本意指孟子用仁義作標準來規範世上的一切事物。中正之塗：正直的道路。

7 若使南海無採珠之民，崑山無破玉之工，則明珠不御於椒室，美玉不佩於桂宫〔二〕。

〔二〕椒室：漢代皇后的宫室。用花椒和泥塗壁，取其温香多子之義。桂宫：漢代皇帝宫室名，爲漢武帝所建。此泛指皇宫。天海案：以上所録七條，馬國翰輯本皆引自意林，文同。

五〇　通語八卷〔一〕

隋志儒家載顧子新語十二卷，其下注云：「通語十卷，晉尚書左丞殷興撰，亡。」而兩唐志所録通語十卷，作文禮撰，殷興續。據周廣業考證，三國志裴松之注多次引殷基通語。吴志顧邵傳稱殷禮爲雲陽人，官至零陵太守。其子殷基曾任無難督，著通語數十篇。故聚珍本館臣案曰：「史傳及類書引之，或云殷基，或云殷興撰，未可知也。舊唐志又訛爲文禮。」黄以周案曰：「蓋殷基通語本止八卷，殷興續之爲十卷也，云『文禮』則誤矣。今書已逸，唯吴志五子傳、顧邵傳、蜀志費禕傳各注引之尚詳。」但此書隋時已亡，馬總所録，或本於梁庾仲容子鈔所載，宋高似孫子略目鈔引子鈔目仍作「殷興通語八卷」。清人嚴可均輯有通語佚文一條，但不在意林録文之中。清人馬國翰採三國志裴注及意林所録四條，輯成佚文一卷，並據裴注題爲吴殷基撰，收入玉函山房輯佚書中，可資參閲。

1　輪者，車之跡；檝者，舟之羽。身之須道〔二〕，如此二物。

〔一〕底本目下原有聚珍本館臣案語，見題解。

〔二〕道：正道、道義。須：同「需」。

2　毁彼者，雷同而鵶噪〔一〕；稱此者，火燎而波駭〔二〕。

〔一〕雷同：隨聲附和。楚辭宋玉九辯：「世雷同而炫曜兮，何毁譽之昧昧。」「鴉」，聚學軒本周廣業注曰：「疑是鳥。」鴉噪：像烏鴉一樣亂叫。道藏本、四庫本、聚學軒本作「鳴噪」。

〔三〕火燎：烈火焚燒。波駭：驚擾震動。此二語形容稱譽某人像火燒波湧一樣猛烈。

3　或問陳蕃忠乎，答云〔一〕：「單車作討賊之斧，直階非亂世之資〔二〕。知其忠，不知其智也。」

〔一〕「答云」，聚學軒本作「答曰」。陳蕃：字仲舉，汝南平輿人，曾官樂安、豫章太守，遷爲太尉、太傅，封高陽侯。爲人剛正不阿，與竇武等人謀誅當權宦官曹節等，事敗遇害。後漢書有傳。

〔二〕單車：本指一人一車，此比喻單槍匹馬、力量單簿。直階：正直的品節。聚學軒本周廣業注曰：「此蓋指仲舉與竇武謀誅宦官曹節等拔刃入承明。事見後書本傳。時稱竇武、劉淑與蕃爲三君。張璠漢紀載時人語曰『不畏强御陳仲舉』，陶潛羣輔録作『天下義府陳仲舉』。」

4　才貴精，學貴講〔一〕。質勝文石建，文勝質蔡邕〔二〕，文質彬彬，徐幹庶幾也〔三〕。

〔一〕講：練習。論語述而：「德之不修，學之不講，聞義不能徙，不善不能改，是吾憂也。」

〔二〕石建：西漢石奮長子。史記石奮傳：「建元二年，郎中令王臧以文學獲罪，太后以儒者文多質少。今萬石君家不言而躬行，以其長子建爲郎中令。」蔡邕：陳留人，字伯喈。東漢靈帝時官拜郎中，董卓徵召爲祭酒，遷中郎將，卓敗，死獄中。邕博學多才，好辭章，工音樂書畫，著有獨斷一書。後漢書有傳。

〔三〕文質彬彬：原指文采與内容配合適當均匀，後泛指人之舉動文雅。論語雍也：「質勝文則野，文勝質則史，文質彬彬，然後君子。」注：「彬彬，文質相半之貌。」徐幹：三國時魏人，字偉長，以文學著稱，爲建安七子之一，著有中論。參見三國志王粲傳。

五一　抱朴子四十卷　外篇二十卷、内篇二十卷。葛洪，字稚川。

葛洪，字稚川，自號抱朴子，句容人，生卒年不詳。西晉惠帝時曾爲將兵都尉，太安中遷伏波將軍，以軍功封關内侯。東晉成帝咸和初年，聞交趾出丹砂，求爲句漏令。經廣州爲刺史鄧岳所留，隱居羅浮山煉丹，年八十餘歲，兀然若睡而卒。晉書有傳。

抱朴子自序稱内篇二十卷，外篇五十卷。然自隋志以來，史志書目所載卷數多不相同，惟崇文總目所載抱朴子内、外篇各二十卷，與意林注文同。清人孫星衍新校抱朴子，依葛洪自序，仍作内篇二十卷，外篇五十卷，較爲通行，今即以此本參校之。

抱朴子内篇多論神仙方藥、鬼怪變化、符篆劾治、禳邪去禍、養生延年之術，純屬魏、晉時道術家之言；外篇則論時政得失、人事臧否，又似儒家者言，故或入雜家，或列儒家。但其總旨仍以黄、老爲宗，故四庫全書列入道家。

意林録一〇九條，條數上爲全書之首，由此既可見马總對抱朴子一書的偏愛，也可見唐代對道家思想的推崇。

1 清醪芳醴〔一〕，亂性者也；紅華素質〔二〕，伐命者也。

〔一〕此句上孫校本尚有「宴安逸豫」四字。醪：濁酒。醴：甜酒。此泛指美酒。

〔二〕「紅」，孫校本作「鉛」，此句上另有「冶容媚姿」四字。紅華素質：顏如紅花，體如白玉。此泛指美色。天海案：此條見孫校本内篇暢玄。説郛本有此條，文同。

2 班、翟不能削石作芒針〔一〕，歐冶不能鑄鉛錫作干將〔二〕。

〔一〕「翟」，説郛本作「狄」，此二字可通。「石」上，御覽、孫校本皆有「瓦」字，聚學軒本據補。班翟：即公輸班（一作般，魯班）和墨翟，二人皆爲古代巧匠，此泛指能工巧匠。芒針：尖針。

〔二〕聚學軒本周廣業注曰：「吴越春秋：『干將，吴人，與歐冶子同師，俱能爲劍。闔廬使干將作劍，三月不成，其妻莫邪乃斷髮剪爪投爐中，遂鑄成劍，陽曰干將，陰曰莫邪。』越絶書：『楚王令風鬍子之吴，使歐冶子、干將作鐵劍三枚，曰龍泉、太阿、工布。』據二書，歐冶未嘗鑄干將。此蓋設言之耳。」天海案：此條見孫校本内篇論仙，文略異。説郛本有此條，文同。御覽亦録此文。

3 漢禁中起居注云〔一〕：「李少君欲去，武帝夢與同登嵩高山〔二〕。半道，有使者乘龍持節從雲中來，云：『太一請少君〔三〕。』帝曰：『少君將舍我去矣〔四〕。』數日而少君死。久之發看，唯衣冠在焉〔五〕。」

〔一〕「禁」字道藏本、聚學軒本無。禁中：皇帝内宫。秦、漢之制，皇帝之宫稱禁中。起居注：原爲官職名，由女史擔任。此專指記載皇帝日常起居的書。漢武帝時有禁中起居注，已佚。聚學軒本周廣業注曰：「隋志漢武帝有禁中起居注，乃女史之職，今不存。王楙野客叢書云：『葛洪引漢禁中起居注驗董仲舒所撰李少君家録云，知漢起居注在宫爲女史之職，自魏、晉以來，起居注皆近侍之人所録，不復取女職矣。』又云：『觀葛洪所引，知尚存於晉，至隋始亡。』據此，則馬氏脱『禁』字，而正義稱漢書者更誤矣。或曰元帝時避后父王禁名，故去『禁』字，曰漢中起居注及漢書起居，亦通。漢志有漢著記百九十卷，師古謂若今之起居注。」

〔二〕此二句孫校本作「少君之將去也，武帝夢與之共登嵩高山」。李少君：字雲翼，山東臨淄人，漢武帝時以煉丹、術數受寵信，後病死。去：離開。此指人將死去。武帝：此指漢武帝劉徹。嵩高山：即中嶽嵩山，五嶽之一，在今河南登封縣北。

〔三〕上句「來」字，孫校本作「下」；此句「太一」，孫校本作「太乙」。太一：天神名。史記封禪書：「天神貴者太一。」

〔四〕此上二句孫校本作「帝覺以語左右曰：如我之夢，少君將舍我去矣」。

〔五〕此上三句孫校本作「數日而少君稱病死，帝令人發其棺，無屍，唯衣冠在焉」。聚學軒本周廣業注曰：「少君事詳史記封禪書及武帝内傳中。正義引漢書起居文與此同。惟『帝曰』作『帝謂左右』，『數日』作『數月』，但『漢中』、『漢書』之字皆有誤。」

4 以蟻鼻之缺，捐無價之淳鈞〔一〕；分寸之瑕，棄盈尺之夜光〔二〕。朱公所以鬱邑，薛燭所以永歎〔三〕。

〔一〕蟻鼻之缺：比喻極微小的缺口。聚學軒本周廣業注曰：「逸雅『劍傍鼻曰鐔』，又『劍鼻曰琫，亦曰毚蟻蟻』。又吴越春秋『魯季孫聘於吴，闔廬以莫邪獻之，季孫拔劍之鍔中缺者大如黍米』。」「捐」，棄，原作「損」，此據道藏本、四庫本改。淳鈞：聚學軒本作「淳鉤」，古代寶劍名。見淮南子覽冥訓：「歐冶生而淳鈞之劍成。」越絶書作「純鉤」。

〔二〕此二句孫校本原在「以蟻鼻之缺」句上。聚學軒本周廣業注曰：「魏文侯投白圭以夜光之璧。見史記鄒陽傳。又良玉度尺，見韓詩外傳。」夜光：此指夜光寶石。

〔三〕「燭」，道藏本誤作「灼」。「朱」字上，孫校本有「斯」字；「永歎」下有「矣」字。聚學軒本周廣業注曰：「越絶書：『越王句踐以寶劍淳鉤示相劍者薛燭曰：客有直之者有市之：鄉二，駿馬千匹，千户之都二，可乎？薛燭曰：不可。當造此劍之時，赤堇之山破而出錫，若耶之溪涸而出銅，歐冶乃因天之精神，悉其伎巧，造爲此劍。雖傾城量金，珠玉竭河，猶不能得此一物也。』」朱公：即陶朱公范蠡。春秋時范蠡佐越王句踐滅吴後棄官至陶，稱朱公，經商致富。賈誼新書連語載有陶朱公對梁王論白璧貴賤之事。又見劉向新序。鬱邑：即悒鬱，憂愁不快貌。薛燭：春秋時越國人，以善於識別寶劍著名，事見越絶書載與越王句踐論劍之寶貴事。天海案：此條見孫校本内篇論仙，文略異。又，此與上條原作一條，道藏本、四庫本、孫校本分列，此據改。

5 猶人不學仙而學道術，乃令變形易貌〔一〕，吞刀吐火，坐在立亡〔二〕，興雲起霧，召致蛇蟲〔三〕，聚合魚鼈，入淵不溺，蹴刃不傷〔四〕。

〔一〕首句原作「猶人不學仙也」，且在上條「永歎」句下，文不相類，此從聚學軒本改「也」字爲「而」，與本條併作一條。「學」字道藏本無。此二句孫校本作「若道術不可學得，則變易形貌」。道術：方術，道家所謂變化之術。

〔二〕坐在立亡：坐在面前能馬上消失，此指用道術隱身而去。亡：通「無」。

〔三〕「蛇蟲」，孫校本作「蟲蛇」。

〔四〕「聚合」，孫校本作「合聚」；「溺」，孫校本作「沾」。天海案：此條道藏本、聚學軒本、四庫本皆與上條併作一條。

6 陳仲弓異聞記云〔一〕：「同郡人張廣定遭亂〔二〕，有女四歲不能行，棄塚中，以數月糧與之〔三〕。後三年乃還，欲收葬之〔四〕。女猶坐塚中，問其故〔五〕。女曰：『糧盡以後〔六〕，見塚角有一物，申頸吞氣，乃效之〔七〕，轉不復飢。』尋看，乃大龜也〔八〕。將女還，食食飲〔九〕。初，小腹痛，久乃習之〔一〇〕。」

〔一〕此句孫校本作「故太丘長潁川陳仲弓，篤論士也，撰異聞記云」。陳仲弓：名寔，字仲弓，許昌人。後漢漢桓帝時爲太丘長，靈帝時爲竇武掾屬，曾遭黨錮之禍，遇赦得免，以公平正直聞名於鄉里。

書有傳。異聞記：書名，今已不存。

〔二〕此句孫校本作「其郡人張廣定者，遭亂常避地」。道藏本、聚學軒本、四庫本等皆脱「定」字。張廣定：傳聞之人，事不可考知。

〔三〕此三句孫校本作「有一女年四歲，不能步涉，又不可擔負，計棄之，故當餓死，不欲令其骸骨之露。村口有古大塚，上顛先有穿穴，乃以器盛縋之，下此女於塚中，以數月乾飯及水漿與之，而捨去」。

〔四〕此二句孫校本作「候世平定，其間三年，廣定乃得還鄉里，欲收塚中所棄女骨，更殯埋之」。

〔五〕此二句孫校本作「廣定往視，女故坐塚中，見其父母猶識之，甚喜，而父母猶初恐其鬼也，人就之，乃知其不死。問之從何得食」。

〔六〕此二句孫校本作「女言糧初盡時，甚飢」。

〔七〕申：同「伸」，孫校本正作「伸」；「乃」，孫校本作「試」。

〔八〕此二句孫校本作「廣定乃索女所言物，乃是一大龜耳」。

〔九〕上句孫校本無，下句孫校本作「女出食穀」。食食飲：餵食物、飲料。

〔一〇〕此句孫校本作「嘔逆久許，乃習」。天海案：此條見孫校本內篇對俗，事同而文多異。

7 太昊師蜘蛛而結網，金天據九扈以正時〔一〕，帝軒俟鳳鳴以調律，唐堯見蓂莢而知月〔二〕。

〔一〕「太昊」，道藏本、四庫本作「湯」，御覽亦引作「湯」。聚學軒本周廣業注曰：「易稱庖羲氏結繩而爲網罟，關尹子曰『聖人師蜘蛛立網罟』。舊云湯者，或據吕覽『湯祝曰：蛛蝥作網罟，今人師之』語。」太昊：即伏羲氏。傳説他見蜘蛛結網而教民編織漁網。金天：即少昊氏，也作少皞氏，名摯。爲東夷族首領，以鳥爲圖騰，任官皆用鳥名。九扈：道藏本、孫校本作「九雁」。雁是候鳥，可報農時。天海案：疑當作「九鳸」。爾雅釋鳥「扈」作「鳸」；説文引作「九雇」。本是一種候鳥，少昊氏以此爲主農事的官名。正時：調整農時。

〔三〕上句道藏本、徐本、廖本、四庫本、聚學軒本皆無，孫校本有；下句孫校本作「唐堯觀蓂莢以知月」。帝軒俟鳳鳴以調律：雲笈七籤軒轅本紀：「容成子善知音律，初爲黄帝造律曆，造笙以像鳳鳴。」蓂莢：古代傳説中的一種瑞草。據説每月初一至十五，每日結一莢；從十六日到月終，每日落一莢，故以莢的多少可推知當天的日期，故又名曆莢。

8 道能登虚躡影，飲玉醴，食翠芝〔一〕。

〔一〕「道」，疑當作「得道」或「道術」，如此文意方順，句意方全。首句孫校本作「果能登虚躡景」，句上正有「況得仙道」數句。下二句孫校本作「飲則玉醴金漿，食則翠芝朱英」。登虚：指昇天。躡影：隱身。玉醴：用玉釀成的美酒，道家認爲飲此可以長生。翠芝：翠绿色的靈芝，傳説食此可以成仙。

9 彭祖云：天上多尊官〔一〕，新仙者位卑，奉事非一也〔二〕。

〔一〕「云」，孫校本作「言」；「官」下，孫校本有「大神」二字。彭祖：傳説爲顓頊帝玄孫陸終氏的第三子，姓籛，名鏗。堯時封于彭城，因其道可祖，故稱彭祖。彭祖至商爲守藏史，至周爲柱下史，傳説歲八百。莊子逍遥遊、劉向列仙傳、葛洪神仙傳、干寶搜神記皆載之。

〔三〕此句孫校本作「所奉事者非一」。天海案：此條見孫校本内篇對俗，文略異。

10　農夫得彤弓以驅烏，南夷得衮衣以負薪〔一〕，猶世人得仙丹而不貴也〔二〕。

〔一〕「烏」，孫校本作「鳥」。彤弓：朱紅色的弓，古代帝王用來賞賜有功的諸侯。「南夷」，所見意林别本皆作「南城」，疑是「南域」之誤。衮衣：古代帝王及公侯所穿繡有龍圖的禮服。

〔二〕此句孫校本無，見書鈔引。天海案：此條與上條原併作一條，此據文意分列爲二條。

11　元君，老君師也〔一〕。

〔一〕此句孫校本作「元君者，老子之師也」。聚學軒本周廣業注曰：「御覽『太清神丹，其法出於元君。元君』云云。」元君：道教稱仙人，男仙叫真人，女仙叫元君。老君：俗稱老子爲老君，或稱太上老君。

12　世人唯競飛蒼走黄，依榮逐利〔一〕。

〔一〕此二句孫校本作「世人飽食終日，復未必能勤儒墨之業，治進德之務，但共逍遥遨遊以盡年月。其所營也，非榮則利。或飛蒼走黄於中原，或留連盃觴以羹沸」，且在「農夫得彤弓」條下。飛蒼走黄：放飛鷹，跑黄犬。此指遊獵。天海案：此第十二至十五條之序，原爲第十五、十四、十三、十二，此據道藏本與孫校本次序移正。

13　上士得道成天官，中士得道棲集崑崙〔一〕，下士得道長生世間〔二〕。

〔一〕上句孫校本作「上士得道昇爲天官」。上士：此指上等道士，「中士」、「下士」類推。天官：道士所奉三官爲天官、地官、水官。崑崙：聚學軒本周廣業注曰：「東方朔海内十洲記：崑崙號曰崑崚，在西海之戌地，北海之亥地，去岸十三萬里。山上有金台五所、玉樓十二所，西王母所治也。真官仙靈之所宗。」

〔二〕此句下聚學軒本周廣業注曰：「見御覽。是太清觀天經中丹經文。」

14 朱草莖如珊瑚〔一〕，刻之汁流如血。以玉投汁中，丸之如泥〔二〕，久即成水。以金投之曰金漿，以玉投之曰玉醴，服之長生〔三〕。

〔一〕此句孫校本作「朱草狀似小棗，栽長三四尺，枝葉皆赤，莖如珊瑚，喜生名山岩石下」。朱草：一種紅色的草，可作染料。方士附會爲瑞草。聚學軒本周廣業注曰：「選注引：朱草長三尺，枝葉皆赤，莖似珊瑚。」珊瑚：熱帶海中腔腸動物，其屍骨堆積連接，狀如樹枝。

〔二〕此二句孫校本作「以玉及八石金銀投其中，立便可丸如泥」。丸：攪，揉。

〔三〕上二「曰」字，孫校本作「名爲」。「服之」下，孫校本有「皆」字。聚學軒本周廣業注曰：「李綽尚書故實載堯時朱草生郊，所言枝葉莖色正與此同。考大戴禮明堂篇云『朱草日生一葉，至十五日生十五葉，十六日落一葉，終而復始』，是亦蓂莢之類，所謂合朔者也。當與此異。典要稱有『餌玉長生草，一名通天，價值千金』，意即抱朴子所謂朱草歟？」

15 石先生丹法：取烏未生毛者〔一〕，以真丹和牛肉飼之，長，毛羽赤色〔二〕，煞之，陰乾服之，壽五百歲〔三〕。

〔一〕此句孫校本作「取烏鷇之未生毛羽者」。石先生：煉丹方士，生平未詳。

〔二〕真丹：道士稱按其方藥所煉製的丹藥爲真丹。「飼」，道藏本、四庫本作「飴」，二字通。晉書王導傳：「薈以私米作饘粥，以飴餓者。」「飼之」，孫校本作「以吞之」。下句作「至長，其毛羽皆赤」。

〔三〕「煞」下「之」字，道藏本、四庫本脱。煞：「殺」之俗字。此上之文，孫校本作「乃煞之，陰乾百日，併毛羽搗服一刀圭百日，得壽五百歲」。

16 素顔紅膚惑其目〔一〕，清商流徵亂其聽〔二〕，此真理之德也〔三〕。

〔一〕「紅膚」，孫校本作「玉膚」；「惑」，道藏本作「或」，可通。素顔紅膚：此指女色。

〔二〕「聽」，孫校本作「耳」。清商流徵：商音清越，徵音流暢，形容美妙的音樂。

〔三〕德：教化。禮記内則：「降德於衆兆民。」鄭玄注：「德，猶教也。」此句孫校本無，御覽亦無，疑是馬總自注之文混入。

17 龍淵以靡割常新，斧斤以日用速敝〔一〕。

〔一〕「割」，道藏本、四庫本作「豁」，義同。上句孫校本作「龍泉以不割常利」。「斧斤」，孫校本作「斤斧」；「敝」，道藏本、四庫本作「弊」。龍淵：寶劍名。相傳春秋時楚王請歐冶子、干將二人鑄鐵劍三枚，一曰龍淵，二曰泰阿，三曰工布。事見越絶書。唐時避高祖李淵之諱，故龍淵改稱龍泉。

18 寸蛸泛濫跡水之中〔一〕，則謂天下無四海之廣；芒蝎宛轉果核之内，則謂天下無八極之大〔二〕。

〔一〕此句孫校本作「夫寸鮹汎迹濫水之中」。寸蛸：即土蛸。廣韻：「蛸，土蛸，毒蟲。」集韻賄韻：「蛸，土蟲名。」泛濫：本指水勢横流，此喻任意暢游。跡水：牛蹄坑内的積水。又見抱朴子刺驕：「寸鮹游牛蹄之水，不貴横海之巨鱗。」

〔二〕下句孫校本作「則謂八極之界盡於兹也」。芒蝎：水果殼、核内的蛀蟲。宛轉：輾轉活動。八極：八方極遠之地。

19 漏脯救飢，鴆酒止渴〔一〕，非不暫飽，死亦及之〔二〕。

〔一〕「漏脯」上，孫校本有「譬若以」三字。「漏」，廖本作「堇」；「鴆」，孫校本作「鳩」，誤。漏脯：爲漏水所沾污的隔夜之肉。古人認爲此肉爲漏水所沾污，有毒，食之可致死。魏嵇康答難養生論：「故嗜酒者自抑於鴆酒，貪食者忍飢於漏脯。」語又見抱朴子嘉遯：「咀漏脯以充飢，酣鴆酒以止渴也。」

〔二〕此句孫校本作「而死亦及之矣」。天海案：此與上條道藏本、聚學軒本、四庫本皆併作一條。

20 貴明珠而賤淵潭，愛和璞而惡荆山〔一〕，不知淵潭是明珠所出，荆山是和璧所生〔二〕。

〔一〕「璞」，孫校本作「璧」。荆山：在今湖北南彰縣西。相傳春秋時楚人卞和在荆山得到一塊璞玉，獻給楚王，琢成一塊舉世無雙的美玉，世稱和璧，或和氏璧。

〔三〕此二句孫校本作「不知淵潭者明珠之所自出，荆山者和璧之所由生也」。

21　方今士有待次之滯，官無暫曠之職〔一〕。

〔一〕「方今」二字孫校本無。待次：古代士人授官職後，須依次等待補缺。滯：鬱閉，此指積弊。暫曠：暫時空缺。

22　景風起則裘鑪息〔一〕，世道夷則奇士退。

〔一〕「景風」上，孫校本有「吾聞」二字。景風：夏至以後暖和的風。

23　肉芝是萬歲蟾蜍，頭上有丹書八字〔一〕，五月五日中時取之，以足畫地則水流〔二〕，帶之左手則辟兵〔三〕。

〔一〕上句類聚作「蟾蜍萬歲者」，孫校本作「肉芝者，謂萬歲蟾蜍」；下句類聚作「頭上有角，頷下有丹書八字再重」，「再重」，孫校本作「體重」，餘與類聚同。肉芝：即肉靈芝。道家稱千年蟾蜍、蝙蝠、靈龜、燕之類爲肉芝，食之可長壽。

〔二〕上句「中時」，類聚作「午時」，句下類聚與孫校本皆有「陰乾百日」四字；下句類聚與孫校本皆作「以其左足畫地，即爲流水」。

〔三〕此句孫校本作「帶其左手於身，辟五兵」。兵：此指兵器。聚學軒本周廣業注曰：「御覽此下云：

若敵人射己者，弓弩還自向也。」

24　行山中，見小兒乘車馬，長七八寸者，肉芝也，服之得仙〔一〕。

〔一〕「小兒」，孫校本作「小人」；末句作「捉取服之，即仙矣」。

25　千歲蝙蝠白如雪，住則倒懸，腦重故也〔一〕。

〔一〕「白」上，孫校本有「色」字；「住」，御覽與孫校本作「集」，聚學軒本從之。周廣業注曰：「御覽此下云：陰乾末服，人壽萬歲。」

26　千歲燕，窠門向北〔一〕。

〔一〕此句下御覽有「色白而尾曲，陰乾末服一頭得五百歲，此肉芝也」數句；孫校本則作「又千歲燕，其窠户北向，其色多白而尾曲，取陰乾末服一頭五百歲」。天海案：此條見孫校本内篇仙藥，意林所録過簡，文意不全。

27　雲英、雲珠、雲液、雲母、雲沙〔一〕，服之用玉水〔二〕。

〔一〕此上五種皆爲雲母别名，各以質地色澤區别命名。此文孫校本作「五色並具而多青者名雲英，宜以春服之；五色並具而多赤者名雲珠，宜以夏服之；五色並具而多白者名雲液，宜以秋服之；五色並具多黑者名雲母，宜以冬服之；但有青黄二色者名雲沙，宜以四季服之」。

〔二〕此句孫校本作「服五雲之法，或以桂葱水，玉化之以爲水」。

28 成帝獵於終南山，見一人無衣〔一〕，身生黑毛，合圍取之〔二〕，絶坑踰岸，有如飛鳥。及得，是婦人〔三〕。自云秦時宫人，關東賊至〔四〕，秦王出降，驚走入山〔五〕，垂當飢死，有老翁令食松實，遂不復飢〔六〕。乃是秦王子嬰宫人，至成帝二百許歲〔七〕。人將還，以穀食之〔八〕，毛稍脱落，轉老而死〔九〕。

〔一〕此二句孫校本作「又漢成帝時，獵者於終南山中見一人無衣服」。成帝：西漢成帝劉驁，公元前三二年至前六年在位。終南山：在今陝西西安市南，又稱南山。

〔二〕此句孫校本作「獵人見之，欲逐取之」。

〔三〕此上四句孫校本作「而其人踰坑越谷，有如飛騰，不可逮及。於是乃密伺其所在，合圍得之，乃是婦人」。絶坑踰岸：跨越水坑，跳上懸崖。

〔四〕上句孫校本作「問之，言我本是秦之宫人也」；下句「關」上有「聞」字。關東賊：此指函谷關以東農民起義軍。

〔五〕「驚」上，孫校本有「宫室燒燔」四字。

〔六〕此上三句孫校本作「飢無所食，垂餓死。有一老翁，教我食松葉、松實，當時苦澀，後稍便之。遂使不飢不渴，冬不寒，夏不熱」。

〔七〕此二句孫校本作「計此女定是秦王子嬰宫人，至成帝之世二百許歲」。秦王子嬰：秦始皇長子扶蘇之子。趙高殺秦二世胡亥，立子嬰，去帝號，稱秦王，在位四十六天，劉邦兵至，出降，後爲項羽所殺。

〔八〕此二句孫校本作「乃將歸，以穀食之」。

〔九〕此二句孫校本作「初聞穀臭，嘔吐累日乃安。如是二年許，身毛乃脱落，轉老而死」。

29 欲長生，服山精。山精，术也〔一〕。

〔一〕此上之文，孫校本作「必欲長生，常服山精」；「术，一名山薊，一名山精」。其下另有「故神藥經曰：必欲長生，常服山精」三句。山精：藥名。本草綱目：「术者，山之精也，服之令人長生辟穀，故有山精、仙术之號，服食家呼蒼术爲仙术。」术：多年生草本植物，根莖可入藥，有白术、蒼术等數種。爾雅釋草：「术，山薊。」疏：「本草云：一名山薊，一名山薑，一名山連。」

30 陵陽子仲服遠志二十年〔一〕，有子三十七人，讀書不忘〔二〕。

〔一〕陵陽子仲：當爲陵陽子明，古代傳説中的仙人。西漢丹陽人，姓竇，字子明。曾獲白魚，剖得丹書，論服餌之術。後住陵陽山成仙，故稱。列仙傳：「子明……止陵陽山上百餘年，遂得仙也。」陵陽：山名，在今安徽太平縣北，傳爲子明得仙之地。遠志：草藥名。高七八寸，莖細，葉橢圓形互生，夏開紫色花，根入藥。

〔二〕「讀書不忘」，孫校本作「開書所視不忘」。

31 得道聖人是黄老〔一〕，治世聖人是周孔二人〔二〕。

〔一〕「道」字道藏本、四庫本皆脱。此句孫校本作「得道之聖人，則黄老是也」。

〔三〕此句道藏本、四庫本作「世聖是周孔二人」，孫校本作「治世之聖人，則周孔是也」。聚學軒本周廣業注曰：「此當連下條。觀御覽引『棋聖』下尚有『書聖是皇象、胡昭，畫聖是衛協、張墨，巧聖是張衡、馬鈞』可見。」

32　善圍棊者，謂之棊聖〔一〕，故嚴子卿、馬綏明有棊聖人之名〔二〕。

〔一〕「棊」，道藏本、四庫本作「碁」，下與此同。此二句孫校本作「故善圍棋之無比者，則謂之棋聖」。

〔二〕此句孫校本作「故嚴子卿、馬綏明於今有棋聖之名焉」。嚴子卿：名武，字子卿，彭城人，三國時吴人，圍棋無人能比，與皇象等八人稱爲「吴下八絶」。事見三國志吴志注。馬綏明：人名，生平未詳。

33　彭祖自譽佐堯，歷夏至殷〔一〕。殷王遣宫女受房中之術，有驗，乃欲殺之，以絶其法。彭祖知之，乃逃。七十年，有人見於流沙〔二〕。

〔一〕此二句孫校本作「按：彭祖經云其自帝譽佐堯，歷夏至殷爲大夫」。

〔二〕此上之文，孫校本作「殷王遣彩女從受房中之術，行之有效。欲殺彭祖，以絶其道，彭祖覺焉而逃去。去時年七八百餘，非爲死也。黄石公記云：彭祖去後七十餘年，門人於流沙之西見之，非死明矣」。殷王，此或指殷紂王。流沙：沙漠。

34　欲得長生，腹中清；欲得不死，腹無屎〔一〕。

〔一〕此條孫校本作「道書雖言，欲得長生，腸中當清；欲得不死，腸中無滓」。此條原在下「里語云」條下，此據道藏本調。

35 里語云〔一〕：「人在世間，日失一日，如牽牛羊詣屠所〔二〕，每進一步，去死轉近〔三〕。」

〔一〕「里語云」，孫校本作「里語有之」。

〔二〕「牛羊」下，孫校本有「以」字。

〔三〕「去」上，孫校本有「而」字。

36 老君姓李名聃，字伯陽，長九尺〔一〕，黄色，鳥喙，隆鼻，眉五寸，住金樓玉堂〔二〕。

〔一〕此上三句孫校本作「老君真形者，思之，姓李名聃，字伯陽，身長九尺」。

〔二〕「眉五寸」，孫校本作「秀眉長五寸」，其下尚有「耳長七寸，額有三理上下徹，足有八卦，以神龜爲牀」數句；末句「住」字孫校本脱，其下尚有「白銀爲階，五色雲爲衣，重疊之冠，鋒鋋之劍，從黄童百二十人」數句。

37 雞舌香、黄連、乳汁，治目中百病〔一〕。

〔一〕此條孫校本作「或以雞舌香、黄連、乳汁煎注之，諸有百疾之在目者皆愈」。雞舌香：即丁香，常緑喬木，可高達十米，産自熱帶。花和果實曬乾後有香氣，可入藥。因其種仁形如雞舌，故名。聚學軒本周廣業注曰：「嵇含南方草木狀：交趾有蜜香樹，開花白而繁，其花不香，成實乃香，爲雞舌香，漢郎官奏事則含之，即今之丁香舌也。」黄連：多年生草本植物，其根連株而色黄，故名。根可入藥，味大苦，可作清熱瀉火、消炎之用。

38 諺云：「無肥仙人、富道士。」雖能作金銀，皆自貧〔一〕。

〔一〕此條孫校本作「世間金銀皆善，然道士率皆貧，故諺云：無有肥仙人、富道士也」。

39 諺云：「書三寫，魚成魯，帝成虎〔一〕。」亦如神符，今用少驗〔二〕。

〔一〕「帝」，孫校本作「虛」，「虎」下有「此之謂也」四字。聚學軒本周廣業注曰：「埤雅引意林有『書三寫』三句，今廖本無之。」

〔二〕此二句孫校本無。考抱朴子中多講神符靈驗，此或非正文，疑馬總自注之文混入正文中。

40 白石似玉，姦佞似賢。

41 鸞不掛網，麟不墮穽〔一〕。

〔一〕此二句孫校本作「鳶不絓網，驎麟不墮穽」。

42 寸醪不能治黄河之濁，尺水不能卻蕭丘之熱〔一〕。穿舟以息漏，猛爨以止沸，不可得也〔三〕。

〔一〕聚學軒本周廣業注曰：「淮南子：阿膠一寸，不能止黄河之濁。南海蕭丘之上，有自生之火，春起秋滅。見藝文類聚引抱朴子。」又案曰：「此即東方朔所稱火山也。」天海案：此句下孫校本有數句，文繁不引。蕭丘：南海之島名。

〔三〕此三句，上二句中二「以」字，孫校本皆作「而」；「沸」下，孫校本有「者也」二字。下句孫校本無。

43 若使素士畫躬耕以餬口〔一〕，夜薪火以修業，則游夏不足多矣〔二〕。

〔一〕「畫躬耕」，道藏本、四庫本作「行耕」；「素士」下，孫校本有「則」字。素士：貧寒的士人。

〔二〕此句孫校本作「則世無視内，游夏不乏矣」。游夏：孔子弟子子游、子夏。子游，春秋時吴人。姓言名偃，字子游，長於文學，仕魯，曾爲武城宰。子夏：春秋時衛人。姓卜名商，字子夏，長於文學。相傳曾於西河講學，爲魏文侯師，又序詩傳易。均見史記仲尼弟子列傳。論語先進：「文學子游、子夏。」故游夏並稱。後世對才學出衆的人也以游夏作比。多：稱讚。

44 大廈既燒，取水於滄海〔一〕；洪潦淩空，伐舟於長川，則不及矣〔二〕。

〔一〕此二句孫校本作「大廈既燔，而運水於滄海」。

〔二〕上句「空」，孫校本作「室」；次句孫校本作「而造船於長洲矣」；末句孫校本無。

45 臣猶手足，履冰執熱，不得辭焉〔一〕。

〔一〕此條孫校本作「臣喻股肱，則手足也，履冰執熱，不得辭焉」。

46 高巖將隕〔一〕，非細縷所綴；龍門沸騰，非掬壤所遏〔二〕。

〔一〕「巖」，道藏本誤作「嚴」；「隕」，孫校本作「實」。

〔二〕龍門：山名，在今陝西韓城與山西河津縣之間，黄河水至此東折入海，地勢險峻。掬壤：一捧土。

47 劍戟不長於縫緝，可以剸割牛馬〔一〕；錐鑽不可剸割牛馬〔二〕，而長於縫緝。材有大小，不可棄也。

〔一〕縫緝：縫補。此句孫校本無。

〔二〕此句孫校本作「錐鑽不可以擊斷」，其下另有「牛馬不能吠守，雞犬不任駕乘；役其所長，則事無廢功；避其所短，則世無棄才矣」數句。

48 六軍如林〔一〕，未必皆勇。

〔一〕六軍：周制，天子有六軍。後作爲軍隊的統稱。

49 仁者政之脂粉，刑者世之轡策〔一〕。當怒不怒〔二〕，姦臣爲虎；當殺不殺，大賊乃發〔三〕。

〔一〕此二句孫校本作「故仁者爲政之脂粉，刑者御世之轡策」。脂粉：比喻修飾、打扮。轡策：馬絡口與鞭子，比喻管束、治理。

〔二〕怒：憤怒，引申爲譴責。

〔三〕大賊：指造反、叛逆的人。

50 鑽端之火，勺水可滅〔一〕；鵠卵未乳，指掌可縻〔二〕。及其乘衝飈，燎巨野〔三〕，奮六翮，淩朝霞，雖智勇不能制也〔四〕。

〔一〕「鑽端」，孫校本作「鑽燧」；「勺水」，道藏本、四庫本作「口水」。鑽端：鑽頭。古人鑽木取火，故言。

〔二〕「乳」，孫校本作「孚」。乳：孵育。

〔三〕「巨野」上，孫校本有「而」字。衝飈：猛烈的狂風。巨野：曠野。

〔四〕此三句孫校本作「奮六羽以淩朝霞，則雖智勇不能制也」。六翮：飛禽的六支健羽。

51 委轡策而乘奔馬於險途，捨柂櫓而泛輕舟於江海，豈不險哉〔一〕？

〔一〕次句孫校本作「捨柂櫓而泛虚舟以淩波」，無「豈不險哉」一句。委：丟棄不用。柂：通「舵」。柂櫓：船舵與船槳。

52 金舟不能淩陽侯之波〔一〕，玉馬不任騁千里之跡〔二〕。

〔一〕「淩」，原作「浚」，此據道藏本改。陽侯：傳説中的波神。淮南子覽冥訓：「武王伐紂，渡於孟津，陽侯之波逆流而擊。」高誘注：「陽侯，陵陽國侯也。其國近水，休（溺）水而死，其神能爲大波，有所傷害，故謂之陽侯之波。」

〔三〕「騁」，道藏本誤作「聘」。不任：不堪，不勝。騁：馳騁。跡：行跡。引申爲行程。

53 或輸自售之寶，或賣要人之書；或父兄貴顯，望門而辟命〔一〕；或低頭屈膝，積習而見收〔二〕。

〔一〕望門：看門第。辟命：徵召，任命。

〔二〕見收：被收攬録用。

54 語曰：「舉秀才，不知書；察孝廉〔一〕，父別居；寒素清白濁如泥，高第良將怯如雞〔二〕。」

〔一〕秀才：漢代舉士科目，謂才學優秀的人。孝廉：漢代舉士科目，謂行孝廉潔的人。漢制，州舉秀才一人，郡舉孝、廉各一人。

〔二〕寒素：漢、晉時舉士科目，謂出身貧寒的士人。清白：漢、晉時舉士科目，謂家世清白、品行純潔的人。「雞」，原作「黽」，四庫本亦作「黽」，道藏本、御覽作「蠅」，此據孫校本改。高第：指豪門權貴；一説考試高中成績優異的人。天海案：此爲東漢靈帝、獻帝時諺語。

55 諺曰：「古人欲達，勤讀經〔一〕；今世圖官，免治生〔二〕。」

〔一〕「諺曰」，孫校本作「又云」；「勤讀經」，道藏本、四庫本作「勤讀書經」，孫校本作「勤誦經」。

〔三〕免治生：免，通「勉」。努力謀生。一説免除謀生之勞。

56 余謂朋友之交不宜浮雜〔一〕，面而不心，揚雄所譏〔三〕。

〔一〕「謂」，孫校本作「以」。浮雜：輕薄而不純。

〔三〕「所」，孫校本作「攸」。「面而不心」，語本揚雄法言：「朋而不心，面朋也；友而不心，面友也。」

57 明鏡舉則傾冠見，羲和照則曲影覺〔一〕。

〔一〕傾冠：帽子歪斜。見：同「現」。羲和：神話中爲太陽趕車的人，此指太陽。

58 周勃社稷之臣，不能答錢穀之數〔一〕。

〔一〕「臣」，孫校本作「骾也」；下句孫校本作「而不能答錢穀，責獄辭」。周勃：沛人，從劉邦起義，因軍功封絳侯。後與陳平誅諸吕，立文帝，安劉氏天下。事見史記、漢書本傳。

59 識珍者必拾濁水之明珠〔一〕，賞氣者必將穢藪之芳蕙〔二〕。自非懸鑒，誰能披泥抽淪玉，澄川掇沈珠〔三〕？

〔一〕「珍」，道藏本、四庫本作「珎」，乃「珍」之俗字。「濁水」，汙水，道藏本作「濯水」。

〔二〕「將」，説郛本作「捋」，聚學軒本作「探」。穢藪：穢草叢生之處。芳蕙：芳香的蘭草。天海案：此以上二句不見於孫校本，周廣業稱見於初學記；嚴可均輯本有此數句，稱是備闕卷佚文。推其文意，當與下文同屬擢才篇。

〔三〕此三句，上句孫校本作「自匪明竝懸象、玄鑒表微者」。懸鑒：懸鏡，比喻明察如鏡高懸。次句「誰」，孫校本作「焉」。披泥：分開泥沙。淪玉：埋入水中的玉石。澄川：澄清河流。

60 智大者盤桓以山峙，器小者蓬飛而萍浮〔一〕。直繩，枉木之所憎；清公，姦慝之所讐〔二〕。

〔一〕「智大者」，孫校本作「夫智大量遠者」。「器小者」，孫校本作「器小志近者」。盤桓：廣大厚重貌。以：同「而」。

〔二〕「直繩」，孫校本作「夫直繩者」。清公：清廉公正。姦慝：奸詐邪惡。

61 文王之接呂望，桑陰未移而知其可師矣〔一〕；玄德之見孔明，晷影未改而腹心以委矣〔二〕。貌望豐偉者不必賢，形氣尪徉一作「瘁」。者不必愚〔三〕。

〔一〕「呂望」，孫校本作「呂尚」。「可」，孫校本作「足」。聚學軒本周廣業注曰：「戰國策：堯見舜草莽之中，桑陰不移而授天下。列子：堯之於舜，不違桑陰。」桑陰未移：桑樹陰影還未移動，比喻時間很短。

〔二〕「以」，孫校本作「已」。玄德：劉備，字玄德。孔明：諸葛亮，字孔明。事見三國志蜀先主傳。晷影：日影。

〔三〕下句孫校本作「而形器尪瘁者不必愚」。貌望：相貌。尪徉：醜陋癲狂。

62 伯喈識絶音之器於煙燼之餘〔一〕，平子別逸響之竹於未用之前〔二〕。

〔一〕伯喈：蔡邕，字伯喈，陳留人，東漢靈帝時拜郎中。董卓時召爲祭酒，遷中郎將。卓敗，囚死獄中。邕少博學，工辭章，精音律，善鼓琴，工書畫，有獨斷一書傳世。後漢書有傳。據後漢書、搜神記載，蔡邕曾用燒焦的桐木製成琴，名曰焦尾。絶音之器：此指無與倫比的樂器。煙燼之餘：指燒焦的桐木。

〔二〕「別」，孫校本作「剔」。平子：張衡，字平子，南陽人。通五經、天文、曆算、機械製作等。漢安帝時爲郎中，後拜尚書。曾發明過渾天儀、地動儀。後漢書有傳。聚學軒本周廣業注曰：「張衡多巧思。『別竹』事不見本傳。蓋亦伯喈椽竹之類。椽竹有二説：伏滔長笛賦言取柯亭竹爲笛，文士傳言取高遷亭竹爲籥，或以張事並繫于蔡也。」別逸響之竹：此指能識別製作具有超凡絶俗樂聲的竹子。

63 威儀如龍虎，盤旋成規矩〔一〕。

〔一〕「旋」，道藏本誤作「族」。盤旋：迴旋周轉。規矩：此比喻法度。

64 酒後體輕耳熱，冠脱帶解〔一〕。遲重者蓬轉而波偃，整肅者鹿踊而魚躍〔二〕，口訥者皆搖掌以譜聲，不競者皆裨膽以高發〔三〕。以九折同蟻封，以呂梁同牛跡〔四〕。禁之彌極，不可向也〔五〕。君若畏酒如畏疾，一作「風」。憎醉如憎大一本無「大」字。病，則無荒沈之咎矣〔六〕。

〔一〕此二句孫校本詳於此，文繁不引。
〔二〕「波偃」，孫校本作「波擾」。此二句形容平常嚴肅端莊、笨重遲緩的人飲酒後的醉態。
〔三〕口訥：口舌遲鈍，不善言談。譜聲：按曲而唱。不競者：與世無争的人。裨膽：壯膽。高發：高聲議論，發表見解。
〔四〕此二句孫校本作「以九折之阪爲蟻封」、「以吕梁之淵爲牛跡也」。九折：即九折阪，在今四川滎經縣西邛崍山。山路險阻回曲，須九折乃得上，故名。蟻封：蟻穴外的小土堆。吕梁：本爲山名，在黄河與汾河之間。此指黄河於此形成的深淵，又稱龍門淵。牛跡：牛蹄所踩之水坑。
〔五〕此二句不見於孫校本。彌極：終極。向：接近。
〔六〕此三句，上句孫校本作「若畏酒如畏風」；次句「大」字無；末句作「則荒沈之咎塞，而流連之失止矣」。荒沈：荒唐沉溺。

65　民有穴地而釀、油囊懷酒者〔一〕，法輕利重，安能令絶乎〔二〕？

〔一〕「民有」，孫校本作「至乃」，「者」字孫校本無。「油囊」，道藏本、四庫本作「酒囊」。穴地：挖地下室。油囊：油壺。
〔二〕此二句孫校本作「以此而禁，禁安得止哉」。

66　管輅頓仰三斗而清辯綺粲〔一〕，揚雄酒不離口而太玄乃就〔二〕。

〔一〕「頓仰」，孫校本作「傾仰」。管輅：三國魏平原人，字公明，明周易，善卜筮，相傳所占無不應。事見三國志方技傳。頓仰：一口氣仰頸飲酒。清辯綺粲：辯才流暢，言辭綺麗。

〔三〕「揚雄」，孫校本作「揚雲」，或爲揚子雲簡稱。聚學軒本周廣業注曰：「揚雄家貧嗜酒，好事者時載酒肴從學。又雄作酒箴，其文爲酒客難法度士，見漢書。」太玄：即太玄經，揚雄所著，參見本書卷三太玄經題解。

67 慕惡者如宵蟲之赴明燭，學惡者如輕埃之應飈風〔一〕。

〔一〕二「惡」字，孫校本作「之」。二「如」字，孫校本作「猶」。宵蟲：夜裏的飛蟲。「輕埃」，輕微的塵埃，孫校本作「輕毛」。

68 有斧無柯，無如之何〔一〕。

〔一〕下句孫校本作「其如之何哉」。柯：斧柄。

69 以傾倚屈申者爲妍媚，以風格端嚴者爲田舍，豈不惑也〔一〕？

〔一〕「屈申」，孫校本作「申脚」。二「爲」字，道藏本、四庫本皆無。「妍媚」，孫校本作「妖妍標秀」。「田舍」下，孫校本有「樸騃」二字。「豈不惑也」四字無。傾倚屈申：比喻行爲不正，舉止輕浮。田舍：即田舍翁、田舍郎的省稱，猶今「鄉巴佬」。

70 窮巷諸生，吟誦而向枯簡〔一〕，匍匐而守黄卷〔二〕。

〔一〕「生」下，孫校本有「章句之士」四字；「吟誦」，孫校本作「吟詠」。窮巷：陋巷，指貧寒人居住之地。

枯簡：指陳舊的竹簡古書。

〔二〕匍匐：形容盡全力，詩邶風谷風：「凡民有喪，匍匐救之。」黄卷：指古舊典籍。古代用黄柏染紙防蛀，書色黄，故稱。

71 低眉屈膝，趨事豪貴〔一〕；毛成翼長，蟬蜕泉壤，自乃軒昂〔二〕，此卑碎之徒也〔三〕。

〔一〕此句孫校本作「奉附權豪」。

〔二〕「蜕」，道藏本、四庫本作「脱」；「自乃」，孫校本作「便自」。軒昂：倨傲。

〔三〕此句孫校本無。「卑碎」，道藏本作「碑碎」，廖本作「猥碎」，四庫本作「鄙俗」。卑碎：卑鄙屑小。

72 昔西施以心痛卧於道側，蘭麝芬芳，人皆美之〔一〕。鄰女慕焉，人皆憎之〔二〕。猶世人效戴叔鸞、阮嗣宗也〔三〕。

〔一〕上三句孫校本作「昔者西施心痛而卧於道側，姿顔妖麗，蘭麝芬馥，見者咸美其容而念其疾，莫不躊躇焉」。蘭麝芬芳：此形容西施身上有如同蘭花、麝香一樣的奇異香氣。

〔二〕上句孫校本作「於是鄰女慕之」，其下有「因僞疾伏於路間，形狀既醜，加之酷臭」三句；下句孫校本作「行人皆憎其貌而惡其氣，莫不睨面掩鼻，疾趨而過焉」。慕：此指倣效。

〔三〕此句孫校本作「今世人無戴、阮之自然，而效其倨慢，亦是醜女闇於自量之類也」。戴叔鸞：名良，字叔鸞，東漢汝南慎陽人。高才尚奇論，舉孝廉不就，隱居江夏山中。後漢書有傳。阮嗣宗：名籍，字嗣宗，三國魏尉氏人。曾爲步兵校尉，故又稱阮步兵。爲人簡慢倨傲而不拘禮法，博覽羣書，尤好老莊，因不滿司馬氏專權而縱酒談玄。

73 逢世所貴，則蹇驢蒙龍駿之價〔一〕。

〔一〕上句孫校本作「所論薦」。蹇驢：跛脚的驢。蒙：混、冒充。龍駿：駿馬。

74 狐白不可以當暑，龍艘不可以乘陸〔一〕。

〔一〕狐白：即狐白裘，集狐狸腋下白色皮毛所做的皮裘，極爲珍貴。龍艘：即龍船。乘陸：在陸地行駛。天海案：此條不見於孫校本。唯外篇省煩有「何必當乘船以登山……重裘以當隆暑乎」二句文意似此。此下至第一百「孔鄭之門」條共二十七條，不見於孫校本外篇。

75 夫良將剛則法天，可望而不可干〔一〕；柔則象淵，可觀而不可入；去如收電，可見而不可追；住如丘山，可觀而不可動〔二〕。

〔一〕法天：以天爲法。干：冒犯。

〔二〕「住」，御覽作「留」；末句「觀」，聚學軒本作「瞻」。周廣業注曰：「此下六節當出軍術篇，御覽並引之。」天海案：嚴可均輯爲抱朴子外篇軍術佚文。

76　春以長矛在前，夏以大戟在前，秋以弓弩在前，冬以刀盾在前，此行軍四時應天法也〔一〕。

〔一〕嚴氏輯本外篇軍術有此條，稱採自意林、御覽，文同。

77　太公云：從孤擊虚〔一〕，萬人無餘，一女子當百丈夫。

〔一〕聚學軒本周廣業注曰：「從孤擊虚，是以方位言之。」孤虚：古代占卜推算日時之法。以天干爲日，地支爲辰，日辰不全爲孤虚。史記褚少孫補龜策傳：「日辰不全，故有孤虚。」集解：「甲乙謂之日，子丑謂之辰。六甲孤虚法：甲子旬中無戌亥，戌亥即爲孤，辰巳即爲虚。甲戌旬中無申酉，申酉即爲孤，寅卯即爲虚。甲申旬中無午未，午未爲孤，子丑爲虚。推之甲午、甲辰、甲寅旬中並然。」

78　風鳴葉者，賊在十里；鳴條者，百里；搖枝者，四百里〔一〕；金器自鳴及焦器鳴者，軍疲也〔二〕；氣如驚鹿，敗軍氣也〔三〕。

〔一〕鳴葉：搖動樹葉發出響聲。鳴條：搖動細枝發出響聲。天海案：此以上之文，又見書鈔、御覽引，文略異。

〔二〕金器：此指兵器。焦器：軍中金屬炊具。天海案：此二句嚴氏輯本單作一條。

〔三〕此二句嚴氏輯本引御覽作「凡戰，觀雲氣如走驚鹿者，敗軍之氣也」。

79　雨露霑衣裳者，謂潤兵〔一〕；不霑衣裳者，謂泣軍〔二〕。軍兵太一在玉帳之中，不可攻也〔三〕。

〔一〕此二句嚴氏輯本作「軍始出，雨露霑衣裳者，是謂潤兵，其軍有功」。聚學軒本周廣業注曰：「初學記引有『其軍有喜』。」潤兵：潤澤軍隊，即給軍隊以恩惠。

〔二〕聚學軒本周廣業注曰：「漢書王莽傳：地皇三年四月遣王匡等征赤眉，祖都門外，天大雨霑衣，長老歎曰：『是爲泣軍。』與此説小異。」天海案：此二句嚴氏輯本作「雨不足霑衣裳者，是謂泣軍，必敗」。泣軍：爲軍隊哭泣。

〔三〕此二句嚴氏輯本引作「太一在軍帳之中，不可攻也」，並單作一條。軍兵：指戰争。太一：天神。史記封禪書：「天神貴者太一。」玉帳：對主帥所居軍帳的美稱。

80 兵地生蟹者宜速移〔一〕。

〔一〕「移」下，嚴氏輯本有「軍」字。兵地：駐軍之地。聚學軒本周廣業注曰：「御覽引『春以長矛』至此，云出六韜。又引廣五行志曰：蟹，魚之類。水失其類，則有此孽。」

81 余嘗問嵇生曰〔一〕：「左太沖、張茂先可謂通人乎〔二〕？」君道答曰：「通人者，聖人之次也，其間無所復容〔三〕。」余聞班固云〔四〕：「吕氏望雲而知高祖所在〔五〕。」天豈獨開吕氏之目而掩衆人之目邪〔六〕？

〔一〕「問」，道藏本作「聞」；「嵇生」，嚴氏輯本作「嵇君道」。嵇生：即嵇含，字君道，西晉鞏縣亳丘人，自號亳丘子，好學能文章，舉秀才，除郎中，後累官至襄城太守。著有南方草木狀一書。

〔二〕左太沖：左思，字太沖，西晉臨淄人。貌醜口訥，博學，兼善陰陽之術，官秘書郎。構思十年，作三都賦，張華歎爲班、張之流，於是洛陽爲之紙貴。晉書有傳。張茂先：張華，字茂先，西晉范陽方城人。博學多聞，當時推爲第一。官至司空，封廣武縣侯。後被趙王倫所殺。著有博物志傳世。晉書有傳。通人：博古通今的人。

〔三〕此以上之文，嚴氏輯本引意林單作一條。

〔四〕此句道藏本、四庫本作「余問班，班云」。此指班固，東漢人，與抱朴子不同時，何能問答？「問」字當爲「聞」字之誤，而衍「班」字。

〔五〕呂氏：指劉邦妻呂雉。漢書高帝紀：「高祖隱於芒碭山澤間，呂氏與人俱求，常得之。高祖怪問之，呂后曰：『季所居，上常有雲氣，故從往，常得季。』」水經注：「漢高祖隱碭山，呂氏望氣知之。」

〔六〕聚學軒本周廣業注曰：「京房易候曰：視四方常有大雲五色具而不雨，其下賢人隱矣。案：范增使人望沛公，氣皆成龍虎，亦用此法。此下五條似出外篇，而今本闕。天中記引之。」天海案：此條嚴氏輯本採自意林，分作二條。

82 閹官無情，不得謂貞；倡獨不飲，不可謂廉〔一〕。

〔一〕「倡獨」，說郛本作「倡優」，於義爲長。倡：古代歌舞雜技類藝人。獨：尚且。

83 文王食子羹，佯不知，非甘也〔一〕。

〔一〕聚學軒本周廣業注曰：「帝王世紀：紂囚文王，烹其子伯邑考，爲羹賜之，文王食之。紂曰：誰謂西伯聖者，食其子羹而不知也。」

84 董仲舒學見深而天才鈍，以蜉蜂是神龍者〔一〕。非但不識神龍，亦不識蜉蜂。

〔一〕董仲舒：見本書卷三論衡第五十五條注。學見：即學識。天才鈍：天資遲鈍。蜉蜂：聚學軒本周廣業注曰：「御覽作蜥蜴。漢書東方朔占守宫曰：『臣以爲龍又無角，謂之爲蛇又有足，跂跂脈脈善緣壁，若非守宫即蜥蜴。』淮南子曰：『視龍猶蝘蜓。』高誘注：『蜥蜴也，或曰守宫。』則蜥蜴擬龍有由來矣，未聞蜉蜂也。當從御覽。」底本本條末有聚珍本館臣案曰：「蜉蜂未聞，太平御覽引之作蜥蜴。」

85 王仲任撫班固背曰：「此兒必爲天下知名〔一〕。」

〔一〕王仲任：王充，字仲任。見本書卷三論衡題解。後漢書班固傳李賢注：「謝承書曰：『固年十三，王充見之，拊其背，謂彪曰：此兒必記漢事。』」

86 五嶺無冬殞之木，南海、晉安有九熟之稻〔一〕。

〔一〕五嶺：山名，在廣東、廣西一帶。晉安：郡名，晉太康三年置，治在今福建福州市。九熟：多次成熟。九，非實指，泛指多數。南海：郡名，在今廣州一帶。天海案：嚴氏輯本引此，文同。又見初學記、御覽所引。

87 老君玉策曰〔一〕：「松脂入地千年作茯苓〔二〕，茯苓千年作琥珀，琥珀千年作石膽，石膽千年作威喜〔三〕。」

〔一〕「曰」，道藏本、聚學軒本、四庫本皆作「云」；聚學軒本周廣業注曰：「當有『記』字。」老君：指太上老君。玉策：書名，此指秘笈。

〔二〕此與下文四「作」字，嚴氏輯本皆作「變爲」。

〔三〕琥珀：松、柏樹脂的化石。紅色的叫琥珀，黄而透明的叫蠟珀，皆可入藥，亦作裝飾用。又見張華博物志引神仙傳：「松柏脂入地，千年化爲茯苓，茯苓化爲琥珀。琥珀一名江珠。」石膽：膽礬的别名，一名畢石，可入藥。威喜：靈芝名。又見抱朴子内篇仙藥：「松柏脂淪入地千歲，化爲茯苓。茯苓萬歲，其上生小木，狀似蓮花，名曰木威喜芝。」

88 炙鼓使鳴，絞絃令悲〔一〕，實使鼓速穿，絃早絶。一本「鼓」下有「迷」字。磨刀殺馬〔二〕，立可驗也。

〔一〕「悲」，嚴氏輯本作「急」。炙鼓：用火烘烤鼓皮，使乾燥。絞絃：把琴絃擰緊。

〔二〕磨刀殺馬：馬皮可作鼓，馬尾可作弦，故有此言。

89 蜉蜂窠作蠟，水沫作浮石〔一〕。

〔一〕「蜉蜂」下聚學軒本周廣業注曰：「初學記引此無『蜉』字，上有『燒泥爲瓦，燔木爲炭』二句，云『凡此皆去其柔脆，變爲堅剛』。」水沫：水上泡沫。浮石：岩漿凝成的海棉狀岩石，體輕，能浮於水，故名。又見於抱朴子內篇仙藥：「亦可以浮石、水蜂窠、化包彤、蛇黃合之，可引長三四尺，丸服之。」

天海案：嚴氏輯本文詳於此。又見初學記、御覽所引。

90 落星堈，謂吴時星落〔一〕。

〔一〕堈：高丘。嚴氏輯本作「岡」。落星堈：山名，在今南京市東北。相傳三國時有大星落於此，故名。

91 汲冢書云〔一〕：「黄帝仙去，其臣有左徹者〔二〕，削木作黄帝之像，帥諸侯奉之〔三〕。」

〔一〕此句嚴氏輯本作「汲郡冢中竹書言」。汲冢書：晉太康二年，汲郡人不准盜發魏襄王墓，得竹書數十車，皆爲先秦古籍，後稱這批書叫汲冢書。

〔二〕「左徹」，道藏本、四庫本皆誤作「夫徹」，汲冢書、博物志、路史皆作「左徹」。左徹：傳説爲黄帝時大臣。黄帝鑄三鼎於荆山之陽，鼎成而黄帝死，左徹取其衣冠几杖廟祀之。

〔三〕「奉」上，嚴氏輯本有「朝」字。帥：同「率」。

92 食鶬胎令人能夜書〔一〕。

〔一〕鶬胎：指天鵝蛋中尚未孵出的幼鳥。夜書：黑夜中不用燈火照明就可以書寫。

93 河伯，華陰人，以八月上庚日渡河溺死，天帝署作河伯〔一〕。

〔一〕河伯：黄河之神。聚學軒本周廣業注曰：「當作馮夷。」莊子秋水釋文：「河伯，姓馮，名夷。」又史記西門豹傳正義：「河伯，華陰潼鄉人，姓馮氏，名夷，浴於河中而溺死，遂爲河伯也。」華陰：縣名，因在太華山之北，故名。上庚日：上旬第七日。署：任命。文選注引抱朴子釋鬼有此文。天海案：釋鬼篇今佚。

94　鵝鬼。吴景帝有疾，召巫覡〔一〕，帝試之。乃殺鵝埋於苑中，架小屋，施牀帳，以婦人履著其前。巫云：「但見一白鵝，不見婦人也。」帝乃重之。

〔一〕吴景帝：三國時東吴景帝孫休，公元二五八年至二六四年在位。巫覡：古代巫師合稱，男稱覡，女稱巫。聚學軒本周廣業注曰：「吴志注引之甚詳。」

95　獮猴鬼。余友人膠永叔嘗養一大獮猴〔一〕，以鐵鎖鎖之於牀間，犬齧殺，經百日許〔二〕，見鬼者云〔三〕：「承塵上有獮猴被瘡流血〔四〕。」

〔一〕「膠永叔」，聚學軒本據御覽改作「滕永叔」，嚴氏輯本作「騰永叔」。膠永叔：人名，生平未詳。

〔二〕此上三句，嚴氏輯本作「而犬忽齧殺之，永叔使合鎖埋之，後百日許」。

〔三〕「見鬼者」，道藏本、四庫本皆誤作「鬼見者」，聚學軒本脱「鬼」字。嚴氏輯本作「有見鬼者，見獮猴走上承塵上。不悟是獮猴鬼也，驚指之曰」。見鬼者：古代有自稱能走陰見鬼的職業迷信者。

〔四〕此句嚴氏輯本作「獮猴何以被傷流血斷走乎？永叔曰：始乃知獮猴死復有鬼也」。承塵：蚊帳頂上用來承接灰塵的布幔。

96 余從祖得道，能分形〔一〕。座上有一葛公與客談話，又一葛公迎來送去〔二〕。

〔一〕從祖：叔伯祖父。分形：即道士所謂分身之術。

〔二〕上句「客」字，道藏本作「一」。葛公：葛洪的叔祖父葛玄，字孝先，三國時東吴琅琊人，學長生不死之道，後成仙，號葛仙公。事詳神仙傳。天海案：嚴氏輯本外篇引此，文同。事又見於内篇地真。

97 余見二陸之文百卷許〔一〕，似未盡也。方之他人，若江漢與潢污也〔二〕。嵇生云〔三〕：「每讀二陸之文，未嘗不廢卷而歎，恐其卷盡也。」陸子十篇，誠謂快書〔四〕。其辭富者，雖精思不可損也〔五〕；其理約者，雖鴻筆不可益也。觀此二人，豈徒儒雅之士、文章之人也〔六〕？

〔一〕此句嚴氏輯本作「嵇君道問二陸優劣。抱朴子曰：吾見二陸之文百許卷」。二陸：晉陸機與陸雲，兄弟二人同時齊名，故稱二陸。

〔二〕此句下嚴氏輯本有「及其精處，妙絶漢魏人也」，且此上與下文分列作二條。江漢：長江與漢水。潢污：低窪積水處。

〔三〕「嵇生」，嚴氏輯本作「嵇君道」。嵇生：即嵇含，字君道。

〔四〕聚學軒本周廣業注曰：「陸雲撰新書十篇，見隋志。」天海案：陸子十篇，參見本書卷六陸子題解。

快書：讀之使人感到痛快的書。

〔五〕精思：深思。御覽引作「覃思」。

〔六〕書鈔、御覽、天中記亦引此文。

98　抱朴子曰：「秦時不覺無鼻之醜，陽翟憎無癭之人〔一〕。」

〔一〕聚學軒本周廣業注曰：「御覽載崔寔政論曰：秦劓殺其民，赭衣塞路，有鼻者醜。百姓鳥驚獸駭，不知所歸命。」陽翟：即今河南禹縣。聚學軒本周廣業注曰：「陽翟人多癭。淮南子：險阻氣多癭。」癭：俗稱大脖子病。

99　陸君深識文章放蕩，不作虛誕之言〔一〕，非不能也。陸君之文，猶玄圃積玉，無非夜光〔二〕。卻後數百年，若有幹跡如二陸，猶比肩也，不謂踈矣〔三〕。

〔一〕此二句嚴氏輯本引御覽作「陸君深疾文士放蕩流遁，遂往，不爲虛誕之言」，「深識」當依御覽作「深疾」，文意方順。陸君：此或指陸機。放蕩：恣意放任，沒有檢束。

〔二〕「積玉」，道藏本、四庫本皆脱「積」字。玄圃：一作「懸圃」，傳説在崑崙山頂有玄圃，爲神仙居住之地。夜光：夜光璧，珍貴的寶玉。

〔三〕幹跡：幹練經歷。二陸：指陸機、陸雲。比肩：並肩，比喻人才很多。天海案：此條似有脱文，致文意不足。嚴氏輯本引書鈔、御覽，文略異。

100 孔鄭之門，耳聽口受者皆已滅絶，唯託竹素者可謂世寶〔一〕。羈鞍仁義，纓鎖禮樂〔二〕。

〔一〕孔鄭：漢朝經學家孔安國與鄭玄。竹素：竹簡、白絹。古代寫書材料，此指代書册。

〔二〕羈鞍：本爲馬絡頭與馬鞍，此借喻駕馭。纓鎖：繩索與鎖鏈，此喻捆縛、拘束。天海案：「世寶」以上御覽亦引之，嚴氏輯本引此，文同。

101 禰衡常云〔一〕：「孔融、荀彧强可與語，餘人酒甕飯囊〔二〕。」

〔一〕禰衡：字正平，平原般人。少有才辯，氣剛傲物。因侮辱曹操被逐，後爲黄祖所殺。三國志有傳。

〔二〕「荀彧」，道藏本脱「彧」字。孔融：字文舉，山東曲阜人，孔子二十世孫。漢獻帝時爲北海相，後入朝爲太中大夫。自恃高門世族，輕侮曹操，爲操所殺。孔融好士，善文章，爲「建安七子」之首。荀彧：字文若，潁川潁陰人。少有才名，初依袁紹，後從曹操，官司馬。曹操比之爲漢初張良。後守尚書令，常參與軍國大事。因反對曹操進爵魏公，飲藥自盡。天海案：此條見孫校本外篇彈禰，文有異。道藏本、四庫本録此條於「盈丈之尾」條下。

102 上世之人〔一〕，冰霜結而不寒，資糧絶而不飢〔二〕。

〔一〕此四字道藏本誤連「余友人玄伯先生」條下，孫校本作「若令上世人如木石」。

〔二〕上句道藏本、四庫本皆無「霜」字；孫校本作「玄冰結而不寒」。天海案：此條見孫校本外篇詰鮑。

道藏本、四庫本録在「余友人」條下。

103 獺多則魚擾，鷹衆則鳥亂。

104 盈丈之尾，必非咫尺之軀〔一〕；尋仞之牙，必非膚寸之口〔二〕。

〔一〕此二句孫校本作「夫見盈丈之尾，則知非咫尺之軀」。盈丈：超過一丈。咫尺：八寸爲咫，此形容很短、很小。

〔二〕此二句孫校本作「覩尋仞之牙，則知非膚寸之口」。尋仞：古代長度單位，七尺或八尺。膚寸：古代長度單位，以一指寬爲一寸，四寸寬爲一膚，形容很小的東西。天海案：此條見孫校本外篇詰鮑。

105 余友人玄伯先生〔一〕，以儒墨作城池，以機神作干戈〔二〕。

〔一〕「伯」，孫校本作「泊」。句末孫校本有「者」字。玄伯：或爲人之字，其人生平未詳。

〔二〕二「作」字，今本皆作「爲」。機神：神機妙算。天海案：此條見孫校本外篇知止。道藏本、四庫本録於「孔鄭之門」條下。

106 洪字稚川，丹陽句容人，其先葛天氏〔一〕。洪累遭火，典籍盡，乃負笈徒步，借書鈔寫，賣薪買紙，然火披覽。所寫皆反覆有字，人少能讀之〔二〕。性質容易，冠纓垢敝〔三〕。或廣衣大帶，或促身修袖〔四〕；或長裾曳地，或短不蔽膝〔五〕。時人咸稱抱朴之士，因以著書名焉〔六〕。洪貧無僕童，籬落不修〔七〕，常披榛出門，排草入室。洪性不干犯官長，不煩擾親族〔八〕。

〔一〕「洪字稚川」，孫校本作「抱朴子者，姓葛名洪，字稚川」。丹陽：郡名，漢時治宛陵（今安徽宣城），三國時移治建業（今南京）。句容：縣名，地在今江蘇句容縣，漢時屬丹陽郡。葛天氏：傳說中遠古帝王號，在伏羲氏之前。古人認爲那是理想的淳樸之世。

〔二〕此上之文，孫校本作「又累遭兵火，先人典籍蕩盡，農隙之暇無所讀，乃負笈徒步行借。伐薪賣之，以給紙筆。就營田園，處以柴火寫書。常乏紙，每所寫反覆有字，人尠能讀也」。

〔三〕性質容易：本性隨和，容易與人相處；此句孫校本作「性鈍口訥，形貌醜陋」。冠纓：帽帶；今本作「冠履」，其下尚有「衣或襤褸，而或不恥焉」數句。

〔四〕促身修袖：窄衣長袖。此二句孫校本作「或忽廣領而大帶，或促身而修袖」。

〔五〕「膝」，孫校本作「脚」。長裾曳地：長襟拖地。

〔六〕此二句孫校本作「故邦人咸稱之爲抱朴之士，是以洪著書，因以自號焉」。

〔七〕此二句孫校本作「貧無僮僕，籬落頓決」。

〔八〕上句孫校本作「洪性深不好干煩官長」；下句孫校本作「其餘雖至親者，終不以片言半字少累之也」。

107 嵇君道作廣州刺史，表洪參軍〔一〕。乃非所樂，利得避身於南地也〔二〕。

〔一〕此二句孫校本作「會有故人譙國嵇君道，見用爲廣州刺史，乃表請洪爲參軍」。嵇君道：即前文所言嵇含。參軍：官職名。東漢末年有參軍事之名，即參謀軍務，簡稱參軍。

〔二〕上句「乃」，孫校本作「雖」；下句孫校本作「然利可避地於南，故黽勉就焉」。天海案：此條見孫校本外篇自叙。

108 洪年十五，大作詩賦，自謂可行於代〔一〕。至弱冠尋覽，殊不稱意，一時毁之〔二〕。

〔一〕此三句孫校本作「洪年十五六時，所作詩賦雜文，當時自謂可行於代」。「代」，疑當作「世」，或爲唐人避諱而改。

〔二〕此三句孫校本作「至於弱冠，更詳省之，殊多不稱意，棄十不存一」。天海案：此條見孫校本外篇自叙。道藏本、四庫本録在卷末。

109 洪不圍碁、摴蒱〔一〕，見人博奕，了不觀之〔二〕。

〔一〕此句孫校本無，另有「是以至今不知碁局上有幾道，樗蒱齒名」句，且在後二句之下。摴蒱：一作樗蒱，古代一種博戲，晉代尤爲盛行。以投骰決勝負，後亦指賭博爲摴蒱。

〔二〕「博奕」，孫校本作「博戲」；「觀之」，孫校本作「目眄」。了：全然、完全。天海案：此條見孫校本外篇自叙。

意林校釋卷五

五二　周生烈子五卷

周生烈，複姓周生，名烈，字文逸。原籍敦煌，稱出自堯後。路史引敦煌實録云：「烈本姓唐，外養周氏，因以爲姓。魏初張既爲梁州刺史，禮辟之，歷官博士、侍中。」其著述見晉武帝中經簿。隋志儒家潛夫論下注云：「周生子要論一卷、録一卷，魏侍中周生烈撰，亡。」兩唐志載周生烈子五卷，宋以後史志書目已多不見載，唯通志藝文略、焦竑國史經籍志等仍之，乃虚列其目而已。宋高似孫子略目録子鈔有目而無卷數，説郛本意林仍作五卷，注云：「字文逸，張角敗後，天下潰亂，故著此書。」此注文見於意林所録序文中。

清人張澍輯有周生烈子一卷九條，刊在二酉堂叢書中。馬國翰輯有周生子要論佚文一卷二十二條，意林所録十條亦在其中，可資參閲。

1　序云：六蔽鄙夫燉煌周生烈，字文逸。張角敗後〔一〕，天下潰亂，哀苦之間，故著此書。以堯、舜作幹植，仲尼作師誡〔二〕。

〔一〕聚學軒本周廣業注曰：「烈，魏志一作『列』；逸，釋文作『連』，論語疏引七録作『逸』。角，巨鹿人，靈帝中平元年起事冀州，其黨皆著黄巾，號黄巾賊。詳袁宏漢紀魏志注。」天海案：六蔽：即六種弊端。孔子認爲不學儒家經典會造成六種弊害。語本論語陽貨：「子曰：『由也，女聞六言六蔽矣乎？』對曰：『未也。』『居，吾語女。好仁不好學，其蔽也愚；好知不好學，其蔽也蕩；好信不好學，其蔽也賊；好直不好學，其蔽也絞；好勇不好學，其蔽也亂；好剛不好學，其蔽也狂。』」後來也把不學無術叫做「六蔽」。此是周生自謙之詞。張角：東漢末年黄巾起義軍的領袖，巨鹿（今河北平鄉西南）人，公元一八四年率黄巾軍起義，失敗後病死。

〔二〕幹植：根本。師誡：學習的訓誡。天海案：據文意，此條當爲周生自序之文。

2　御馬失節，其車是碎〔一〕；御天下失節，四海失墜〔二〕。桀、紂是湯、武之梯，秦、項是大漢之階〔三〕。四逆不興，則四順不昇〔四〕。

〔一〕失節：失去節制控制。是：肯定。

〔二〕「失」，説郛本作「是」。

〔三〕秦、項：指秦朝和項羽。

〔四〕四逆：指上文所及桀、紂、秦、項。他們逆天而行，故稱四逆。四順：指商湯、周武王、漢高祖劉邦、漢光武帝劉秀，他們是順天應運的帝王。此句御覽作「則三順不勝也」，如此，則湯、武與大漢爲三順也。

3　賢哲不可以色貌誘之，猶張羅卹鳳，施穽誘麟。伯樂相馬，取之於瘦；聖人相士，取之於疎。

4 聽訟不如使勿訟〔一〕，善斷不如使勿亂。

〔一〕聽訟：審理訴訟。

5 理天綱仗八柄、運元象撮衆有者〔一〕，天子也；撫人物、參天意者，三公也〔二〕；執分節、事修理者，士也〔三〕。

〔一〕天綱：指國家大法；聚學軒本作「大綱」。八柄：古代君王駕馭臣下的八種權柄，指爵、祿、予、置、生、奪、廢、誅。見周禮天官太宰。元象：即玄象，玄象即天象。撮：聚合。衆有：即萬物。尹文子大道：「大道不稱，衆有必名。」厲時熙注：「衆有，指萬物。」

〔二〕人物：民衆，百姓，一説指有才德名望的人。參：領會。三公：輔助國君執掌全國軍政大權的最高官員。尚書周官以太師、太傅、太保爲三公；西漢以大司馬、大司徒、大司空爲三公；東漢以太尉、司徒、司空爲三公。

〔三〕分節：分部門管理。修理：完善而有條理。士：卿士、大夫。

6 臨死修善，於計已晚；事迫乃歸，於救已微。

7 有階者易成基，無因者難成時〔一〕。

〔一〕階：憑藉。基：基礎。因：因緣、條件。時：時機。一説「時」通「事」。

8 鳩傅隼翼〔一〕，羔披豹皮，類似質違〔二〕，表是裏非。

〔一〕傅：通「附」，附著。左傳僖公十四年：「皮之不存，毛將安傅。」釋文：「傅，音附。」隼：鷹鶻類猛禽，兇猛善飛。

〔二〕類似：貌似。聚學軒本「類」作「貌」。

9 人者天之舌，物者神之口。天高地厚，報應故晚。辭者主之弓弩，教者君之機關。

10 矜賞若春，重罰若秋〔一〕，行禮若火，流教若水〔二〕，讓一得百，爭十失九〔三〕。

〔一〕聚學軒本周廣業注曰：「御覽引云：『行賞不洽於人是春半，半生也；行罰不威是秋半，半死也。半生之春不洽於人，半死之秋不專於義。』較此二語更醒。」矜賞：吝賞，意即輕賞。

〔二〕行禮：施行禮制。流教：傳佈教化。

〔三〕聚學軒本周廣業案曰：「廖本除序外，以「御馬」、「賢哲」、「聽訟」合爲一節，無「臨死」、「鳩傅」二節。故經義考謂意林引周生烈子四條，今則倍之矣。他書所引尚十數條。如類聚「天下所以平者，政平也；政所以平者，人平也；人所以平者，心平也」；御覽「居堯舜之位而不爲堯舜之政者，猶反衣狐白，步牽騄駬」；又「舜駕五龍以騰唐衢，武服九駁以馳文塗，此上御也」；又「昔伊尹操商梏，姬公揮周機，管仲執齊鉞，范蠡奮越椎」；又「仁如春風，惠如冬日」等語，亦自精卓。天海案：此二句原另作一條，此據道藏本與上併爲一條。

五三 荀悦申鑒五卷

荀悦，字仲豫，潁川潁陰（今河南許昌）人，荀淑之孫，荀儉之子。其父早卒。十二歲時，能説春秋，尤好著述。漢獻帝時，應曹操徵召，入鎮東將軍幕府，歷任黄門侍郎，累遷秘書監、侍中等職。著有申鑒五卷等。後漢書有傳。

申鑒，隋志以來史志書目均列於儒家，今存。荀悦撰寫此書之目的，在於總結歷史經驗教訓，以供君主借鑒之用，正如政體篇所言：「前鑒既明，後復申之。」故其書名曰申鑒。四庫提要稱明黄省曾注本「引據博洽，多得悦旨」；清人吴道傳有新校本收入諸子集成中。意林録文九條，現以四部叢刊所收黄氏注本參校之。

1 序云：夫道本仁義〔一〕，五經以經之〔二〕，羣籍以緯之。前鑒既明，今又申之，故曰申鑒〔三〕。

〔一〕「序云」二字，黄氏注本無；下句黄氏注本作「夫道之本，仁義而已矣」。

〔二〕「五經」，黄氏注本作「五典」，聚學軒本同。漢武帝建元五年置五經博士，始有五經之稱。白虎通五經：「五經何謂？謂易、尚書、詩、禮、春秋也。」

〔三〕此二句黄氏注本作「後復申之，篤序無强，謂之申鑒」。前鑒：即前車之鑒。聚學軒本周廣業注曰：「此條今在政體篇首，不言序，後漢書本傳載之。」

2 君臣親而有禮，百官和而不同，此治國之風也〔一〕。禮俗不一，庶人作議，此衰國之風也。君臣争盟，大夫争名，此乖國之風也〔二〕。上多欲，下多端〔三〕，法不定，政多門，此亂國之風也。以割下作能，附上作忠〔四〕，此叛國之風也。小臣争寵，大臣争權，此害國之風也〔五〕。上不訪，下不諫，婦言用，内政行〔六〕，此亡國之風也。

〔一〕「百官」，治要與黄氏注本皆作「百僚」。和而不同：和諧而不苟同。論語子路：「子曰：君子和而不同。」治國：政治清明，國家安定。

〔二〕「争盟」，黄氏注本作「争明」；「大夫」上，治要與黄氏注本皆有「士」字。乖國：國家邪惡盛行，政治反常。

〔三〕多端：多起事端。

〔四〕二「作」字，黄氏注本作「爲」，「附」上有「以」字。割：同「害」。説文刀部段玉裁注：「尚書多假借『割』爲『害』，古二字音同也。」割下：禍害百姓。

〔五〕「害國」，聚學軒本、黄氏注本作「危國」。小臣：宫中執役的太監。

〔六〕「内政」，黄氏注本作「私政」。内政：後宫干政。

3 善禁者先禁身而後人〔一〕，不善禁者先禁人而後身。

〔一〕下「禁」字下，黄氏注本有「其」字。禁身：禁戒自己。

4 三曰致武事，四曰禁數赦〔一〕。

〔一〕「致」，聚學軒本作「禁」。上句黄氏注本作「三曰置上武之官」，下句作「四曰議州牧」；另有「十七曰禁數赦令」數語。天海案：此條下原有聚珍本館臣案曰：「時事篇十九事，三曰置上武之官，十七曰禁數赦令。此有缺誤。」

5 秦之滅學也，書朽於屋壁，義絶於朝野〔一〕。

〔一〕「朽」，黄氏注本作「藏」。滅學：滅絶儒家學説。此指秦王政下令焚書坑儒事。義：仁義、正義。朝野：朝廷和民間。

6 學聖不至聖，可以盡生〔一〕；學壽不至壽，可以盡命〔二〕。

〔一〕上句黄氏注本作「學必至聖」。「生」，同「性」，聚學軒本、黄氏注本皆作「性」。天海案：儒家認爲人、物之性均包含天理，只有至誠之人才能極盡其本性，使各得其所。

〔二〕此二句黄氏注本作「壽必用道，所以盡命」，文意與此略異。前一「壽」指長壽的方法，後一「壽」指長壽。命：天命，此指天年。

7 君子有三鑒：鑒乎前，鑒乎人，鑒乎鏡〔一〕。

〔一〕此上九字黄氏注本無，另作「世人鏡鑒，前惟訓，人惟賢，鏡惟明」。天海案：此條見黄氏注本雜言上。又見北堂書鈔所引，與此文同。

8　下不鉗口，上不塞耳，則有所聞矣〔一〕。

〔一〕此句黄氏注本作「則可有聞矣」。

9　思唐虞於上世，瞻仲尼於中古，乃知小道者足羞也〔一〕；思伯夷於首陽，想四皓於商山，乃知穢志者足恥也〔二〕；存張騫於西極，念蘇武於朔方，乃知懷安者足鄙也〔三〕。

〔一〕此句黄氏注本作「而知夫小道者之足羞也」。此與下文中三「乃」字，今本皆作「而」。小道：儒家對禮教以外的學説和技藝的貶稱。

〔二〕「思」，黄氏注本作「想」。「想」，黄氏注本作「省」。「穢志」，道藏本、四庫本作「穢妄」，聚學軒本從之。伯夷、首陽：參見本書卷二莊子第三十條注。四皓：西漢初年隱居於商山的四個隱士，分别是東園公、綺里季、夏黄公、甪里先生。四人鬚眉皆白，故稱四皓。商山：山名，在今陝西商縣東南。

〔三〕存：想。張騫：漢中城固人，曾先後兩次出使西域，因功封博望侯。漢書有傳。西極：此指西域。蘇武：杜陵人，字子卿。漢武帝時出使匈奴，被扣留十九年，寧死不屈，漢宣帝時始回。漢書有傳。

「朔方」，黄氏注本作「朔垂」，郡名。西漢元朔二年置，轄今内蒙河套西北部一帶。「懷安者」，黄氏注本作「懷閭室者」。天海案：此條見黄氏注本雜言下。

五四　仲長統昌言十卷

仲長統（公元一七九年至二一九年），山陽高平人；複姓仲長，單名統，字公理。二十歲時遊學於青、徐、冀州之間。建安十一年（二〇六年），尚書令荀悦舉爲尚書郎。曹操爲丞相，他一度入幕參軍事。後復爲尚書郎。仲長統憤世嫉俗，著論三十四篇，約十萬餘言，名曰昌言。其言時事切中利弊。後漢書有傳，並載有佚文數篇。

隋志雜家載「仲長子昌言十二卷，録一卷，漢尚書郎仲長統撰」。兩唐志皆録作十卷。崇文總目雜家録二卷十五篇。郡齋讀書志、直齋書録解題皆不載。清人嚴可均、馬國翰所輯佚文，皆引有意林所録二十條，現以治要等參校之。

1　教化以禮義爲宗，禮義以典籍爲本。常道行於百世，權宜用於一時〔一〕。高辛已往〔二〕，則聞其人，不見其書。唐、虞、夏、殷，則見其書，不詳其事。周氏以來，載籍具矣。

〔一〕此上四句與治要所録文同。此下數句治要未録，天中記引此，文同。

〔三〕高辛：即帝嚳。傳説爲黄帝子玄囂之孫。一説商朝始祖契、周朝始祖弃與堯、舜皆帝嚳之子。

已往：以上，以前。

2　後嗣愚王，見天下莫與之違〔一〕，奔其私情〔二〕，騁其邪欲，君臣宣淫，上下同惡，目極角觝之觀，耳蒙鄭衛之聲〔三〕，入則耽於婦人而不反，出則馳於田弋而不還〔四〕，信任親愛，寵貴后妃〔五〕，命移運去，不自知也〔六〕。

〔一〕此二句見後漢書本傳作「彼後嗣之愚主，見天下莫敢與之違」。

〔二〕此句後漢書本傳作「自謂若天地之不可亡也，乃奔其私情」。

〔三〕「蒙」，後漢書本傳作「窮」。聚學軒本周廣業注曰：「漢書刑法志『秦樂名角抵』，又武紀元豐三年作『角抵戲，三百里内皆來觀』，注：文穎曰：『角抵者，兩兩相當角力、角技藝、射御，故名，蓋雜伎樂也。』漢武故事『未央殿中設角觝之戲』，觝與抵同。」

〔四〕「弋」，道藏本誤作「戈」。此二句後漢書本傳作「入則耽於婦女，出則騁於田獵」。

〔五〕此二句後漢書本傳作「信任親愛者，盡佞諂容説之人也；寵貴隆豐者，盡后妃姬妾之家也」。

〔六〕此二句後漢書本傳作「至於運徙勢去猶不覺悟者，豈非富貴生不仁、沈溺致愚疾邪」。

3　建旗伐鼓，高烽明候，守邊之猛將，非中國之良吏。和鑾法駕，清道而行，便辟揖讓〔一〕，諸夏之威儀，非夷狄之有也。

〔一〕和鑾：古代車上的鈴鐺。掛在車前横木上的叫「和」，掛在輈首或車架上的叫「鸞」。法駕：皇帝的車駕。清道：清除道上行人，猶警戒。古時皇帝或大官出行，要清除道上行人，加强戒備。便辟揖讓：逢迎禮讓。

4 董賢之於哀帝〔一〕，無骨肉絲髮之親，又不能傳其氣類，定其繼嗣〔二〕，以丈夫宴接之歡自成膠漆也〔三〕。

〔一〕董賢：雲陽人，字聖卿。因貌美善逢迎而受到漢哀帝寵信，任爲光禄大夫。出則與帝同車，入則與帝同臥，賞賜鉅萬，貴傾當朝。後封高安侯，官至大司馬衛將軍。後被王莽參劾，畏罪自殺。哀帝：西漢哀帝劉欣，公元前七年至前一年在位。

〔二〕氣類：血脈同源，同種同類。繼嗣：繼承王位的人。

〔三〕丈夫宴接：像女人侍奉丈夫一樣逸樂親近。膠漆：形容關係親密，難捨難分。事又見漢書董賢傳。

5 景帝〔一〕，顯位、刺史者，皆是宦臣子弟，猶如豺狼守肉，鬼魅侍疾〔二〕。曰〔三〕：「在天之内，在人之外〔四〕。」一本「曰」作「日」。

〔一〕景帝：西漢景帝劉啓，公元前一五六年至前一四一年在位。

〔二〕「侍」，道藏本作「待」。

〔三〕「曰」，嚴氏輯本作「日」，案曰：「劉子心隱作『日在天之外，而心在人之内』。」聚學軒本作缺字□。

〔四〕聚珍本館臣案稱「此節疑有訛缺」。天海案：此二句文意不明，似有脱誤。

6　人愛我，我愛之；人憎我，我憎之。

7　天下士有三俗：選士而論族姓閥閱〔一〕，一俗；交遊趨富貴之門，二俗；畏服不接於貴尊〔二〕，三俗。天下之士有三可賤：慕名而不知實，一可賤；不敢正是非於富貴，二可賤；向盛背衰，三可賤。

〔一〕閥閱：功績和經歷，此亦指世家門第。

〔二〕畏服：因敬而畏。

8　天下學士有三姦焉：實不知詳與「佯」通。不言〔一〕，一也；竊他人之説以成己説〔二〕，二也；受無名者移知者，三也。

〔一〕詳：通「佯」，假裝。

〔二〕上「説」字，道藏本、四庫本作「記」。

9　知言而不能行，謂之疾。此疾雖有天醫〔一〕，莫能治也。

〔一〕天醫：御醫。一説指神醫、仙醫。一説爲黄帝、岐伯。潛居録：「八月朔……古人以此日爲天醫節，祭黄帝、岐伯。」

10 同於我者，何必可愛；異於我者，何必可憎〔一〕。知足以立難成之事，能足以圖難致之功〔二〕。附者不黨，疎者不遺〔三〕。

〔一〕此上四句，聚學軒本無二「可」字，且單列一條。

〔二〕知：同「智」。道藏本、四庫本正作「智」。「難致之功」四字原無，據四庫本、聚學軒本補。「圖」下，底本有聚珍本館臣案曰：「句有缺文。」

〔三〕不黨：不結私黨。不遺：不遺棄。此二句底本、聚學軒本皆單列一條，道藏本未分列，從之。

11 婦人有朝哭良人，暮適他士，涉歷百庭〔一〕，顔色不愧。今公侯之宫美女數百，卿士之家侍妾數十，晝則以醇酒淋其骨髓，夜則以房室輸其血氣〔二〕。

〔一〕良人：丈夫。適：女子嫁人叫「適」。涉歷百庭：此喻嫁過很多人家，此爲誇張的説法。

〔二〕房室：此指男女交接之事。

12 人之性，有山峙淵渟者〔一〕，患在不通；嚴剛貶絶者〔二〕，患在傷士；廣大闊蕩者，患在無檢〔三〕；和順恭慎者，患在少斷；端慤清潔者，患在拘狹〔四〕；辯通有辭者，患在多言；安舒沈重者，患在後時〔五〕；好古守經者，患在不變；勇毅果敢者，患在險害〔六〕。

〔一〕山峙淵渟：比喻人的品性像山一樣峙立，像潭水一樣深沉。

〔二〕嚴剛貶絶：嚴厲剛直，貶斥人過度。

〔三〕闊蕩：寬緩放任。無檢：不知約束自己。

〔四〕端愨清潔：正直誠實、清白無瑕。拘狹：拘謹、束縛。

〔五〕沈重：深沉莊重。後時：失時、誤時。

〔六〕險害：冒險遇害。

13　疏濯胸臆，澡雪腹心〔一〕，使之芬香皓潔，白不可汙也。道德仁義，天性也。織之以成其物，鍊之以致其精，瑩之以發其光。

〔一〕疏濯：疏理清洗。澡雪：洗滌使潔浄。

14　幽間則攻人之所短，會同則述人之所長〔一〕。負我者，我又加厚焉〔二〕；疑我者，我又加信焉。難必相恤，利必相及〔三〕。

〔一〕幽間：暗處，背人之處。道藏本、四庫本作「幽暗」。「人」，聚學軒本作「己」，周廣業注曰：「據御覽改。」「攻」，道藏本、四庫本作「巧」，或誤。會同：聚在一起。此二句治要作「幽間攻人之短，會友述人之長」。

〔二〕加厚焉：更加厚待他。聚珍本館臣案曰：「天中記引此，『厚焉』下有『未有與人交者，此而見憎者也』二句」。

〔三〕「相及」，道藏本、四庫本作「相反」；此二句治要作「患難必相及」。

15 事君不爲君所知，忠未至也〔一〕；與人交不爲人所信，義未至也〔二〕。

〔一〕此句治要作「是忠未至者也」。

〔二〕「信」，治要作「知」；下句治要作「是信義未至者也」。

16 父母不好學業，惡子孫學之〔一〕，可違而學也；父母不好士〔二〕，惡子孫友之，可違而交也〔三〕。

〔一〕學業：學問事業，治要作「學問」；下句治要作「疾子孫之爲之」，嚴氏輯本同。

〔二〕「好士」，治要作「好善士」，嚴氏輯本同。

〔三〕此二句治要作「惡子孫交之，可違而友也」，嚴氏輯本同。

17 英辭雨集，妙句雲來〔一〕。愛惡相攻〔二〕，命之自然也；愜快以志，人情之所欲也〔三〕。

〔一〕英辭：華美的詞語。此二句書鈔引作「英才如雨，妙句如雲」。文選沈休文宋書謝靈運傳注引作「英辭雨下，妙句雲布」。此二句原單列一條，此據道藏本併爲一條。

〔二〕「惡」字道藏本脱；「愛」字聚學軒本脱。

〔三〕「愜快以志」，四庫本作「快愜如志」；下句「情」字四庫本無。

18　嗽舌下泉咽之，名曰胎食〔一〕。得道者生六翮於臂，長毛羽於腹，飛無階之蒼天，度無窮之世俗〔二〕。

〔一〕嗽：通「漱」。泉：口中唾液。胎食：古代道家修煉之術。後漢書王真傳：「年且百歲，視之面有光澤，似未五十者。自云周流登五嶽名山，悉能行胎息、胎食之方，嗽舌下泉咽之，不絶房室。」注：「漢武内傳曰：習閉氣而吞之，名曰胎息；習嗽舌下泉而咽之，名曰胎食。」

〔二〕無階：没有憑藉。度：超越。

19　北方寒而人壽，南方暑而人夭。如蠶寒而飢，則引日多；温而飽，則引日少〔一〕。

〔一〕此以上四句，嚴氏、馬氏輯本並引御覽，作「此寒暑之方驗於人者也。鈞之蠶也，寒而餓之，則引日多；温而飽之，則引日少。此寒温餓飽之爲修短驗於物者也」。聚學軒本周廣業注曰：「漢律曆志：『十丈爲引。引者信也。』師古讀信曰伸，言其長。」天海案：引日：拖延時日。

20　湯，契後；秦，益後；益即皋陶子也〔一〕。

〔一〕湯：即商湯。契：傳説爲商人始祖。其母簡狄吞玄鳥蛋而生契。史記殷本紀作帝嚳子，助禹治水，舜任爲司徒，居商。益：即伯益，亦稱大費，古代嬴氏各族的祖先。相傳善於畜牧和狩獵，爲禹所重用，助禹治水有功，被選爲繼承人。禹死後，禹子啓繼承王位，伯益不服被殺。秦王嬴氏被認爲是伯益的後代。臯陶：傳説爲東夷族的領袖，偃姓，舜時任刑法官，後被大禹選爲繼承人，早死而未繼位。

五五　典論五卷

魏文帝。

曹丕，字子桓，沛國譙人。建安十六年爲五官中郎將、副丞相。建安二十二年立爲世子。延康元年繼位爲魏王，當年十月登基稱帝，定國號爲大魏，改元黄初，改雒陽爲洛陽，並定都於此。

據三國志魏志載，魏明帝太和四年，曾以「文帝典論刻石立於廟門之外」及太學，共有六碑，説明曹丕本人及其後人都很重視此書。典論全書到宋代已經亡佚，今存自叙和論文爲僅有完篇。隋志儒家載典論五卷，兩唐志仍之。宋以後史志書目多不見載。清人孫馮翼有輯本，嚴可均認爲「罣漏甚多」，於是復採各書所引，依意林次第定著佚文一卷，可資參閲。意林所録共十四條，有數條亦見於羣書治要，今據治要與嚴氏輯本參校之。

1　堯崩，舜避堯子於南河之南〔一〕；舜崩，禹避舜子於陽城〔二〕；禹崩，益避禹子於箕山之陰〔三〕。事見史記〔四〕。

〔一〕舜避堯子：事見史記五帝本紀：「舜讓，避丹朱於南河之南。」丹朱，即堯子。堯因丹朱不肖，禪位於舜。南河：即黄河。古稱黄河自今潼關以上南北流向一段爲西河，潼關以下東西流向一段爲南河。尚書禹貢：「浮於江、沱、潛、漢，逾於洛，至於南河。」

〔二〕禹避舜子：事見史記五帝本紀：「禹亦讓舜子，如舜讓堯子。」正義：「括地志：『禹居洛州陽城者，避商均，非時久居也。』」商均，即舜之子。傳説舜因商均不肖，禪位於禹。陽城：山名，在今河南登封縣北。

〔三〕傳説夏禹在位時曾提名伯益承其繼位，禹死後，伯益推讓，退隱箕山，禹子啓便繼承王位。事見史記夏本紀。箕山：山名，在今河南登封縣東南。

〔四〕此句嚴氏輯本疑是後人校語。

2　如彼登山，乃勤以求高；如彼浮海〔一〕，乃勤以求遠。惟心弗勤，時亦靡克〔二〕。

〔一〕「海」，道藏本、四庫本作「川」，嚴氏輯本同。

〔二〕「克」，道藏本、四庫本作「剋」，二字通。

3　應瑒云：「人生固有仁心〔一〕。」答云：「在親曰孝，施物曰仁。仁者有事之實名，非無事之虚稱。善者道之母，羣行之主〔二〕。」

〔一〕「仁心」，道藏本、四庫本作「人心」。應瑒：汝南人，字德璉，應劭從子。曹操徵爲丞相掾屬，後爲五官將文學。有才名，爲建安七子之一。三國志有傳。

〔三〕道之母：正道之本源。羣行之主：所有行爲之主宰。

4 序云：「佞邪穢政，愛惡敗俗〔一〕。」國有此二事，欲不危亡，不可得也〔二〕。

〔一〕「序云」二字非典論本文，嚴氏輯本無。此二句不見於今存典論自叙中。

〔二〕「亡」，道藏本、四庫本作「巳」。天海案：嚴氏輯本奸讒篇篇首引此條。

5 桓靈之際，閹寺專命於上，布衣橫議於下〔一〕。干祿者殫貨以奉貴，要名者傾身以事勢〔二〕。位成乎私門，名定乎橫巷〔三〕。由是户異議，人殊論〔四〕；論無常檢，事無定價〔五〕；長愛惡，興朋黨〔六〕。

〔一〕桓靈：東漢末年桓帝劉志與靈帝劉宏。閹寺：宦官。後漢書黨錮傳序：「主荒政謬，國命委於閹寺。」專命：不請示皇帝，自專其事，意即專權。橫議：廣泛議論。

〔二〕干祿者：求官的人。殫貨：竭盡錢財。要名者：追求名位的人。事勢：事奉有權勢地位的人。

〔三〕私門：指權豪之門。橫巷：專橫的宦官。巷，即「巷伯」，指閹官、太監。因居宮巷，掌管宮內事，故稱。

〔四〕此二句互文見義，即家家看法不同，人人議論懸殊。

〔五〕常檢：一定的約束。定價：固定的評價。

〔六〕長愛惡：助長個人的好惡。

6 夷吾侈而鮑叔廉〔一〕，此其志不同也。張竦潔而陳遵污〔二〕，此其行不齊也。

〔一〕夷吾：即管仲。參見本書卷一管子題解。鮑叔：即鮑叔牙，春秋時齊人，與管仲友善，知其賢，薦管仲代己爲齊相。事見史記管晏列傳。

〔二〕張竦：字伯松。參見本書卷三論衡第六十條注。陳遵：字孟公，少放縱不拘。漢哀帝時因功封嘉威侯，王莽時爲河南太守，更始帝時爲大司馬護軍，後爲亂兵所殺。張、陳二人事見漢書遊俠傳：「遵少孤，與張伯松俱爲京兆史。竦博學通達，以廉潔自守，而遵放縱不拘。操行雖異，然相親友。」

7 主與民有三求：求其爲己勞〔一〕，求其爲己死，求其爲己生。

〔一〕與：同「於」，對於。此與下三「爲」字，道藏本皆作「謂」，二字可通。

8 法者主之柄，吏者民之命〔一〕。法欲簡而明，吏欲公而平。

〔一〕民之命：百姓命運的主宰。

9 詩刺豔妻，書誡晨婦〔一〕。司隸馮方女有國色〔二〕，避亂揚州，袁術登城見而悦之〔三〕，遂取焉，甚寵之〔四〕。諸婦教之曰：「將軍貴人重其志節，宜數涕泣示憂愁也〔五〕。

若如此，必加重〔六〕。」馮氏後每見術垂泣，術果以謂有心，益寵之〔七〕。諸婦乃共絞殺，懸之於廁，言其哀怨自殺〔八〕。術以其不得志而死〔九〕，厚加殯斂。袁紹妻劉氏甚妒忌〔一〇〕，紹死未殯，劉氏殺其妾五人〔一一〕。恐死者有知，復能寵之〔一二〕，乃髡頭黑面，以毀其容〔一三〕。

〔一〕「黶妻」，治要作「黶女」。詩小雅十月之交「黶妻煽方處」，此詩原是譏刺周幽王因貪念美色亡國而作。「書誡晨婦」，語又見漢書外戚傳「悲晨婦之作戒兮，哀褒閻之爲郵」，顏師古注引張晏曰：「書云『牝雞之晨，惟家之索』，喻婦人無男事也。」晨婦：喻婦人干政。治要作「哲婦」。

〔二〕「有國色」，治要作「國色也」。司隸：東漢稱司隸校尉，領七郡，治河南洛陽。馮方：生平未詳。

〔三〕上句治要作「世亂避地揚州」，嚴氏輯本從之。袁術：東漢汝陽人，字公路，袁紹堂弟。漢獻帝時僭帝號，被曹操、劉備擊敗，病亡。

〔四〕取：同「娶」，治要作「納」。「甚寵之」，治要作「甚愛幸之」。

〔五〕上三句，上句治要作「諸婦害其寵，紿言」；次句作「將軍貴人有志節」，嚴氏輯本據御覽作「將軍以貴人有志」；下句治要作「當時，涕泣示憂愁」，嚴氏輯本作「但見時，宜數涕泣，示憂愁也」。

〔六〕此二句治要作「必長見敬重」，嚴氏輯本從之；「必」字道藏本脱。「示」，説郛本作「表」。

〔七〕此三句治要作「馮氏女以爲然，後見術則垂涕，術果以爲有心志，益哀之」，嚴氏輯本從之。

〔八〕此三句治要作「諸婦因是共絞，懸之廟梁，言自殺」；嚴氏輯本作「諸婦因是共絞殺，懸之廁梁，言自殺」。

〔九〕此句治要作「術誠以爲不得志而死」，嚴氏輯本從之。

〔一〇〕自此句説郛本另作一條。袁紹：東漢末年汝陽人，字本初。家自袁安後四世三公。漢獻帝時起兵討董卓，爲盟主。後在官渡敗於曹操，病死。

〔一一〕此二句治要作「紹死，僵屍未殯，寵妾五人，妻盡殺之」，嚴氏輯本從之。

〔一二〕此二句治要作「以爲死者有知，當復見紹」；嚴氏輯本據三國志袁紹傳注於「見紹」下加「於地下」三字。

〔一三〕「容」，治要、説郛本、嚴氏輯本皆作「形」。髡頭：剃光頭髮。黑面：臉上塗墨。

10　上洛都尉王琰以功受封，其妻泣於内〔一〕，恐琰富貴更取妻妾〔二〕。

〔一〕「受封」，魏志注引作「封侯」。「泣於内」，魏志注引作「哭於室」。上洛：春秋時屬晉地，漢時置郡，治在今陝西商縣。都尉：主管地方軍事。王琰：生平未詳。三國志袁紹傳注引典論曰：「上洛都尉王琰獲高幹。」

〔二〕此句魏志注引作「以爲琰富貴將更娶妾媵而奪己愛故也」，嚴氏輯本從之。天海案：此條見嚴氏輯本内誡篇，又見三國志、後漢書袁紹傳注、類聚、御覽。

11　荆州牧劉表跨有南土，子弟驕貴，以酒器名三爵〔一〕。上者曰伯雅，受七勝〔二〕；中雅受六勝，季雅受五勝〔三〕。又設大鍼於杖端，有醉者，輒以劖刺之，驗其醉醒〔四〕。

〔一〕此句嚴氏輯本作「並好酒，爲三爵」。荆州：郡名，治在今湖北襄陽。牧：州刺史、郡太守皆可稱牧。劉表：山陽高平人，字景升，東漢獻帝時任荆州刺史。跨：據有。李斯諫逐客書：「此非跨海内、制諸侯之術也。」南土：指荆南一帶。名：取名。爵：酒杯。

〔二〕此二句嚴氏輯本作「大曰伯雅，次曰中雅，小曰季雅。伯雅受七勝」。勝：通「升」，下與此同；御覽正引作「升」。

〔三〕中雅：中等酒杯，御覽引作「仲雅」。季雅：小酒杯。

〔四〕「有醉者」，嚴氏輯本作「客有醉酒寢地者」。鑱：鑿、戳。聚學軒本周廣業注曰：「御覽云：『是醜於趙敬侯以筒酒灌人也。』案：東觀漢記：『王望爲太守，曰：今日歲首，請上雅壽。』是雅與伯雅之名非創自景升也。謹案：淵鑒類函載三雅洞，在常德府西。武陵記云：『昔有人鑿池，得三銅器，其下有銘曰：伯雅、仲雅、季雅。蓋漢末劉氏所製器。』又載益州記云：『三雅池在閬中。有人得三銅器，狀如杯盞，上各有篆字，一曰伯雅，二曰仲雅，三曰季雅，乃劉氏酒器。』觀此，知當日三雅之制不一而足也。」

12 人形性同於庶類〔一〕，勞則早斃，逸則晚死。

〔一〕「人」上，道藏本、四庫本皆有「然」字。形性：形體氣性。庶類：衆多的同類。

13 余喜彈碁，略盡其巧，少嘗作賦〔一〕。昔京師有東方安世、張公子，常恨不得與彼數子對之〔二〕。

〔一〕此三句嚴氏輯本引自叙篇作「余於他戲弄之事少所喜，唯彈棋略盡其巧，少爲之賦」。彈碁：漢魏時一種博戲。後漢書梁統傳注引藝經：「彈棋，兩人對局，白黑棋各六枚，先列棋相當，更先彈也。其局以石爲之。至魏改用十六子。魏文帝特好之，能用手巾角拂之，無不中。顔之推所謂雅戲也。」

〔二〕「東方安世」，道藏本、四庫本作「東方世安」；此與張公子二人事皆不詳。上句嚴氏輯本作「昔京師先工有馬合鄉侯、東方安世、張公子」，下句作「常恨不得與彼數子者對」。天海案：此條原本於魏志文帝紀注引典論自叙，御覽亦引之。

14 太子篇序云：余蒙隆寵，忝當上嗣〔一〕。憂惶踧踖，上疏自陳〔二〕。欲繁辭博稱，則父子之間不文也〔三〕；欲略言直説，則喜懼之心不達也。里語曰：「汝無自譽，觀汝作家書。」言其難也。

〔一〕首句五字非典論原文，或馬總鈔録時所加，嚴氏輯本所引亦無此句。隆寵：舊指皇上的厚愛。忝：有愧於。上嗣：君主嫡長子，後世稱太子，有權繼承君主之位。

〔二〕踧踖：局促不安貌。上疏：書面向皇上條陳己見；嚴氏輯本作「上書」。

〔三〕不文：不應當文采修飾。

五六　魏子十卷

魏朗，字少英，會稽上虞人。年輕時任縣吏，因持刀報兄仇，遂亡命陳國。後任職司徒，旋遷彭城令。東漢桓帝時以軍功徵爲議郎，又遷尚書，後出任河内太守，後徵爲尚書。靈帝即位，陳蕃等謀誅宦官，事泄被害。魏朗受到牽連，急召進京，自知凶多吉少，行至丹陽牛渚山自盡。事見於後漢書黨錮傳、虞預會稽典録。

魏子一書，自隋志以來多載爲三卷。庾仲容子鈔作十卷，意林仍之。宋史志書目已不見載，或亡佚於唐宋之際。魯迅曾有魏子輯本，封面題作魏朗子，正文題作魏子一卷，共十八則，乃據諸書校録而成，惜未印行。清人馬國翰採意林所録十二條，又採文選注、御覽所引，合輯佚文一卷，收入玉函山房輯佚書，可資參閲。

1 源静則流清〔一〕，本正則末茂，内修則外理，形端則影直〔二〕。

〔一〕荀子君道曰：「原清則流清，原濁則流濁。」

〔二〕此與下三條，道藏本、四庫本併作一條。

2 天生君子，所以治小人；天生小人，所以奉君子。無君子則無以畜小人〔一〕，無小人則無以養君子。

〔一〕此句「以」字道藏本脱。畜：畜牧，比喻管理。

3 録人一善，則無棄人；採材一用，則無棄材。

4 人皆易華嶽〔一〕，以謂卑小，故登之而摧傷；難天，以謂高大，故不昇而無殃〔二〕。

〔一〕易：輕視，認爲容易。左傳僖公二十二年：「國無小，不可易也。」華嶽：高大的山。釋文曰：「嶽，本亦作山嶽。」

〔二〕難天：認爲登天很難。一説當作「藍天」。不昇：即不登。

5 鼎以希出〔一〕，而世重之；釜鐺常用〔二〕，而世輕之。

〔一〕鼎以希出：相傳夏禹收九州之金鑄成九鼎，遂以鼎爲傳國重寶。周顯王四十二年，九鼎没於泗水彭城下，世所罕見。後世便以鼎出爲祥瑞。

〔二〕鐺，御覽作「鬲」。釜鐺：鍋類炊具。

6 古有弟子病，師數往看之。師至，弟子輒起，因勞而致死。師非不仁，弟子非無禮，傷於數也〔一〕。

〔一〕此與下二條，道藏本併作一條。

7 薄冰當白日〔一〕，聚毛遇猛火，雖欲遠害，其勢不可。

〔一〕「薄」字上，馬國翰輯本有「居危殆之國，治不善之民，是猶」十二字。

8 蓼蟲在蓼則生，在芥則死〔一〕，非蓼仁而芥賊，失於本不可也〔二〕。

〔一〕「蓼蟲」上，馬國翰輯本引類聚、御覽有「君以臣爲本，以民爲根，猶室與柱梁相持也，梁不强，則上下俱亡，故」二十六字。蓼蟲：寄生在蓼草中的昆蟲，常用以比喻安於常習，不知辛苦。蓼：一種草本植物。葉味辛香，花色淡紅或白色，可入藥。芥：芥菜，二年生草本植物。

〔二〕此句下有聚珍本館臣案曰：「藝文類聚、太平御覽並作『本不可失也』。」馬國翰輯本引類聚、御覽，與此略異。

9 諺曰：「己是而彼非，不當與非争；彼是而己非，不當與是争。」

10 君子表不隱裏，明暗同度。

11 苦躬，一作「窮」。富貴之梯階〔一〕。

〔一〕苦躬：親身經歷痛苦磨難。廖本、四庫本作「苦窮」。

12 仲尼無契券於天下而德著古今，善惡明也〔一〕；鏡照醜好而人不怨，法明善惡而人不恨〔二〕。

〔一〕「德」，御覽作「得」。契券：契據，憑證，此喻憑藉，依恃。天海案：此以上御覽引之。

〔二〕此二句與上二條，説郛本所録典論下闕魏子目，目脱而文存，故連屬於典論下。

五七　人物志三卷　劉邵〔一〕。

劉邵（一作劭），字孔才，廣平邯鄲（今屬河北）人，約生於東漢建寧年間，卒於魏正始年間。建安中爲太子舍人，遷秘書郎。魏文帝時爲散騎侍郎，受詔集五經羣書作皇覽。明帝時爲陳留太守，遷散騎常侍，賜爵關内侯。魏廢帝時，專事執經講學。著有法論、人物志。三國志魏志有傳。

人物志三卷，隋志以下多列於名家。因其大旨在於論辯人材，以外見之符驗内藏之器，分别流品，研析疑似，故題名人物志。其學雖出於名家，其理仍合於儒家，兼陳黄老、申韓、公孫龍之説，故四庫全書列於雜家。今傳本爲北魏劉昞所注，四庫全書所收乃明萬曆十二年河間劉用霖刊本，分上、中、下三卷，共十二篇。意林録文僅一條，見今存本英雄篇中。

1　草之精秀者英，獸之將羣者雄〔二〕。張良是英，韓信是雄〔三〕。

〔一〕此爲意林本注。其下有聚珍本館臣案曰：「『邵』旁，魏志从力，釋文从卩。」聚學軒本周廣業注曰：「晉武帝時，又有劉劭，字彦祖，彭城人，官侍中，非作志者。『劭』旁，魏志从力，釋文从卩。」

〔二〕「英」上，四庫本人物志有「爲」字。將：率領；説郛本作「拔」，四庫本人物志作「特」。鶡冠子陸佃注：「獸之特者爲雄，草之秀者爲英。」

〔三〕此二句四庫本人物志作「可以爲英，張良是也；可以爲雄，韓信是也」。張良：參見本書卷三桓譚新論第十二條注。韓信：秦末淮陰人，初從項羽，後歸劉邦，拜大將軍，滅項羽。與蕭何、張良爲「漢興三傑」，後爲吕氏所殺。史記、漢書皆有傳。

五八　任子十卷　名奕。

明胡應麟少室山房筆叢稱：「道家惟任奕子未得考，而道家有魏河東太守任嘏撰道論十二卷（當作十卷），或字之訛。」清人周廣業曰：「今考御覽載會稽典録有云『任奕，字安和，句章人也。爲人貌寢無威儀』，則字與籍顯著，非樂安任昭先甚明。書鈔、初學記及御覽引任嘏道論或作任嘏道德論，别引任子則直稱任子，其爲兩書判然。惜行事失傳，書名並見佚於隋志耳。又汲古本吴志虞翻傳注引會稽典録山陰朱育對王府君曰：『近者文章之事，立言粲盛，則御史中丞句章任奕、鄱陽太守章安虞翻，名馳文檄，曄若春華。』頗疑任爽爲任奕之訛。句章，秦置，屬會稽郡，今寧波府慈溪縣也。南監本作奕，汲古誤作爽。」黄以周案：嚴鐵橋據魏志王昶傳注及隋志道家有任子道論，遂謂意林「奕」當作「嘏」。其實嘏自有書，名道論，非此任子也。任奕之言尚儒術，任嘏之言述黄老，其書迥别。此任子爲任奕，當以馬總原注爲正。

任子一書，魯迅曾有輯本，題東漢句章（今浙江慈溪）任奕著。輯本封面題作任奕子，正文題作任子一卷，據北堂書鈔、初學記、意林、太平御覽校録而成，共二十六則，惜未印行。

意林録任子十七條，清人嚴可均全三國文輯有任子道論佚文十一條，其中引自意林者只有三條。

清人馬國翰玉函山房輯佚書亦輯有任子佚文，均可參閲。

1 學所以治己，教所以治人〔一〕。

〔一〕此二句下，嚴氏輯本引御覽尚有「不勤學無以爲智，不勤教無以爲仁」二句。

2 喜能歌舞，怒能戰鬥。

3 一人之智，不如衆人之愚；一目之察，不如衆目之明。

4 生於治，長於治，知世之所以治者〔一〕，君子也。生於亂，長於亂，知世之所以亂者，君子也。若不知治亂之所因者〔二〕，凡民也。

〔一〕此以上三「治」字，皆謂治世、太平之世。

〔二〕「所因」，聚學軒本作「所以因」。

5 道德之懷民，猶春陽之柔物，履深冰而不寒，結木條而不折〔一〕。

〔一〕「深冰」，御覽作「淙水」，聚學軒本作「深水」。天海案：嚴氏輯本引御覽與此略同。

6 天之圓也不中規，地之方也不中矩。

7 山必有阜，河必有曲，江漢東流必有迴復〔一〕。

〔一〕江漢：長江和漢水。迴復：迂回倒流。

8 直木無陰，直士無徒，是以賢人直士常不容於世。

9 登泰山見天下之大不察細微者〔一〕，視遠故也；處高位知人主之貴不恤卑賤者〔二〕，意滿故也。

〔一〕「泰山」，道藏本誤作「奉山」；「細微」，道藏本、四庫本皆無「微」字。

〔二〕「人主」，聚學軒本作「人生」。

10 治己審，則可以治人；治人審，則可以治天下。累世一聖是繼踵，千里一賢是比肩〔一〕。

〔一〕「千里」，聚學軒本作「天下」。此二語出戰國策齊策，原作「千里而一士，是比肩而立；百世而一聖，若隨踵而至也」；又見呂氏春秋先識覽觀世：「千里而有一士，比肩也；累世而有一聖人，繼踵也。」累世：幾世。繼踵：脚跟着脚，形容人多，一個接着一個。比肩：肩挨着肩，形容人多。

11 水可乾而不可奪濕，火可滅而不可奪熱，金可柔而不可奪重，石可破而不可奪堅。

12 諺云：「富不學奢而奢，貧不學儉而儉〔一〕。」人情皆然，唯聖人能節之〔二〕。

〔一〕劉攽與王介甫書引此作「鄙語曰：富不學奢而奢，貧不學儉而儉」。

〔二〕「皆然」，道藏本、四庫本作「皆能」。天海案：此與下條，道藏本、聚學軒本皆併作一條。

13 木氣人勇，金氣人剛，火氣人强而躁〔一〕，土氣人智而寬，水氣人急而賊〔二〕。

〔一〕「躁」，意林明刊本作「燥」。

〔二〕賊：陰險邪惡。天海案：嚴氏輯本引御覽，文同此。

14 神龍不處網罟之水，鳳凰不翔罻羅之鄉〔一〕，賢人不入危國，智者不輔亂君。

〔一〕網罟：打漁的網。罻羅：捕鳥的網。

15 蕭何守文法，曹參務無苛〔一〕，相繼作相，天下獲安〔二〕。

〔一〕蕭何：西漢沛人，秦末爲沛吏，後佐劉邦建漢，論功第一，漢之律令典制多出其手。文法：法令條文。曹參：西漢沛人，秦末曾爲沛獄吏，後佐劉邦建漢。漢惠帝時，繼蕭何爲相，一遵蕭法，人稱「蕭規曹隨」。

〔二〕此與下條，道藏本併作一條。

16 武帝輕人命〔一〕，重武功，飾宫室，厚賦斂，土地益廣，德惠彌狹。

〔一〕武帝：指漢武帝劉徹。公元前一四〇年至前八八年在位。

17 桓譚云：「王者易輔，伯者難佐〔一〕。」

〔一〕桓譚：參見本書卷三桓譚新論題解。伯：同「霸」。天海案：此條聚學軒本據道藏本補。

五九 篤論四卷

杜恕〔一〕。

杜恕，字務伯，京兆杜陵（今西安市）人。尚書僕射杜畿之子，生於漢獻帝建安三年（一九五年），卒於魏嘉平四年（二五二年），年五十五歲。三國魏明帝時爲散騎侍郎，轉黄門侍郎，出爲弘農太守。齊王曹芳時轉趙相，因疾去。後爲幽州刺史，加建威將軍，使持節。因爲程喜所劾而免爲庶人，流戍章武郡，卒於徙所。恕在章武，著體論八篇，又著興性論一篇。事見三國志杜畿傳。

隋志雜家蔣子萬機論下注云：「梁有篤論四卷，杜恕撰，亡。」兩唐志載同隋志，宋以後史志書目不見載。清人嚴可均、馬國翰皆輯有篤論佚文，且馬國翰認爲魏志本傳稱其議論亢直，故此書取名篤論。意林録六條，可與嚴可均、馬國翰二人所輯佚文參閲。

1 水性勝火，分之以釜甑〔二〕，則火强而水弱；人性勝志，分之以利欲，則志强而性弱〔三〕。

〔一〕此爲意林本注，説郛本「篤論四卷」下有小字注文：「杜恕，字務伯，魏杜畿子。」

〔二〕分：區别。釜甑：煮食物用的炊具。

〔三〕利欲：名利欲望。天海案：此條嚴氏、馬氏輯本所引，文同。

2　考實性行，莫過於鄉閭〔一〕；校才選能，莫善於對策〔二〕。

〔一〕「性」，聚學軒本從廖本作「推」。「考實推行」，與下文「校才選能」相對成文，廖本近是。鄉閭：鄉里。此指被考察者的故鄉。

〔二〕對策：漢以來，考試取士，以政事、經義等設問，並寫在簡策上，讓應考者對答，故稱對策。嚴氏輯本引此注云：「此二條當是興性論。」

3　陛下以謂今世無良才〔一〕，朝廷乏賢佐，豈可追望前世之稷契〔二〕，坐待後來之俊乂，可能治乎〔三〕？

〔一〕以謂：即「以爲」，底本原作「謂以」，此據聚學軒本移正。

〔二〕「望」字原脱，此據聚學軒本補。稷契：稷，傳説爲堯舜時的農官，教民耕種，又稱后稷，爲古代周之祖先。契，傳説爲帝嚳之子，曾助禹治水有功，舜任爲司徒，掌教化，爲商之始祖。

〔三〕俊乂：本指德高望重的老人，後通稱賢德之人。天海案：嚴氏輯本引此，文同。文又見魏志所引諫魏文帝疏。

4 杜氏始出帝堯，在周爲唐〔一〕。杜氏，漢世有杜周、杜欽、杜篤〔二〕。

〔一〕唐：古國名，在今山西翼城西。相傳爲祁姓，堯之後裔。後爲周成王所滅，爲其弟叔虞的封地。

〔二〕杜周：南陽杜衍人。先爲張湯廷尉史，後爲廷尉，遷御史大夫。少言重遲，外寬而内深，是西漢著名酷吏。事見史記酷吏傳。杜欽：字子夏，西漢成帝時爲武庫令，後爲大將軍王鳳幕府，國家政謀，常與計議。史稱當時善政，多出於欽。杜篤：字季雅，東漢人，杜周之玄孫。漢章帝時以從事中郎從馬防擊西羌，戰死。有明世論十五篇。天海案：此與下條道藏本原録在前「考實性行」條下、「陛下以謂」條上。嚴氏輯本引此文同。

5 畿字伯侯，魏書有傳〔一〕。畿長子理〔二〕，字務仲，少而機察，故名曰理。少子恕，字務伯〔三〕。

〔一〕畿：即杜畿，字伯侯，杜恕之父。三國時魏杜陵人，東漢末年建安中荀彧薦爲河東太守，在郡十六年，政崇寬惠，與民無爲，有政績。魏文帝時官終尚書僕射。三國志有傳。魏書：嚴氏輯本案曰：「魏書王沈撰。沈卒於晉泰始二年，恕卒於嘉平四年，魏書之成，未必在嘉平前，則叙傳晉人編附。」

〔二〕「長子」，當作「次子」，説見下注。

〔三〕「少子」，當作「長子」。考三國志魏志本傳注引杜氏新書：「恕弟理，字務仲，少而機察精要，畿奇之，故名之曰理。年二十一而卒。弟寬，字務叔。」又依其字伯、仲、叔而論，恕當爲長子，理爲次子。此或意林轉鈔之誤。嚴氏輯本引此條，全依三國志本傳注引杜氏新書之文。

6　恕在河東，坐卧恒避父住處〔一〕。恕子預，字元凱，晉書有傳〔二〕。

〔一〕河東：郡名，治在今山西夏縣西北。杜恕與其父杜畿先後任河東太守一職。杜恕之父先前曾任河東太守十六年，故有此語。

〔二〕預：杜預，字元凱，杜陵人。官河南尹、度支尚書，西晉太康元年舉兵滅吴，以功封當陽縣侯。爲人博學，多謀略，人稱杜武庫。著春秋左氏傳集解。晉書有傳。聚學軒本周廣業注曰：「此晉書王隱作。臧榮緒晉書亦有傳，見選注。觀此，知非恕所自著。」天海案：王隱，東晉人，字處叔。博學多聞，太興初招爲著作郎，後依庾亮，著晉書始成。然此晉書早佚。此上三條傳記之文，嚴可均認爲出自東晉時人所編附之杜氏新書，馬國翰輯本採入附録中，認爲非篤論正文，乃後人所附益，而被馬總載入。

六〇　體論四卷　杜恕。

杜恕在幽州刺史任上被免爲庶人，貶在章武，遂著體論八篇，又著興性論一篇，蓋興於爲己也。三國志裴松之注引杜氏新書云：「人倫之大綱，莫重於君臣；立身之基本，莫大於言行；安上理民，莫精於政法；勝殘去殺，莫勝於用兵。夫禮者，萬物之體也。萬物皆得其體，無有不善，故謂之體論。」體論四卷，隋唐志俱列於儒家，宋以來史志書目均不見載，或亡佚於唐宋之際。清人嚴可均輯羣書治要所録六千餘言，有君、臣、行、政、法、聽察六篇，又從六帖、御覽録出言、用兵二篇，並意林所録六條參校之，合爲一卷。清人馬國翰亦採類聚、意林、御覽諸書所引，輯爲一卷，收在玉函山房輯佚書中。

1 不動如山，難知如陰〔一〕。人有厚德，無問小節；人有大舉〔二〕，無訾小故。隋侯之珠，不能無纇〔三〕。

〔一〕此二句之上，治要所録各有「君之體也」四字，嚴氏輯本從之。陰：陰天，陰雲蔽日難以測知。嚴氏輯本從治要作「淵」，注云：「意林作『陰』，避唐諱，因改就孫子也。」天海案：淵，爲唐高祖李淵之名諱，治要爲魏徵等人所撰，魏徵曾與高祖同時，尚且不避，爲何遠至中唐馬總獨避？考孫子軍爭篇有此二句，文同，非避唐諱，或馬總所録原文即如此，又或今存治要已經回改。

〔二〕「舉」，通「譽」。商君書説民「任舉，奸之鼠也」，高亨注曰：「舉，當借爲譽，讚揚別人叫做譽注。」治要正作「大譽」，嚴氏輯本從之。

〔三〕「隋」原作「隨」，據四庫本改。聚學軒本周廣業注曰：「淮南子『明月之珠不能無纇』，注：『纇，絲續也。』」隋侯之珠：傳説中的寶珠。見淮南子覽冥訓高誘注：「隋侯，漢東之國，姬姓諸侯也。隋侯見大蛇傷斷，以藥傅之。後蛇於江中銜大珠以報之，因曰隋侯之珠，蓋明月珠也。」天海案：「纇」，道藏本作「類」，疑形誤。纇：絲上小結，亦指瑕疵，缺點。此條見治要，文略異。嚴氏輯本君引此，同治要。馬氏輯本引此，文同。

2 夫人臣猶如土也〔一〕，萬物載焉而不辭其重，水瀆污焉而不辭其下，草木植焉而不有其功〔二〕。

〔一〕此句治要作「夫爲人臣，其猶土乎」，嚴氏輯本同。

〔二〕「植」，治要作「殖」，嚴氏輯本從之。植：繁殖，生長。有：據有，佔有。天海案：嚴氏輯本臣引此，文同治要，馬氏輯本亦從治要。此與下條道藏本併作一條。

3　夫行者，榮辱之皁白〔一〕。

〔一〕此二句治要作「夫行也者，吉凶榮辱之皁白也」。行：人的行爲、品行。皁白：即「皂白」，黑白。天海案：此條見治要，文略異。嚴氏輯本行引此，文同治要。

4　君子居必選鄉，遊必擇士〔一〕。

〔一〕語本荀子勸學：「故君子居必擇鄉，遊必就士，所以防邪僻而近中正也。」嚴氏、馬氏輯本皆引此，文同。此與下條道藏本並作一條。嚴氏輯本收在行中。

5　至人之治也〔一〕，處國於不傾之地，積政於萬全之鄉，載德於不止之輿，行令於無竭之倉，使民於不爭之塗，開法於必得之方。庶民，水也；君子，舟也。水所以載舟，亦所以覆舟〔二〕。

〔一〕此句治要作「以至人之爲治也」。至人：本指道德修養達到最高境界的人，此指聖人、聖王。莊子逍遥遊：「至人無己，神人無功，聖人無名。」

〔二〕荀子王制：「傳曰：君者，舟也；庶人者，水也。水則載舟，水則覆舟。」又孔子家語五儀解：「夫君者，舟也；庶人者，水也。水所以載舟，亦所以覆舟。」天海案：此條除首句見治要外，餘文皆與治要不同。嚴氏輯本政引此文。

6 恕性疏惰，但飽食而已。家有書傳，頗嘗涉歷〔一〕。父憂行喪，在禮多愆〔二〕，孝聲不聞。後除中郎，又作黃門郎〔三〕。同朝友人問余志，余答曰：「見大臣議論，或黨甲苦乙所親，或黨乙謗甲所親，余處甲乙之間，幸無毀譽耳〔四〕。」

〔一〕書傳：指所有書籍。涉歷：猶涉獵，即瀏覽、閱讀。

〔二〕父憂：父親去世。行喪：舉辦喪事。愆：過失，過錯。

〔三〕聚學軒本周廣業注曰：「本傳：太和中爲散騎黃門侍郎。」中郎：官職名，爲近侍之官。秦置，漢沿襲，其長爲中郎將，亦稱中郎。黃門郎：官名，秦置，漢沿襲，亦稱黃門侍郎；東漢設專官，侍從皇帝，傳達詔命。

〔四〕毀譽：偏義複詞，此指譭謗。天海案：此條當爲杜恕體論自序之文。

六一　傅子一百二十卷

傅玄，字休奕，北地郡泥陽（今陝西耀縣東南）人，祖父傅燮，東漢漢陽太守。父傅幹，魏扶風太守，早逝。傅玄少時孤貧，舉秀才，後除郎中，參與編寫魏書。後參安東、衛軍軍事，轉温令，再遷弘農太守，領典農校尉。晉武帝時，進子爵，加駙馬都尉，遷侍中，拜御史中丞，遷太僕，轉司隸校尉。卒謚曰剛，追封清泉侯。晉書有傳。

隋志雜家載傅子一百二十卷，題晉司隸校尉傅玄撰，兩唐志仍之。宋崇文總目所録止存二十三篇，宋志載爲五卷。或此書在唐宋之際已殘缺大半，至宋末全佚。四庫全書儒家所載傅子一卷，並附録共二十五篇，乃從類聚、文選注、御覽、永樂大典諸書中録出。清人嚴可均輯有傅子佚文四卷，近人葉德輝亦有傅子輯本三卷、訂誤一卷，可參閱。

今考道藏本、廖本、徐本及四庫本、聚學軒本所刊意林，傅子目下所録之文，今本傅子皆不載，而物理論目下所録之文，又見諸書稱引，爲傅子之文。據清人周廣業所考，傅子與物理論所録之文互有錯誤，蓋傅子之卷富於物理論十倍，馬總採録不應繁簡迥異。且物理論中屢稱傅子，而本書絶無之。二書雖亡，他書所引傅子者，往往在物理論中，引物理論者，又見於傅子中。故周氏認爲，或明本意林所録此二書頁次相粘，後因脱落失簡，紊亂先後，或傳鈔倒置致誤。但因無原書可供覆覈，故周廣業意林注仍依原本之舊，未改易條文。嚴可均有意林考正一卷，認爲意林所載傅子目下之文乃楊泉物理論之文，而物理論目下之文大多屬傅子，且徐幹中論中亦有一條半屬傅子，並稱「遍蒐各書，得佚文數百條，重加排比」，依治要、永樂大典所載完整有篇名者爲二卷，意林及它書所引爲補遺二卷。今參校周廣業所注，並依嚴可均之考正，將楊泉物理論目下所屬傅子之文移於傅子目下，共得傅子之文八十一條；再將傅子目下之文移於楊泉物理論目下。此種改移，尚待方家指正。

1 夫文彩之在人，猶榮華之在草〔一〕。

〔一〕文彩：同「文采」，此指文辭，才華。榮華：草木的花。天海案：本條至八十一條，原在卷五之末物理論十六卷題下，現移置此，説見題解。嚴氏輯本補遺上卷有此條，文同。

2 天地成歲也，先春而後秋；人君之治也，先禮而後刑〔一〕。

〔一〕聚學軒本周廣業注曰：「四句本魏丁儀刑禮論。」天海案：嚴氏輯本法制篇和補遺上卷皆收此文。

3 救嬰孩之疾，而不忍鍼艾，更加他物〔一〕，以至死也。今除肉刑，危者更衆〔二〕，何異服他藥也？肉刑雖斬其足，猶能生育也。張倉除肉刑〔三〕，每歲所殺萬計。鍾繇復肉刑，歲生二千人也〔四〕。

〔一〕鍼艾：即「鍼灸」，鍼刺與艾灸。傳統中醫治病方法之一。他物：此指其他藥物。

〔二〕「危」字道藏本無，四庫本、聚學軒本皆作「死」。肉刑：傷殘人肉體的刑罰。

〔三〕張倉：一作張蒼。西漢陽武人。初仕秦爲御史，因罪逃歸。後從劉邦起兵，因功封北平侯，遷御史大夫。漢文帝時爲丞相十餘年，助文帝廢除肉刑。史記有傳。

〔四〕「二千人」，聚學軒本作「三千人」。嚴氏輯本補遺上卷引此，文同。聚學軒本周廣業注曰：「魏志鍾繇傳：太祖令復肉刑未果。文帝太和中，繇上疏言：能有奸者，率年三十至四五十，雖斬其足，猶任生育。張蒼除肉刑，所殺歲以萬計，臣欲復肉刑，歲生三千人云云。司徒王朗議以爲未便，事遂寢。時扶風太守傅幹亦作肉刑議，極言肉刑不當除。文見類聚。幹字彥林，即休奕父也。此言除肉刑死者更衆，與幹意合。疑此下數節，皆傅子之言。但元常上疏未見施行，而竟云復肉刑，知尚有脱訛也。」鍾繇：字元常，潁川人。東漢末年舉孝廉，官至侍中、尚書僕射。入魏，進太傅。著名書法家，譽之者稱秦漢以來一人而已。三國志有傳。歲生二千人：每年使二千人活命。

4 名肉刑者，猶鳥獸登俎而作肉〔一〕。

〔一〕上句道藏本作「肉刑名者」。聚學軒本周廣業注曰：「晉劉頌書曰：『肉刑於名忤聽，孰與盜賊不禁，言割截之慘，其名甚厲，其實仁也。』疑有闕文。」天海案：嚴氏輯本補遺上卷引此，文同。又，此條與上條原作一條，現據道藏本分列。

5 漢太宗除肉刑〔一〕，匹夫之仁也，非天下之仁也〔二〕。不忍殘人之體，而忍殺人，故曰匹夫〔三〕。

〔一〕此句之下，治要引傅子尚有「可謂仁乎？傅子曰」七字。漢太宗：漢文帝廟號。聚學軒本周廣業注曰：「太宗，文帝也。景帝追尊爲太宗。」

〔二〕匹夫：常人，含輕蔑意味。治要無此句，另有文詳於此，文繁不引。

〔三〕此三句治要作「今不忍殘人之體，而忍殺之，故曰匹夫之仁也」。聚學軒本周廣業注曰：「漢法肉刑有三：黥、劓、左右趾合一也。文帝改當劓者笞三百，當斬左趾者笞五百，當斬右趾者棄市。右趾者既隕其命，笞撻者往往至死。景帝定律，減笞輕捶，笞者乃得全。此云忍於殺人，蓋轉就棄市言也。晉承魏敝，政多苟且，俗尚虛蕩，休奕志在匡救，故以明刑重法爲主。胡元瑞據爲楊泉之言，遂以泉爲韓非、鄧析之流。今考北堂書鈔載傅子曰：『善惡相蒙，故齊之以刑，以綜真僞。』又曰：『法之嚴如火烈。』載物理論曰：『政寬則奸易禁，政急則奸難絶。』又曰：『爲禁令者，急之於未然，寬之於已發。』二子持論判然不同，竊疑謂『太宗除肉刑爲匹夫』者，是傅而非楊也。」

6 今有弱子當陷大辟〔一〕，問其慈父，必乞以肉刑代之。苟可以生易死也，有道之君，能不以此加百姓乎。蛇螫在手，壯夫斷其腕，謂其雖斷不死也〔二〕。

〔一〕弱子：稚子，小孩。大辟：殺頭死罪。

〔二〕蛇螫：毒蛇咬人。壯夫：勇敢的人。聚學軒本周廣業注曰：「史記田儋傳：蝮螫手則斬手，螫足則斬足，爲害身也。」天海案：嚴氏輯本補遺上卷引此，文同。

7 曹羲曰：「縶馴駒以縿絆，御悍馬以腐索〔一〕。」今制民以輕刑，亦如此也〔二〕。

〔一〕「曹羲」，道藏本誤作「曹義」。曹羲：三國魏曹真之子，爲中領軍，以列侯侍從，出入禁中。其兄曹爽專權作威，數諫之不納，曹爽失權後連坐受誅。聚學軒本周廣業注曰：「魏曹羲有肉刑議，『御悍馬以腐索』，即漢刑法志『以轡御悍突』之意。藝文類聚載傅玄釋法篇云『釋法任情，奸佞在下。多疑少決，譬執腐索以御奔馬』云云。又書鈔載傅玄子云安鄉亭侯曹羲爲領軍將軍，慕周公之下士，賓客盈坐。」縿絆：以絲帛作絆馬繩。悍馬：未經馴服的烈馬。

〔二〕「此」，道藏本、四庫本作「死」，嚴氏輯本從之，疑形似音近致誤。

8 但知管子借耳於天下，不知堯借人心而後用其耳目〔一〕。

〔一〕管子：即管仲。參見本書卷一管子題解。借：憑藉，利用。天海案：嚴氏輯本補遺上卷引此，文同。

9 昔燕趙之間有三男共娶一女，生四子，後争訟廷尉〔一〕。延壽奏云〔二〕：「禽獸生子逐母，宜以子還母，屍三男於市〔三〕。」

〔一〕廷尉：官名，九卿之一，掌刑獄。秦置，漢沿襲。

〔二〕延壽：即范延壽。聚學軒本周廣業案曰：「初學記載華嶠後漢書曰：『范延壽，宣帝時廷尉，以三男悖逆人倫，比之禽獸，生子屬母，以子並付母，屍三男於市。奏免郡太守令長等，無帥華之道。帝可其言。』亦見搜神記。」漢書百官公卿表：「成帝河平二年，北海太守安成、范延壽、子路爲廷尉，八年卒。」餘事未詳。

〔三〕「宜以子還母」之「子」字，道藏本、四庫本無，嚴氏輯本從御覽作「四子」；「三男」下，道藏本、四庫本有「子」字。逐：追隨。屍：殺頭陳屍示衆。御覽人事部引傅子有此文。事又見初學記、搜神記。

10 塞一蟻孔而河決息，施一車轄而覆乘止〔一〕。立法令者亦宜舉要〔二〕。

〔一〕「施」，書鈔引傅子作「掩」。施：用，安上。車轄：車軸兩頭的插銷。覆乘：翻車。

〔三〕此句書鈔作「爲法者宜舉其要」。

11 禮云：「繼父服齊衰〔一〕。」傅子曰：「母舍己父，更嫁他人，與己父甚於兩絶天也〔二〕。又制服〔三〕，恐非周孔所制，亡秦焚書以後，俗儒造之〔四〕。」

〔一〕齊衰：古代五種喪服之一，次於斬衰。用粗麻布做成。因緝邊縫齊，故稱。語本儀禮：「若是繼父之道也，同居則服齊衰期，異居則服齊衰三月。」天海案：四庫本此上單作一條。

〔二〕「與」，原誤作「舉」，此據道藏本、聚學軒本改。「己父」，道藏本誤作「兄父」。兩絶天：即兩重天。此句下聚珍本館臣案曰：「一本作『與己父絶甚於兩夫也』。注云『絶』字舊誤在『兩』字下，則是以『天』爲『夫』字耳。」天海案：四庫本此上四句單作一條。

〔三〕制服：制定服喪的制度。

〔四〕聚學軒本周廣業注曰：「禮喪服小記『繼父有同居異居之分』，正義謂：『母嫁而子不隨，則子與母之繼夫爲路人，無服也。同居服期，異居則齊衰三月。』」天海案：此條四庫本分列作三條。

12 妄進者若卵投石，逃誅者若走赴深〔一〕。

〔一〕妄進：盲目冒進。聚學軒本周廣業注曰：「墨子：以他言非吾者，猶以卵投石也。」天海案：嚴氏輯本補遺上卷引此，文同。

13 曄若春華之並發，馥若秋蘭之俱茂〔一〕。

〔一〕嚴氏輯本補遺上卷引此，文同。書鈔引此文，其下尚有「進如衆川之朝海，散如雲霧之歸山」二句。

14　樹上懸瓠，非木實也；背上被裘，非脊毛也，此似而非〔一〕。

〔一〕嚴氏輯本補遺上卷引此，文同。

15　九日養親，一日餓之，豈得言孝？飽多飢少，固非孝乎〔一〕。穀馬十日〔二〕，一日餓之，馬肥不損，於義無傷，不可同之一日餓母也〔三〕。

〔一〕上二「孝」字，道藏本脱；「乎」，聚學軒本作「子」。此二句御覽引作「寧可言飽多飢少，同爲孝乎」，於義爲長。

〔二〕穀馬：以穀喂馬。

〔三〕嚴氏輯本補遺上卷引此，文同。又見御覽引。

16　漢末有管秋陽者〔一〕，與弟及伴一人，避亂俱行。天雨雪，糧絶。謂其弟曰：「今不食伴，則三人俱死。」乃與弟共殺之，得糧達舍。後遇赦，無罪。此人可謂善士乎？孔文舉曰〔二〕：「管秋陽愛先人遺體，食伴無嫌也〔三〕。」荀侍中難曰〔四〕：「秋陽貪生殺生，豈不罪邪？」文舉曰：「此伴非會友也〔五〕。若管仲啖鮑叔，貢禹食王陽〔六〕，此則不可。向所殺者，猶鳥獸而能言耳。今有犬齧一狸，狸齧一鸚鵡〔七〕，何足怪也！昔重耳戀齊女，而欲食狐偃〔八〕；叔敖怒楚師，而欲食伍參〔九〕。賢哲之忿，猶欲啖人，而況遭窮者乎〔一〇〕！」

〔一〕管秋陽：人名，生平未詳。

〔二〕孔文舉：即孔融，字文舉，魯國（今山東曲阜）人，是孔子二十世孫，太山都尉孔宙之子。東漢文學家，「建安七子」之首。家學淵源，少有異才，勤奮好學，與平原陶丘洪、陳留邊讓並稱俊秀。獻帝即位後任北軍中候、虎賁中郎將、北海相，時稱孔北海。在郡六年，修城邑，立學校，舉賢才，表儒術。建安元年（一九六年），徵還爲將作大匠，遷少府，又任太中大夫。性好賓客，喜抨議時政，言辭激烈，後因觸怒曹操，爲曹操所殺。

〔三〕先人遺體：父母遺傳的身體。無嫌：不應該受到憎惡。

〔四〕荀侍中：即荀彧，字文若，潁川潁陰（今河南許昌）人。東漢末年曹操帳下首席謀臣，被曹操讚爲「吾之子房」。官至侍中，守尚書令，謚曰敬侯。後因反對曹操進爵魏公，飲藥自盡。後漢書、三國志皆有傳。難：質疑，辯難。

〔五〕會友：有文才的好友。論語顔淵：「君子以文會友，以友輔仁。」藝文類聚卷四五引北齊邢邵廣平王碑文：「侍講金華，參遊銅雀，出陪芝蓋，入奉桂室，充會友之選，當拾遺之舉。」

〔六〕管仲、鮑叔：二人爲知友。參見本書卷一管子題解。貢禹：字少翁，西漢琅琊人。以明經潔行徵爲博士。漢元帝時爲諫議大夫，累官至御史大夫。王陽，名吉，字子陽，西漢皋虞人。漢宣帝時召爲博士、諫大夫。與貢禹友善。世言「王陽在位，貢公彈冠」，可見二人相交之厚。

〔七〕齧：咬。鸚鴟：即「鸚鵡」。

〔八〕重耳：春秋時晉文公，名重耳。參見本書卷二韓子第三十七條注。齊女：名齊姜，齊桓公之宗女。重耳赴齊，齊桓公以齊姜嫁之，重耳樂而忘返。齊姜與狐偃、趙衰等人合謀灌醉重耳，並載以歸。重耳覺而大怒，引戈欲殺咎犯。曰：「事不成，我食舅氏之肉。」事見史記晉世家。狐偃：字子犯，晉文公之舅，故又稱舅犯。

〔九〕叔敖：孫叔敖，春秋時楚國令尹，有賢名。參見本書卷二列子第二十三條注、卷三論衡第十八條注。伍參：春秋時楚莊王之嬖臣。莊王伐鄭，晉救之。伍參説莊王與晉戰，孫叔敖曰：「戰而不捷，參之肉其足食乎！」參曰：「若事之不捷，孫叔敖爲無謀矣；不捷，參之肉將在晉軍，可得食乎！」卒使莊王與晉戰而取勝。

〔一〇〕聚學軒本周廣業注曰：「文舉之言雖辨，於理未允。以爲鳥獸，則不當與伴，伴而相齧，則亦狸犬而已。賢哲忿欲啖人，已失之不懲。今以人爲糧，與盜跖膾肝而餔何異乎？或曰：我不食伴，伴將食我，先發制人可也。魏略載『五官將王忠昔嘗啖人，因從駕行，令取髑髏著忠馬鞍，以爲嘻笑』，則知當時啖人者多矣。」天海案：嚴氏輯本補遺上卷引此，文同。

17　見虎一毛，不知其斑〔一〕，道家笑儒者之拘，儒者嗤道家之放，皆不見本也〔二〕。

〔一〕聚學軒本周廣業注曰：「『見虎一文，不知其武，見驥一毛，不知善走』，出淮南子。」

〔二〕聚學軒本周廣業注曰：「文選注引傅子曰：道教者昭昭然，如日月麗乎天。」天海案：嚴氏輯本引此，文同。

18 止響以聲，逐影以形，姦争流蕩，不知所止也〔一〕。

〔一〕姦争流蕩：邪惡競相流佈。天海案：嚴氏輯本引此，文同。

19 傅子云〔一〕：「孟軻、荀卿若在孔門，非唯游夏而已，乃冉閔之徒也〔二〕。」

〔一〕道藏本「云」上有「曰」字，四庫本「云」作「夫」。嚴氏輯本注稱「曰」下「有脱文」。

〔二〕游夏：孔子弟子言子游、卜子夏。論語先進：「文學子游、子夏。」冉閔：孔子弟子冉有和閔子騫。冉有，名求，有才名，曾爲季氏家臣。閔子騫，名損，以孝行聞名，孔子讚之。

20 積薪若山，縱火其下。火未及燃，一杯之水尚可滅也〔一〕。及至火猛風起，雖傾河海〔二〕，不能救也。秦昭王是積薪而縱火其下〔三〕，始皇燃而方熾，二世起風而怒也〔四〕。

〔一〕「杯」，説郛本作「盃」，永樂大典、四庫本傅子附録録作「盂」。

〔二〕此句聚學軒本作「雖傾河竭海」，四庫本傅子附録作「煙火行天，雖傾河竭海」，嚴氏輯本作「雖傾竭河海」。

〔三〕秦昭王：名稷，一作側，戰國時秦國國君，公元前三〇六年至前二五一年在位。

〔四〕「怒也」，永樂大典、四庫本傅子附録作「滅之」。二世：秦二世胡亥。秦始皇病死沙丘，宦官趙高挾丞相李斯矯詔立少子胡亥，是爲二世。二世在位三年爲趙高所殺。

21 秦人視山東之民〔一〕，猶猛虎之睨羣羊，何隔憚哉〔二〕？

〔一〕秦人：此指秦王嬴政。山東：戰國、秦、漢時稱崤山以東爲山東，也指秦以外六國。

〔二〕睨：斜視，含輕視之意。隔憚：阻隔和顧忌。聚學軒本周廣業注曰：「當作『何縣隔之憚哉』。蓋翻用史記田肯説高祖『縣隔千里』語。」天海案：嚴氏輯本補遺上卷引此條，文同。

22 范蠡字少伯，楚三户人也〔一〕。使越滅吴已後，乘輕舟遊五湖〔二〕。王令人寫其狀〔三〕，恒朝禮之。列仙傳云「徐人也〔四〕」。

〔一〕范蠡：人名。參見本書卷一范子題解。楚三户：楚國三大貴族。史記項羽本紀「楚雖三户，亡秦必楚」，索隱引韋昭説，三户即楚國昭、屈、景三家。

〔二〕「越」，道藏本誤作「起」。五湖：古代稱太湖爲五湖。

〔三〕聚學軒本周廣業注曰：「國語曰：『王命工以良金寫蠡之狀。』吴越春秋曰：『置之坐側。』」王：此指越王勾踐。寫：描畫。

〔四〕聚學軒本周廣業注曰：「史公素王妙論云：蠡本南陽人。」天海案：「傳」字道藏本、四庫本脱。列仙傳：舊題劉向撰，二卷。記傳説中七十一個仙人，各附讚語，體例倣列女傳，漢志不載。徐人：

徐州人。又案：嚴氏輯本補遺下卷引此條，文同。此條之下原有「傅氏之先」一條，依嚴氏輯本移至篇末。

23 楚漢之際有好事者作世本，上録黄帝，下逮漢末〔一〕。班固漢書因父得成，遂没，不言彪〔二〕，殊異馬遷也〔三〕。

〔一〕「逮」，道藏本誤作「建」。楚漢：指項羽建立的西楚和劉邦建立的西漢。世本：書名，漢志有載，司馬遷傳贊也提及此書。記黄帝至春秋時（後人增補至漢）列國諸侯大夫的氏姓、世系、居住、製作等事。此書至唐代已殘缺，至宋末亡佚。清人有輯佚本。

〔二〕班固：東漢扶風安陵人，字孟堅。其父班彪撰漢書未成，班固繼父業完成其書，故有此言。遂没，不言彪：此指班固在漢書及叙録中從未提及其父班彪，埋没了其父著書之功。

〔三〕馬遷：即司馬遷。司馬遷在史記中常稱父「太史公曰」，故與班固殊異。天海案：嚴氏輯本補遺下卷引此，文同。「遂没」以下十字，道藏本誤入徐幹中論中。

24 吾觀班固漢書，論國體則飾主闕而抑忠臣〔一〕，叙世教則貴取容而賤直節〔二〕，述時務則謹辭章而略事實〔三〕，非良史也。

〔一〕「飾」，四庫本作「餙」，異體字。國體：國家政體。主闕：君主的過失。

〔二〕世教：當世的教化之道。取容：屈從討好，取悦於人。

〔三〕時務：當世的要事。天海案：嚴氏輯本補遺上卷引此，文同。又見史通内篇書事、天中記引，略同。此條道藏本在下文第二十九條「不以位顯」句下。

25 大孝養志，其次養形。養志者盡其和，養形者不失其敬〔一〕。

〔一〕此條道藏本在第二十三條「班固漢書因父得成」句下。嚴氏輯本補遺上卷引此，文同。

26 割地利己，天下讐之；推心及物，天下歸之；以信接人，天下信之；不以信接人，妻子疑之。見疑妻子，難以事君。君子修身居位，非利名也，在乎仁義。

27 人皆知滌其器，莫知洗其心。

28 君子審其宗而後學，明其道而後行。

29 傅子曰：「學，以道達榮，不以位顯〔一〕。」或云：玄、衡以善詩至宰相〔二〕，張禹以善論作帝師〔三〕，豈非儒學之榮乎？

〔一〕此上三句，道藏本録在下文「豈非儒學之榮乎」句下。

〔二〕聚學軒本周廣業案曰：「韋一名而單言玄者，唐人剪裁古人名字往往有之。」玄衡：玄指韋玄成，字少翁，漢元帝時繼父相位，並封侯。玄成爲相七年，守成持重不及父，而文采過之。衡指匡衡，字稚圭，東海人，善説詩，漢元帝時繼韋玄成爲相，封安樂侯。事見漢書。

〔三〕張禹：字子文，軹城人，善論語，漢成帝時尊爲師，賜爵關内侯，後爲丞相。

30 墨子兼愛，是廢親也；短喪，是忘憂也〔一〕。

〔一〕兼愛：愛無差别等級，不分遠近親疏。短喪：縮短服喪的時間。古代喪禮繁多，爲父母服喪，喪期爲三年。墨子主張節葬、節喪，反對儒家厚葬重喪、勞民傷財。天海案：此條道藏本録在上文第二十四條「非良史也」句下。嚴氏輯本引此條，同道藏本次序。

31 伊尹耕於有莘，孰知非夏之野人〔一〕？吕尚鈞於渭濱〔二〕，孰知非殷之漁者？遇湯、文、武〔三〕，然後知其非也。

〔一〕伊尹：名摯，商湯時賢臣。參見本書卷一孟子第十七條注。有莘：國名。商湯娶有莘氏之女，伊尹爲陪嫁的奴隸。野人：鄉野之人，農夫。伊尹原爲農奴，故有此説。

〔二〕吕尚：即姜太公。參見本書卷一太公金匱題解。

〔三〕「湯文武」，道藏本、四庫本、聚學軒本作「湯武文王」。天海案：嚴氏輯本補遺上卷引此條，文同。

32 面岐路者，有行迷之慮；仰高山者，有飛天之志〔一〕。或乘馬，或乘車〔二〕，而俱至秦者，所謂形異而實同也。

〔一〕此上四句，嚴氏輯本與下四句分列爲二條。飛天：形容志向高遠。

〔二〕此二句道藏本作「或乘馬乘車」，四庫本作「或乘馬車」。

33 若謂黄帝後方有舟檝，庖羲之時，長江大河何所用之〔一〕？經巨海者，終年不見其涯；測虞淵者〔二〕，終世不知其底，故近者不可以度遠也。

〔一〕此上三句嚴氏輯本與下文分列作二條。庖羲：即伏羲，也作宓犧。傳説爲人類始祖，在黄帝之前。

〔二〕虞淵：又稱虞泉，古代神話稱日入之處，見淮南子天文訓：「日至於虞淵，是謂黄昏。」

34 漢世賤軺車，而今貴之〔一〕。

〔一〕聚學軒本周廣業注曰：「史記平準書索隱引傅子有『漢代賤乘軺，今則貴之』，御覽作『漢世賤人乘軺』。」軺車：一匹馬所駕輕便之車。漢書顏師古注曰：「軺車，輕小之車也，漢時佐史乘之。」晉書輿服志：「古之時軍車也，一馬曰軺車，二馬曰軺傳。漢世貴輜軿而賤軺車，魏晉重軺車而賤輜軿。」

35 青與赤謂之文，赤與白謂之章〔一〕，白與黑謂之黼，黑與青謂之黻〔二〕，五彩謂之繡〔三〕。

〔一〕文：同「紋」。指色彩、花紋。章：指色彩、紋理。

〔二〕黼：古代禮服繡以黑白相間的斧形花紋。黻：古代禮服繡以黑青相間的亞形花紋。

〔三〕繡：各種色彩織成的錦繡。天海案：此爲周禮考工記文，嚴氏輯本引此，文同。

36 始皇塚令匠人作機弩，有人穿者即射之〔一〕，以人魚膏作燭〔二〕。

〔一〕機弩：古代兵器，由暗設機關控制發射的弩箭。穿：指挖掘墳墓。

〔三〕人魚膏：娃娃魚的油。史記秦始皇本紀：「以人魚膏爲燭。」

37 逐兔之犬，終朝尋兔，不失其跡，雖見麋鹿，不暇顧也〔一〕。

〔一〕終朝：一整天。麋鹿：鹿的一種，俗稱「四不像」。

38 漢高祖度闊而網疎，故後世推誠而簡直〔一〕。光武教一而網密，故後世守常而禮義〔二〕。魏武糺亂以尚猛，天下修法而貴理〔三〕。

〔一〕漢高祖：劉邦的廟號。網疎：指法網寬鬆。推誠：以誠心待人。

〔二〕光武：指東漢劉秀。教一：教化統一。網密：法網嚴密。禮義：履行禮義。禮謂人所履，義謂事之宜。

〔三〕魏武：指魏武帝曹操。糺亂：糾正混亂。「糺」，同「糾」，廖本作「紀」。修法：遵循法制。修，循也。貴理：注重獄政。理，處理刑獄。天海案：嚴氏輯本補遺上卷引此，文同。天中記引傅子有此文。

39 形之正不求影之直〔一〕，而影自直；聲之平不求響之和〔二〕，而響自和；德之崇不求名之遠，而名自遠〔三〕。

〔一〕「之正」，道藏本、四庫本作「自正」。

〔二〕平：整齊，均匀。和：和諧。

〔三〕書鈔引傅玄少傅箴有「聲和則響清，形正則影直」二句，意同此。

40 西國胡言蘇合香是獸便，中國獸便而臭〔一〕，忽聞西極獸便而香，則不信矣。

〔一〕此二句四庫本傅子附録作「西國人言蘇合，獸便也，中國皆以爲香」，嚴氏輯本作「西國胡人言蘇合香者，是獸便所作也，中國皆以爲怪，獸便而臭」。西國：此與下「西極」，皆指西域。蘇合香：一種香料，亦可入藥，係從蘇合樹中提取膠汁煉成。

41 必得崑山之玉而後寶，則荆璞無夜光之美〔一〕；必須南國之珠而後珍，則隋侯無明月之稱〔二〕。

〔一〕崑山：崑崙山，傳説盛産美玉。荆璞：楚國荆山璞玉，傳説爲楚人卞和在荆山所得。

〔二〕南國之珠：廣東合浦盛産明珠，因地處南海，故稱南國之珠。隋侯：隋侯珠，原誤作「隨侯」，説郛本作「隋珠」。

42 始皇遠遊並海，而不免平臺之變〔一〕。及葬驪山，尋見發掘〔二〕。

〔一〕並：通「傍」。史記始皇本紀：「自榆中並河以東，屬之明山。」集解引服虔曰：「並音傍。傍，依也。」平臺：秦始皇行宫名。秦始皇出巡，病死於沙丘平臺宫。沙丘在今河北廣宗縣境内。

〔二〕驪山：古代驪戎所居，故名，又名藍田山，始皇墓在山北。地在今陜西臨潼縣東南。

43 今有鉛錫之鋌，雖歐冶百鍊〔一〕，猶不如瓦刀；有駑駘之馬，雖造父駕之，終不及飛兔、絶景，質鈍故也〔二〕。土不可作鐵，而可以作瓦〔三〕。

〔一〕鋌：本爲鋼鐵礦石，此指礦石。歐冶：即歐冶子，春秋時著名冶工，以善鑄劍聞名。

〔二〕駑駘：劣馬。造父：西周穆王時善馭之人。飛兔、絶景：皆古代良馬名。景，同「影」。

〔三〕此二句説郛本、嚴氏輯本與上分作二條。

44 相者曰〔一〕：三亭九候，定於一尺之面〔二〕；愚智勇怯，形於一寸之目；天倉金匱〔三〕，以别貧富貴賤。

〔一〕「曰」字四庫本傅子附録無。相者：古代相面的人。

〔二〕三亭九候：古代相面術語。三亭，即三停。古代相士把人體及面部各分三部分，稱爲上中下三停，每停三種徵候，故稱三停九候。如果三停齊等，則爲福相。

〔三〕天倉金匱：古代相面術語。天倉，即天庭，在兩眉之間，前額中央。金匱，指兩頰。此爲富貴之相。天海案：御覽亦引此文。

45 光武鳳翔於南陽，燕雀化爲鵷鶵〔一〕；二漢之臣焕爛如三辰之附長天，長平之卒磊落如秋草之中繁霜〔二〕，勢使然也。

〔一〕鳳翔：古人認爲有鳳凰飛翔是祥瑞之兆。南陽：漢代郡名，今河南南陽市。東漢光武帝劉秀故居南陽。鵷鶵：鸞鳳一類的鳥。

〔三〕二漢：西漢、東漢。焕爛：光耀燦爛。三辰：指日、月、星。四庫本傅子附録引此句無「爛」字。長平之卒：長平，戰國時趙邑。秦大將白起大敗趙軍於此，坑殺降卒四十餘萬。磊落：衆多雜亂貌。天海案：文選注引此，文同。

46 長人數丈，身横九畝〔一〕，兩頭異頸，四臂共骨，老人生角，男女變化〔二〕，何益於賢愚耶？

〔一〕聚學軒本周廣業注曰：「穀梁傳『長狄身横九畝』，范寧注：『廣一步、長百步爲一畝。九畝，五丈四尺。』」長人：巨人，或古代傳説中長人國的巨人。洪興祖楚辭補注引山海經：「東海之外，大荒之中，有長人之國。」九畝：五丈四尺。

〔二〕男女變化：指男女性别、外貌轉化。

47 豈有太一之君坐於庶人之座〔一〕，魁罡之神存於匹婦之室〔二〕？

〔一〕太一：天神之名。史記封禪書：「天神最貴者太乙。」亦爲古星名，也叫太乙，屬紫微垣，在今天龍座内，是以古神命名的。

〔二〕「匹婦」，廖本作「正婦」。魁罡：二星名，即河魁與天罡（北斗）二星。

48 傅子曰：「諸葛亮誠一時之異人也〔一〕。治國有分，御軍有法，積功興業，事得其機；入無遺刃〔二〕，出有餘糧； 知蜀本弱而危，故持重以鎮之〔三〕。若姜維欲速立其功，勇而無決也〔四〕。」

〔一〕諸葛亮：字孔明，漢末陽都人，隱居隆中。劉備三顧茅廬，出山助其建立蜀國，任丞相兼軍師，六出祁山而伐魏，因操勞過度，病死五丈原軍中。異人：才智特別出衆之人。

〔二〕「刃」，嚴氏輯本作「力」。遺刃：遺棄的兵器。

〔三〕聚學軒本周廣業注曰：「以上天中記引傅子有之。」

〔四〕上句「若」，四庫本作「之」。嚴氏輯本注云：「之，與至通。」姜維：字伯約，三國蜀天水人。諸葛亮卒後，統帥蜀軍多次伐魏。後蜀敗於鄧艾，劉禪降後，姜維僞降鍾會，圖謀復蜀，事敗被殺。決：決斷。

49 馬先生，綾機先生，名鈞，字德衡，天下之名巧也〔一〕。綾機本五十綜，五十躡；六十綜，六十躡，先生乃易十二躡〔二〕。奇文異變，因感而作〔三〕，自能成陰陽無窮也〔四〕。

〔一〕「德衡」之「德」字原脱，三國志魏志杜夔傳注引傅子序作「字德衡」，聚學軒本、嚴氏輯本皆從之，此據補。馬先生：名鈞，字德衡，三國魏扶風人。巧思絶世，曾作指南車、脚踏水車，改造了舊織綾機，故又稱綾機先生。綾機：即織綾機。綾是一種有彩色花紋的薄絲絹。名巧：著名的巧匠。天海案：此上數句，四庫本傅子附録僅作「馬生，天下之巧者也」，且在「六十綜」句之下。

〔二〕「綾機」，四庫本傅子附録作「舊機」。此上三「躡」字，原作「簫」，本義爲竹纜，於此不可解；魏志杜夔傳注引傅子序作「躡」，四庫本傅子附録從之，此據改。二「綜」字下，四庫本傅子附録有「者」字。「先生乃易十二躡」，魏志杜夔傳注引傅子序作「先生患其喪功費日，乃易以十二躡」；四庫本傅子附録作「患其遺日喪功，乃皆易以十二躡」，於義爲長。躡：古代織布機上的踏板。綜：古代織機上使經線與緯線交織的裝置。

〔三〕此二句四庫本傅子附録作「其奇文異變，用感而作」。

〔四〕此句下聚珍本館臣案曰：「一作『猶自然成形，陰陽無窮也』。」四庫本傅子無此句。聚學軒本、嚴氏輯本皆作「猶自然之成形，陰陽之無窮」。陰陽無窮：此指絲織品的正反兩面花紋變化無窮。

50 指南車見周官，亦見鬼谷子〔一〕。先生作給事中，與高堂隆、秦朗爭指南車〔二〕。二子云：「古無此車，記虚言耳〔三〕。」先生曰：「爭虚空言，不如試之效也〔四〕。」言於明帝，明帝詔使作之，車乃成〔五〕。

〔一〕嚴可鈞輯本注稱「周官無此語」。指南車：相傳黄帝、周公皆有造指南車之事，其法不傳。周官：即周禮。漢代此書初出時稱周官，又稱周官經，自劉歆以後稱周禮。主要記載周代職官制度。鬼谷子：參見本書卷二鬼谷子題解。鬼谷子謀篇：「鄭人之取玉也，必載司南之車，爲其不惑也。」書鈔一百四十引鬼谷子注曰：「肅慎氏獻白雉，還，恐迷路，周公作指南車以送之也。」天海案：此二句及下句「先生作」三字，原爲單獨一條，道藏本、四庫本與上併作一條。

〔二〕「給事中」以下之文，底本原另作一條，今據聚學軒本、嚴氏輯本調，使文意暢達。此二句嚴氏輯本作「先生爲給事中，與常侍高堂隆、驍騎將軍秦朗爭論於朝，言及指南車」。句下嚴氏輯本另有「先生曰：古有之，未之思耳，夫何遠之有？二子哂之曰：先生名鈞，字德衡，鈞者器之模，而衡者所以定物之輕重，輕重無準，而莫不模哉」數句。給事中：官名。秦漢時爲列侯、將軍、謁見者的加官，常作皇帝侍從，因在殿中執事，故名。魏時或爲加官，亦作正官。高堂隆：三國時魏平陽人。魏志杜夔傳注引稱「爲魏明帝時散騎常侍」。秦朗：魏志注引稱明帝時爲驍騎將軍。

〔三〕此上三句，嚴氏輯本作「二子謂古無指南車，記言之虛也」。

〔四〕「不」下，道藏本衍「及」字。「效」上，嚴氏輯本有「易」字。

〔五〕此上三句嚴氏輯本作「於是二子遂以白明帝，詔先生作之，而指南車成」。明帝：魏明帝曹叡，公元二二七年至二三九年在位。天海案：嚴氏輯本之馬先生傳有此文，甚詳。又見於三國志魏志杜夔傳注、書鈔、類聚、初學記、白孔六帖、御覽等。

51 翻車先生居在京師，城内有地作園〔一〕，而患無水可溉，乃作翻車〔二〕，令童兒轉之，其功百倍〔三〕。

〔一〕此二句魏志注作「居京師，城内有坡可爲囿」，四庫本傅子附録作「居京都，城内有地可以爲園」，嚴氏輯本作「都城内有地，可以爲園」。翻車先生：即馬鈞，因製作翻車而得名。翻車：農具，即龍骨水車，脚踩翻板汲水灌溉。

〔二〕此二句魏志注作「患無水以溉之，先生乃作翻車」。

〔三〕此二句魏志注引作「令兒童轉之，而灌水自覆，更入更出，其巧百倍於常」。嚴氏輯本馬先生傳引此，文詳。聚學軒本周廣業注曰：「以上三節並詳魏志荀勖傳注，乃傅子序。」

52 辯上下者莫正乎位〔一〕，興國家者莫貴乎人，統內外者莫齊乎分，宣德教者莫明乎學〔二〕。秉綱而目自張，執本而末自從〔三〕。善賞者賞一善而天下之善皆勸〔四〕，善罰者罰一惡而天下之惡皆除矣〔五〕。

〔一〕辯：同「辨」。上下：尊卑等級。

〔二〕此以上嚴氏輯本單作一條。

〔三〕此二句嚴氏輯本單作一條。

〔四〕書鈔引作「善賞者賞一人而天下人勸」。勸：鼓勵。

〔五〕句下治要有「皆懼者何，賞公而罰不貳也」二句。

53 世質則官少，時文則吏多〔一〕。有虞氏官五十，夏后官一百〔二〕，殷有二百，周有三百〔三〕。

〔一〕世質：世道質樸。時文：世道崇尚文飾。四庫本傅子作「世文」。

〔二〕四庫本傅子作「夏后氏百」。有虞氏：古代部落名，以虞舜爲首領。夏后：即夏后氏，以夏禹爲首領的部落。

〔三〕聚學軒本周廣業案曰：「路史注曰『堯百官已備』，傅氏乃云官貴簡約，夏后官百不如虞之五十，蓋因記之妄。」天海案：此二句中二「有」字，四庫本傅子皆無。永典大典録傅子有此文，略異。嚴氏輯本引此，文同。

54 國典之墜〔一〕，猶位喪也。位之不建，名理廢也〔二〕。

〔一〕國典：國家大法，典章制度。墜：毀壞，衰敗。

〔二〕名理：魏晉時把確定名分、辨析事理叫做名理。

55 以譽取人，則權勢移於下，而朋黨之交用；以功進士，則有德者未必授，而凡下之人或見任也。

56 君子内洗其心〔一〕，以虚受人；外設法度，立不易方〔二〕。

〔一〕「洗」，長短經引作「虚」。洗其心：清除内心雜念。

〔二〕法度：原則。立不易方：確立不可改變的目標。

57 今人稱古多賢〔一〕，患世無人。退不三思，坐語一世〔二〕，豈不惑邪〔三〕？

〔一〕此句治要作「今之人或抵掌而言，稱古多賢」，嚴氏輯本從之。

〔二〕坐語：錯語，亂説。此二句治要作「退不自三省，坐誣一世」，四庫本傅子從之。
〔三〕「惑」，治要作「甚」。天海案：此條原與上文併作一條，據治要與四庫本傅子分作二條。嚴氏輯本補遺上卷引此，文同。

58 人之性如水焉，置之圓則圓，置之方則方，澄之則渟而清，動之則流而濁〔一〕。先王知中流之易擾亂，故隨而教之，謂其偏好者〔二〕，故立一定之法。

〔一〕渟：水停聚而平静。
〔二〕中流：指中等人品、一般的人。謂：同「爲」。

59 龍舟整檝，王良不能執也〔一〕；驥騄齊行，越人不敢御也〔二〕，各有所能。

〔一〕整檝：船槳齊備。王良：春秋時晉國善馭馬的人。
〔二〕驥騄：駿馬名。周穆王八駿中有赤驥、騄駬，此泛指駿馬。齊行：敏捷奔馳。越人：南方吴越之人，習水不習馬，故言。聚學軒本周廣業注曰：「越絶書：越人以船爲車，以檝爲馬。」

60 構大廈者，先擇匠而後簡材〔一〕；治國家者，先擇佐而後定民〔二〕。

〔一〕「而後」，治要作「然後」，下文同此。簡材：選材。道藏本作「揀材」，義同，聚學軒本從之，周廣業注曰：「舊譌『簡』。」四庫本誤作「楝材」。
〔二〕定民：安民。天海案：治要、嚴氏輯本皆有此文，文同。

61 人之學，如渴而飲河海〔一〕。大飲則大盈，小飲則小盈；大觀則大見，小觀則小見〔二〕。

〔一〕此二句書鈔作「人之學者，猶飲河海」。

〔二〕嚴氏輯本引此，文同。書鈔、御覽引此，文略異。

62 金以利用，錢以輕流，此二物飢不可食。

63 入粟補吏，是賣官也；罪人以贖，是縱惡也。

64 世富錢流，則禁盜鑄錢〔一〕；世貧錢滯，則禁盜壞錢〔二〕。

〔一〕錢流：貨幣流通。盜：私自，暗中，非法。下同此。

〔二〕錢滯：貨幣不流通，錢貶值。盜壞錢：私自毁錢幣。

65 天下之害，莫害於女飾〔一〕。一頭之飾，盈千金之價〔二〕。婢妾之服，亦重四海之珍〔三〕。

〔一〕「天下」，道藏本誤作「天子」。「莫害於女飾」，治要作「莫甚於女餝」；四庫本「飾」作「餙」。餝、餙二字皆爲「飾」之俗字。

〔二〕「一頭」，治要作「一首」。盈：超過。

〔三〕服：佩戴的首飾。「亦重」，治要作「兼」，聚學軒本、嚴氏輯本從之。

66 公卿大夫刻石作碑，鐫石作虎。碑虎崇僞，陳於三衢〔一〕，妨功喪德，異端並起〔二〕，撞亡秦之鐘，作鄭衛之樂，欲以興治，豈不難哉〔三〕？

〔一〕聚學軒本周廣業注曰：「塚祠碑獸之侈濫，莫甚於漢桓靈時。建安間曹操嘗爲厲禁，故終魏世無敢立碑者。晉武咸寧四年，亦詔禁斷。其略云：石獸碑表，既私褒美，興長虛僞，傷財害人，莫大於此。有犯者雖會赦令，皆令毀壞。」崇僞：崇尚浮華虛僞。三衢：泛指通衢，交通要道。

〔二〕異端：不合正統、離經叛道的人和事。

〔三〕興治：興盛太平。天海案：此上四句治要無，另作「衆邪之亂正若此，豈不哀哉」。嚴氏輯本此上四句單作一條，稱「疑禮樂篇文」。

67 賞不避踈賤，罰不避親貴〔一〕。貴有常名，而賤不得冒；尊有定位，而卑不敢逾〔二〕。經之以道德，緯之以仁義，織之以禮法，既成而後用之〔三〕。謂有孝廉、秀才之貢，或千里望風，承聲而舉。故任實者漸消，積虛者日長〔四〕。

〔一〕此二句嚴氏輯本單作一條，其下案稱：治體篇有「有善雖踈賤，必賞；有惡雖貴近，必誅」，與此略同。然篇次不符，疑此法刑篇文也。

〔二〕此上四句嚴氏輯本單作一條，文同。

〔三〕此上四句嚴氏輯本單作一條，文同。

〔四〕任實：依靠真才實學。積虚：積累虚名。

68　聞一善言，見一善事，行之唯恐不及；聞一惡言，見一惡事，遠之唯恐不速〔一〕。

〔一〕「不速」，道藏本、四庫本皆作「不遠」。嚴氏輯本引此，文同。

69　懸千金於市，市人不敢取者，分定也〔一〕；委一錢於路，童兒争之者，分未定也〔二〕。

〔一〕分：名份，此指歸屬。

〔二〕四庫本傅子附録稱引諸子瓊林。嚴氏輯本引此，文同。

70　三皇貴道而尚德，五帝先仁而後義，三王先義而後辭〔一〕。

〔一〕三皇：傳説中遠古帝王。史記認爲是天皇、地皇、人皇；世本認爲是伏羲、神農、黄帝。五帝：傳説中遠古帝王。一般認爲是伏羲、神農、黄帝、堯、舜。三王：指夏禹、商湯、周武王。辭：責備。左傳昭公九年：「王使詹桓伯辭於晉。」杜預注：「辭，責讓之。」「辭」，道藏本作「亂」。嚴氏輯本引此，文同。

71 鴻毛一羽，在水而没者，無勢也；黄金萬鈞，在舟而浮者，託舟之勢也〔一〕。

〔一〕勢：憑藉。聚學軒本周廣業注曰：「韓子曰：千鈞得船則浮，錙銖失船則沉，非千鈞輕而錙銖重也，有勢之與無勢也。」

72 擬金人銘作口銘曰〔一〕：「神以感通，心由口宣。福生有兆，禍來有端〔二〕。情莫多妄，口莫多言〔三〕。蟻孔潰河，淄川傾山〔四〕。病從口入，患自口出〔五〕。存亡之機，開闔之術〔六〕。口與心謀，安危之源。樞機之發，榮辱隨焉〔七〕。」

〔一〕「擬」字上，四庫本傅子附録有「傅子」二字。金人銘：刻在銅人身上的銘言。事見於説苑敬慎、孔子家語觀周，皆載孔子進周太廟，見有金人三緘其口，背有銘言曰：「古之慎言人也。」口銘：戒口慎言的銘言。

〔二〕有端：有原由。文選注引作「無端」。

〔三〕聚學軒本周廣業注曰：「淵鑒類函載傅玄口誡：『勿謂何有，積怨致咎。勿謂不傳，伏流成川。』下接『蟻孔』二句。文選注引傅子口銘作『勿謂不然，變出無聞』。」

〔四〕聚學軒本周廣業注曰：「古文苑孔融臨終詩：『河潰蟻孔端，山壞由猿穴。』」潰河：河堤潰決。四庫本傅子附録作「僨河」。「淄川傾山」，類聚作「流穴傾山」，御覽作「溜瀨沈山」，四庫本傅子附録作「溜沈獺山」，嚴氏輯本作「溜穴傾山」，聚學軒本同嚴氏。然意林諸本皆作「淄川傾山」，其義可通。淄川：即淄水，今山東新泰縣羊流河。山：此指泰山。水經注汶水：「汶水又南，左會淄水，水出泰山梁父縣東。」
〔五〕此句四庫本傅子附録作「禍從口出」。
〔六〕開闔之術：此指開口説話與閉口不言的技巧。
〔七〕「隨」，四庫本傅子附録作「存」。

73 夫有公心，必有公道〔一〕。

〔一〕治要、四庫本傅子通志篇、嚴氏輯本皆録此，文同。天海案：此與下二條原作一條，現據嚴氏輯本與文意分作三條。

74 愛己者不能不愛，憎己者不能不憎。

75 民富則安鄉重家，敬上而從教；貧則危鄉輕家〔一〕，相聚而犯上。飢寒切身而不行非者〔二〕，寡矣。

〔一〕危鄉：離鄉。一説危害鄉里。
〔二〕切：迫近，逼迫。

76 我欲戰而彼不欲戰者，我鼓而進之。若山崩河溢，當其衝者摧，值其鋒者破。所謂疾雷不暇掩耳，則又誰禦之。

77 吴起吮瘡者之膿〔一〕，積恩以感下也。史記云：「吴起吮癰〔二〕。」晝戰目相見，夜戰耳相聞，得利同勢，失利相救〔三〕。

〔一〕吴起：戰國時衛人，曾師事曾參。先仕魯，後仕魏，又奔楚。楚用爲令尹，爲將與士卒同甘苦，爲相明法令，遭楚貴族忌恨。楚悼王死後被殺。史記有傳。

〔二〕嚴氏輯本認爲「史記云吴起吮癰」七字當是按語。吮癰：用嘴吸癰瘡上的膿血。事見史記吴起傳：「卒有病疽者，起爲吮之。」

〔三〕此上四句與前文文意似不屬，嚴氏輯本引此分列二條。

78 陸田者命懸於天，人力雖修，水旱不時〔一〕，則一年之功棄矣；水田制之由人〔二〕，人力苟修，則地利可盡〔三〕。

〔一〕陸田：旱地。命懸於天：意即靠天吃飯。修：完善，此指盡力。不時：不合節令。

〔二〕「水」字四庫本傅子附録無。

〔三〕此句下四庫本傅子附録尚有「天時不如地利，地利不如人和」二句。嚴氏輯本引御覽與此文同。

79 傅子曰：「聖人之道如天地，諸子之異如四時。四時相反，天地合而通焉。」

80 人之涉世，譬如弈棋〔一〕，苟不盡道，誰無死地，但幸不幸耳〔二〕。

〔一〕「涉世」，原作「涉也」，此據道藏本改。「弈」，原誤作「奕」，徑改。

〔三〕「苟」，廖本、四庫本作「局」，或誤。盡道：窮盡棋藝。聚學軒本周廣業注稱：「『但』下脱一『幸』字。」此據補。天海案：此條道藏本録入徐幹中論中。

81 傅氏之先，出自陶唐，傅説之後〔一〕。玄字休奕，子咸，字長虞，晉書有傳〔二〕。

〔一〕陶唐：即堯。堯初封於陶（在今山東定陶縣西北），後封於唐（在今山西臨汾），故稱陶唐。傅説：殷商時人，原爲奴隸，後武丁舉爲相，佐商中興。

〔二〕「咸」，道藏本誤作「哉」。咸：傅玄子名咸，字長虞。剛簡有大節，好屬文。晉惠帝時官至御史中丞，後爲議郎長兼司隸校尉，京都肅然，貴戚懾伏。此晉書爲東晉王隱所撰，參見本書卷五篤論第六條注。嚴氏輯本認爲「晉書有傳」四字是校語誤入正文。天海案：此條原在上文第二十二條後，因此文爲傅子叙傳，依意林文例不當夾入正文之中，筆記大觀本移此條於篇首，今據嚴氏輯本移在篇末。

六二　物理論十六卷

物理論十六卷，原録在意林卷五之末，但所録之文與傅子相混，其目次亦有錯亂。傅子之下原接太元經十四卷，本注云：「梁國楊泉，字德淵。」考馬總意林，凡一人撰二書者，均依次列目録文，未曾前後分隔，如卷一太公金匱、太公六韜，卷三劉向説苑、新序，揚雄法言、太玄，卷五杜恕篤論、體論。隋志亦載物理論在前，太元經在後；説郛本録此二書相連，物理論亦在太元經之前。據此，現將物理論從卷末移傅子之下、太元經之前，以遂馬總原書體例。

物理論撰者楊泉，字德淵，梁國人，西晉徵士，其生平事皆未詳。清嚴可均全三國文稱：「泉字德淵，吴處士，入晉徵爲侍中，不就。有太元經十四卷，物理論十六卷，集二卷。」意林周廣業注稱：「藝文類聚、初學記載其贊善、五湖等賦，一稱吴楊泉，一稱西晉楊泉。又梁國爲豫州，三國時爲吴地。本注稱楊泉爲梁國人，則生當吴、晉間甚明。」周氏又曰：「惜所撰物理論早佚。其見引他書者，續漢志注一條，水經注二條，杜公瞻編珠二條，晉書律曆志一條，類聚十七條，書鈔三十條，初學記十四條，選注四條，史記索隱一條，御覽七十六條，路史、事類賦注、天中記等書共五十餘條。就管見所及，去其重複，已得大段完整者百數十條，四千餘字。而諸賦在集中者不與焉。一斑雖不足盡全豹，乃其剖悉天地人物之際，亦既彌綸羣言、精研一理矣。」

物理論一書，隋志儒家載夏侯湛新論十卷下注云：「梁有楊子物理論十六卷，楊子太元十四卷，並晉徵士楊泉撰，亡。」兩唐志仍録其目，宋以後史志書目不見録。或此二書亡於隋唐之際，其殘篇又多雜入傅子之中，故唐以後類書仍多見採引。此書多雜採秦漢諸子之説而成，上繼桓譚、王充之餘緒，下開范縝「神滅論」之先河。

考物理論目下原録之文，只首四條屬之，其下皆屬傅子。而傅子目下所録文十二條盡屬物理論。現據清人周廣業、嚴可均二人考證，將此二處録文十六條並屬於物理論目下，並以他書所引集而校之，待博洽者指正。其書早佚，清人王仁俊、孫星衍、黄奭、馬國翰等人皆有輯本。檢覈意林所録十六條，足可珍貴。

1 木大者發越，小者敷揚〔一〕。土是人之母也，故人有戀土之心〔二〕。

〔一〕木大者：此指用木製作的大型打擊樂器。木：古代八種樂器之一，爲木製打擊樂器，名柷敔。發越：指琴聲激揚。周禮春官太師：「皆播以八音：金石土革絲木匏竹。」金爲鐘，石爲磬，土爲壎，革爲鼓，絲爲琴瑟，木爲柷敔，匏爲笙竽，竹爲簫管。宋沈括夢溪筆談樂律一：「琴雖用桐，然須多年木性都盡，聲始發越。」敷揚：傳佈宣揚，引申爲聲音輕揚。

〔二〕此條至第十二條，原録在傅子目下。

2 買鄰人價貴宅。宅可買，鄰不可得也〔一〕。

〔一〕初學記引物理論作「處宅者先定鄰焉」，御覽引物理論作「買鄰之值貴於買宅也」。天海案：道藏本、四庫本此條與上條併作一條。

3 冠堯之冠，行桀之行，亦桀也；服桀之服，行堯之行，亦堯也。處市井之肆，服君子之服，在小人之中，行賢哲之事，猶夜行珮珠玉也，亦灼然矣〔一〕。

〔一〕灼然：明亮耀眼貌。道藏本此條與下三條併作一條。

4 蜘蛛作羅，蜂之作窠，其巧亦妙矣，況復人乎〔一〕。

〔一〕「羅」，御覽引作「羅網」。御覽引物理論詳於此文，文繁不録。

5　黄金累千，不如一賢〔一〕。

〔一〕類聚、唐類函、御覽皆引此二句，或稱「諺曰」，或稱「語曰」。

6　人而無廉，猶衣服之無殺，食味之無酸鹹〔一〕。

〔一〕無廉：無廉恥。殺：音曬，衣服縫邊叫殺。論語鄉黨：「非帷裳，必殺之。」注：「殺，縫也。」鹹：同「鹹」。末句「無」字道藏本、四庫本皆脱。

7　郭林宗謂仇季智曰〔一〕：「子嘗有過否？」季智曰：「暮飯牛，牛不食〔二〕，搏牛一下〔三〕。」

〔一〕「仇季智」，道藏本、四庫本皆作「仇智季」。郭林宗：郭泰，字林宗，東漢人，博學有德，善處世事和品評人物。後漢書有傳。仇季智：名覽，一名香，字季智，陳留考城人。東漢延熹中，年届四十，選爲蒲亭長，考城令王涣署爲主簿，後資助入太學。於太學中通過同郡符融認識郭林宗。學畢歸家，州郡並請，皆以疾辭。後徵方正，遇疾而卒。事見後漢書本傳。

〔二〕此二句，御覽引作「吾嘗飯牛」。飯牛：喂牛。

〔三〕「搏牛一下」，聚學軒本周廣業注曰：「事類賦注作『一搏牛耳』。」並案曰：「御覽及賦注引此文並作卞子。考隋唐志無卞子書，其人亦不能詳。然要非傅子之言也。御覽牛類引物理論李文成以帛書飯牛事，即在卞子後，則亦非楊氏之言。觀後秦子一條，疑意林尚有卞子一家，而後乃錯出於此也。」

8 語曰：「士非璧也，談者謂價耳〔一〕。」談者之口猶愛憎之心〔二〕。

〔一〕類聚引此文作「士非玉璧，談者爲價」。謂：同「爲」；爲價，爲之評價。「士」，原作「土」，此據類聚改。御覽引此文與類聚同。

〔二〕猶：通「有」。此與上條，道藏本併作一條。

9 智慧多則引血氣〔一〕，如燈火之於脂膏。炷大而明，明則膏消；炷小而暗，暗則膏息。息則能長久也〔二〕。

〔一〕引：用，耗費。

〔二〕聚學軒本周廣業認爲御覽引此文稱秦子，大概錯簡於此。

10 雄聲而雌視者〔一〕，虛僞人也；氣急而聲重者，敦實人也。

〔一〕雄聲：説話聲音像男人。雌視：像女人一樣偷看人。

11 蒙恬築長城〔一〕，人不堪苦，白骨山積。乃有歌曰〔二〕：「生男慎勿舉，生女哺用脯〔三〕。不見長城下，白骨相撐拄〔四〕。」一作「根柱」。

〔一〕此句御覽引作「始皇起驪山之冢，使蒙恬築長城」。蒙恬：秦始皇時官内史。秦統一六國後，率兵三十萬築長城。始皇死，趙高謀立二世胡亥，矯詔賜死蒙恬。史記有傳。

〔二〕此以上水經注引作「秦始皇使蒙恬築長城，死者相屬，民歌曰」。

〔三〕「哺用脯」，道藏本作「餔用餔」。餔，通「哺」，餵食；亦通「脯」，乾肉。四庫本「脯」作「餔」，二字通。舉：撫養。

〔四〕此句水經注引作「屍骸相支拄」。「撐拄」，道藏本、廖本作「根柱」，義同。三國魏陳琳飲馬長城窟行：「生男慎莫舉，生女哺用脯。君不見長城下，死人骸骨相撐拄。」即化用此民謠。水經注河水、御覽樂部皆引此，文略異。

12　作黄金者，是方士取草屑合金燒之，故草屑燃，金落下〔一〕。

〔一〕聚學軒本周廣業注曰：「博物志云：『積草三年燒之，津液下流爲錫。』古謂錫爲赤金，此云黄金，未詳。」天海案：此條乃揭穿方士騙人之術，周氏之注甚無謂。以上十二條，原録在傅子目下，現據嚴氏考證移此。

13　欲定天下而任小人者，猶欲捕麞鹿而張兔罝，不可得也〔一〕。

〔一〕聚學軒本周廣業注曰：「御覽引物理論有此文，末句作『兔罝不能系麇鹿，猶小人不能任大事』。」罝：捕兔的小網。麞：即獐子。鹿屬，似鹿而小，無角，黄黑色。天海案：此條至第十六條，原録在物理論篇首。

14 忿飈焚衣〔一〕，其損多矣；忿爨之熱〔二〕，推甑而棄之，損益多〔三〕。

〔一〕飈：暴風。

〔二〕「熱」，道藏本、四庫本作「熟」，或字誤，或其上脱「未」字。爨：燒火煮飯。此句下原有聚珍本館臣案曰：「太平御覽引物理論作『忿爨之未熟，覆甑而棄之，所吉亦多矣』，語意亦通，則『熱』當爲『熟』，上增『未』字。」

〔三〕此二句御覽引作「覆甑而棄之，所害亦多矣」。甑：音贈，古代瓦制的煮飯鍋。

15 語曰：「上不正，下參差。」古者所以不欺其民也。割剥富强〔一〕，以養貧弱。何異餓耕牛乘馬而飽吠犬，棄干將而礪鉛刃也〔二〕？

〔一〕割剥：掠奪，殘害。

〔二〕「刃」，聚學軒本作「刀」。

16 論語，聖人之至教，王者之大化〔一〕。鄉黨篇則有朝廷之儀、聘享之禮〔二〕。堯曰篇則有禪代之事〔三〕。

〔一〕聖人：此指孔子。至教：最好的教科書。大化：廣大深入的教化。

〔二〕鄉黨：論語第十篇。聘享：聘問獻納。諸侯之間通問修好叫聘，諸侯向天子進獻方物叫享。

〔三〕堯曰：論語第二十篇。禪代：古代帝王讓位於賢者，也叫禪讓。

六三　太元經十四卷

梁國楊泉，字德淵〔一〕。

隋志、舊唐志均載太元經十四卷，唯新唐志載爲太玄經十四卷，劉緝注。梁金樓子、子鈔並作太元經。馬總意林依子鈔録作太元經十四卷，不當有誤。聚學軒本周廣業案曰：「御覽引金樓子曰：『桓譚有新論，華譚亦有新論，揚雄有太玄經，楊泉亦有太元經。或曰揚子但有太玄經，何處復有太元經，由不學使然也。』據此，則是書在梁世已屬罕有。隋志以爲亡書，宜矣。新舊唐志及鄭夾漈藝文略雖列其目，恐亦見名不見書者耳。唐人注書，集類絶少稱引，惟御覽載有數條，曰『神農冬耕，被服純青』；又曰『鸞鳳不還於竹實，騶虞不移於生物，醜婦以明鏡爲害，無所逃其陋』；又曰『雌雞鳴晨，雄雞宛頸，隨後隨井，河伯徐州』；又一條曰『素纓之鴨，翰音之雞，望視之兔，白蹄之豕，短喙之狗，修頸之馬，君子之貌，異也』。『望視』以下，初學記引作蔡氏化論；天中記鴨類引之亦云出太元經。意二子所見略同，故文亦相類歟。至胡元瑞謂舊唐書以楊泉爲唐人。考之舊志，物理論、太元經二書並列儒家，在夏侯湛新論後，華譚新論前，並未嘗誤爲唐人，胡氏不知據何本而云然也。東雅堂本韓集進學解注引太元經曰『山川福庳而戚高』，此字避宋廟諱，非楊泉書也。御覽揚雄書自作『玄』，楊泉書作『元』。」又案稱：「昔桓譚論揚子雲玄書云：『玄者，天也，道也。聖賢制法作事，皆引天道爲本統。故宓犧氏謂之爲易，老子謂之道，孔子謂之元，而揚子謂之玄。』然則二字均言天道，德淵殆一取孔子之『元』以名書也。今佚。」

據隋志載，太元經與物理論二書皆亡於隋唐之際。清人馬國翰輯有佚文一卷，其中亦採意林所録六條，收入玉函山房輯佚書中，其序稱：「此書倣揚子雲太玄爲之，亦擬易之類也。」

1 怒如烈冬，喜如温春。

〔一〕聚學軒本周廣業案曰：「梁國屬豫州，三國爲吴地。晉永嘉之亂，淪没石氏，故元帝僑立南豫州。本注稱泉爲梁國人，則生當吴、晉間甚明。」天海案：此文爲馬總意林本注，可參見前文物理論題解。梁國：漢高祖五年（前二〇二年）改碭郡爲梁國，治在睢陽（今河南商丘南）。

2 鸞雛鳳子，養甡高峙〔一〕，隱耀深林，不食滓穢〔二〕。

〔一〕養甡（音申）：養育衆多。高峙：比喻出類拔萃。魏陳琳檄吴將校部曲文：「近魏叔英秀出高峙，著名海内。」

〔二〕隱耀：隱藏光彩。滓穢：污濁的食物。

3 内清外濁，弊衣裹玉。

4 十里九坎，牛馬低昂〔一〕。

〔一〕十里九坎：指平川多坑窪，高低不平的地勢。低昂：高低起伏。

5　天氣左轉〔一〕，星辰右行；陰陽運度，報返相迎〔二〕。

〔一〕天氣：古人指清輕之氣，猶今大氣。

〔二〕陰陽運度：日月運行的軌跡。報返：一往一復。

6　强梁者亡，掘强者折〔一〕，大健者跛，大利者缺〔二〕。激氣成風，湧氣成雨，濁霧成雪，清露成霜。

〔一〕聚學軒本周廣業注曰：「掘强，謂强梁也。見漢書淮南王安傳。」天海案：掘，同「倔」，説郛本作「倔」。掘强：直傲不屈。强梁：强横不法。老子：「强梁者不得其死。」

〔二〕此句以下説郛本與下四句分列作二條。大健：特别健步，意即特别善走。跛：跌倒。大利：特别鋒利。此指刀刃特别鋒利。二「大」字皆读作「太」。

六四　化清經十卷

隋志儒家載袁子正論十九卷，其下注曰：「化清經十卷，蔡洪撰，亡。」兩唐志録作清化經。宋史志書目多不見載，唯高似孫子略目録子鈔目有化清經一（或「十」字之訛）卷。此書或亡佚於隋唐之際。世説新語劉孝標注引蔡洪集録云：「洪字叔開，吴郡人，有才辯，初仕吴朝，太康中本州從事舉秀才。」王隱晉書云：「洪仕至松滋令，其書稱經，蓋擬易而作，曰化清，亦楊泉大元類也。」然此書早佚，蔡洪生平事亦不甚詳。清人馬國翰云：「初學記、廣韻、書鈔、御覽等書間引之，或稱清化經，或稱化清論者，經後立論，如易之有傳，其實爲一書。」並採輯佚文一卷，收在玉函山房輯佚書中。嚴可均全晉文亦輯有蔡洪佚文三篇，可資參閱。意林録化清經僅三條，他書皆不見引。

1 濁者不信淵之清，而甘濯其濁矣〔一〕。

〔一〕「淵」下，道藏本、四庫本衍一「生」字；「其」，道藏本、四庫本皆作「之」。

2 動則虎發，静如鱗潛；若彼赫赫，若此洋洋〔一〕。

〔一〕鱗潛：龍潛深水。鱗，指代龍。赫赫：聲勢顯赫貌。洋洋：舒緩自得貌。

3 將飛者翼伏，將奮者足跼，將噬者爪縮，將言者口默，將文者且朴〔一〕。

〔一〕奮：猛然用力。足跼：腿屈不伸。聚學軒本周廣業案曰：「鍾惺古詩歸録此，無『將言者』句，題曰『古諺古語』，蓋未知所出也。」又案曰：「右所録可謂明於物理矣。御覽又載其二條曰『伏龍非我馬，白日非我燭，藏之然之，保此二材』，又曰『水戰之鴨，何必白纓？盈俎之雞，何必長鳴』，語意與此相類。」

六五　鄒子一卷

鄒子一書，隋唐志不載，高似孫子略目録子鈔注云：「一卷，其書多論漢人，恐是閏甫。」清人馬國翰認爲意林録鄒子於蔡洪化清經下、孫毓成敗志上，此二人皆晉人，則鄒子自亦同時人，故此鄒子當爲晉人鄒湛之書。考晉書本傳，言鄒湛所著詩及論事議二十五首，爲時所重，足見有撰述行世，又與蔡洪、孫毓同在晉初，故丁國鈞補晉書藝文志便以鄒子爲鄒湛所撰。聚學軒本周廣業案曰：「鄒子不見隋志、唐志，無可考。晉書文苑傳有鄒湛，字潤甫，南陽新野人，元康時官少府，著詩及論事議二十五首，爲時所重。隋志載其集三卷。子捷，字太應，亦有文才，與二陸並爲賈謐所用。此鄒子未知即其人否。若漢志陰陽家之兩鄒子，一爲談天之衍，鄭司農説論語『鑽燧改火』引之，作騶子，文心雕龍作騶子，一爲鄒奭。漢初更有鄒陽。胡元瑞謂三書並名鄒子。又論衡稱東番鄒伯奇有檢論，謂『桀、紂之惡不若亡秦，亡秦不若王莽』，又曰『東番鄒伯奇字元思』；此則王充同時人。今據藝文類聚引鄒子曰『董仲舒勤學三年，不窺園乘馬，不知牝牡』；書鈔、初學記並引鄒子曰『朱買臣孜孜好學，不覺雨之流粟』；御覽引鄒子曰『昔邢高、吕安飲於市，仰天泣，傷相知晚』，則既非戰國時人，並非漢之陽與伯奇矣。今佚。」

鄒湛，字潤甫，南陽新野人，仕魏，歷通事郎太學博士。西晉泰始初年轉尚書郎，入爲太子中庶子。太康中拜散騎常侍，後轉少府，元康末年卒。所著詩及論事議二十五首。晉書有傳。

嚴可均全晉文輯其佚文五條，馬國翰鄒子輯本採意林所録二條、御覽所引四條合爲一卷，收入玉函山房輯佚書，皆可參閲。

1 欲知其人，視其朋友。蒺藜在田，良苗無所措其根；佞邪在朝，忠直無所容其身。

2 寡門不入宿，臨甑不取塵〔一〕，避嫌也。

〔一〕上句事見漢書陳遵傳，載陳遵酒醉寡婦家，左阿君留宿，司直陳崇劾奏曰「禮，不入寡婦之門。而湛酒溷肴，亂男女之別」，乃免遵官，語或本此。下句事見吕氏春秋審分覽任數，載孔子斷糧於陳、蔡之間，弟子顔回討米煮飯，煙塵落入鍋中，棄之可惜，故取而食之，因此孔子懷疑他背師偷吃，不敬師長。家語亦載此事。周廣業注曰：「陸機君子行『掇蜂滅天道，拾塵惑孔顔』，亦此意。」

六六 成敗志三卷

孫毓，字仲。

隋志儒家載袁子正論十九卷，其下附注：「孫氏成敗志三卷，孫毓撰，亡。」兩唐志仍之，「毓」作「敏」。隋志經部又載毛詩異同評十卷，題晉長沙太守孫毓撰，又有孫毓注春秋左氏傳義注十八卷。宋高似孫子略目載子鈔目云：「孫敏成敗志三卷，字休明。」清人丁國鈞補晉書藝文志著録孫氏成敗志三卷，孫毓撰，稱見七録、兩唐志著録。

聚學軒本周廣業案曰：「釋文：毓字休朗，北海昌平人，晉豫州刺史。隋志云晉汝南太守，又云長沙太守，武帝咸寧間人。有毛詩評、左傳注等書，又有七廟會議，見通典。此云字仲，蓋有脱誤。隋唐志三卷，今佚。」又案曰：「魏志别有孫毓，泰山人，青州刺史觀字仲台之子，亦爲青州刺史，見孫霸傳及注。非此人也。」本注「孫毓，字仲」下，有聚珍本館臣案語，幾乎全鈔周氏案語。或「仲」乃「休」之誤，其下又脱「朗」字；或將其父仲台之字脱「台」字，後又誤録於此。然此書早佚，皆未可詳考。清人嚴可均全晉文輯有孫毓佚文十三篇，前有作者小傳云：「毓字仲，泰山人，魏時嗣父爵吕都亭侯，仕至青州刺史（見魏志臧霸傳）。一云字休明，北海昌平人（見經典釋文敘録），入晉爲太常博士，歷長沙、汝南太守。有毛詩異同評十卷，春秋左傳注二十八卷，孫氏成敗志三卷，集六卷。」此乃嚴氏雜糅史料不加甄别而爲之，未足憑信。清人馬國翰亦輯孫氏成敗志佚文一卷，並稱：「此書以成敗立名，蓋欲昭法誡以訓世也。」然無原書可考。意林僅録文二條，以見示後人。

1　水性雖能流，不導則不通〔一〕；人性雖能智，不教則不達；學猶植也，不學將落〔二〕。

〔一〕「導」，説郛本作「道」，二字可通。導：疏導。

〔二〕植：通「殖」，生長，繁殖。聚學軒本作「殖」。落：衰敗，落後。説郛本有此條，不録後二句。

2　密者，天地之際會〔一〕，成敗之機要。故陰陽不密，則寒暑不能以成歲〔二〕；棟宇不密，則九層不可以庇身〔三〕。

〔一〕密：周密，緊密。際會：交接，會合。

〔二〕「則」，道藏本、四庫本作「者」。陰陽：晝夜。

〔三〕棟宇：此泛指樓房建築。九層：此泛指高樓。

六七　古今通論三卷　王嬰。

隋志儒家載袁子正論下附注：「古今通論二卷，松滋令王嬰撰，亡。」兩唐志作三卷，而宋高似孫子略目引子鈔目則作「王嬰通論三卷」。此書今不存。

王嬰，史傳不載。據清人周廣業意林注稱：「嬰，字仲豪，山陽人，與同郡范巨卿式友善。謝承後漢書稱其交友推誠據信，不負言誓。世但傳巨卿與汝南張劭、長沙陳平子爲石交死友，猶未盡也。」周氏還疑隋志載王嬰爲松滋令或因連及蔡洪化清經，誤將蔡洪官職録於王嬰名下。

清人馬國翰輯有佚文一卷，稱王嬰爲晉人，其字里未詳。此書前亡後存，隋志載二卷，至唐增至三卷，或唐人得其遺篇而分之，或後人有所附益，皆莫能詳。馬國翰還認爲此書「主考覈而時涉緯讖，如説地理數用河圖之類。後漢諸儒風尚如此。然則嬰蓋晉初人也」。然此書早佚，史志亦無可考，意林録文僅二條，其生平事闕疑。

1　崑崙東南方五千里，謂之神州〔一〕。州中有和羹鄉，方三千里，五嶽之域〔二〕，帝王之宅，聖人所生也。

〔一〕神州：泛指中原。史記騶衍傳：「中國名曰赤縣神州。」

〔三〕「和羹」，御覽引此作「和美」，廖本亦同。「域」，御覽作「城」。和羹：本指用調味配製羹湯，後比喻君臣同心協力治理國政。此和羹鄉喻中原爲禮義之邦，君臣合心，政治調合，社會安寧。此語原出尚書説命：「若作和羹，爾惟鹽梅。」作「和美」者，或因形近而誤，或因不明喻意而妄改。

2 倉頡造書，形立謂之文，聲具謂之字〔一〕。字者，取其孳乳相生〔二〕。在於竹帛謂之書。

〔一〕許慎説文解字叙：「倉頡之初作書，蓋依類象形，故謂之文；其後形聲相益，即謂之字。字者，言孳乳而浸多也。」倉頡：又作蒼頡，傳説爲黄帝時史官，是首創漢字的人。形立：此指漢字依事物形象寫成。聲具：讀音具備。

〔二〕「孳乳」，道藏本誤作「華乳」。孳乳：滋生增益。

六八　中論六卷

徐偉長作，任氏注。

徐幹，字偉長，北海劇人。建安時爲司空軍謀祭酒掾屬、五官將文學。以文學著稱，爲建安七子之一。魏志稱徐幹卒於建安二十二年，而中論原序又稱卒於建安二十三年，未知孰是。隋志儒家載徐氏中論六卷，注曰：「魏太子文學徐幹撰，梁目一卷。」兩唐志載同隋志。四庫全書所收宋曾鞏編校本缺復三年喪與制役二篇，可見此書宋時已非完帙。清人周廣業意林注認爲「今存者宋大理正石邦哲校本，二卷二十篇。任氏未詳，疑即作序者，今佚」。又案曰：宋曾子固序云「貞觀政要太宗稱有復三年喪」，而今此篇闕。考魏志文帝言「幹著中論二十餘篇」，以是知所傳止二十篇者非全書。李獻民則謂「別本有復三年喪、制役二篇，子固特未之見」，是宋有二十二篇也。但本書無名氏序係偉長同時人，固云二十篇。文選注引文章志亦云「幹著書二十篇，號曰中論」，與魏志不符。王弇州讀中論又云十一篇，則不可解也。

意林道藏本中論目下録文僅四條，且其中有一條半屬於傅子之文。聚學軒本意林注、四部叢刊本已將其誤入物理論「天地合而通焉」句下之十四條半移於中論，並將屬於傅子之文者移入傅子，由此意林共録文十七條。現據四庫全書所收宋曾鞏校本參校之。

1 倚立而思遠，不如速行之必至〔一〕；矯首而徇飛，不如修翼之必獲〔二〕；孤居而願智，不如積學之必達〔三〕。

〔一〕「倚立」，曾氏校本作「倦立」；「行之」，道藏本作「行而」。

〔二〕矯首：抬頭，亦即翹首。徇飛：謀求飛翔。修翼：修整翅膀；曾氏校本作「循雌」。

〔三〕「積學」，曾氏校本作「務學」。願智：祈求聰明。

2 君子不卹年之將暮，而憂志之有倦〔一〕。

〔一〕「暮」，曾氏校本作「衰」。卹：憂念。暮：意指晚年、衰老。倦：懈怠。

3 道之於人，甚簡且易〔一〕，不若採金攻玉涉艱難也〔二〕。

〔一〕此二句曾氏校本作「道之於人也，其簡且易耳」；又「甚簡」以下十二字，道藏本原誤入物理論「天地合而通焉」條下。

〔二〕此句曾氏校本作「其修之也，非若採金攻玉之涉歷艱難也」。聚學軒本周廣業注曰：「後十四條舊皆錯在物理論『天地合而通焉』下，今正之。」天海案：此條見曾氏校本修本篇，文略異。

4 路不險，則無以知馬之良；任不重，則無以知人之材〔一〕。

〔一〕材：才能。聚學軒本作「才」，曾氏校本作「德」。天海案：此條見曾氏校本修本篇，文同。

5 君子相見，非但興善，將以攻惡〔一〕，惡不廢則善不興〔二〕。

〔一〕此三句曾氏校本作「故君子相求也，非特興善也，將以攻惡也」。

〔二〕此句下治要與曾氏校本皆有「自然之道也」一句。天海案：此條見治要、曾氏校本虛道篇，文略異。

6 療暑莫如親水〔一〕，救寒莫如重裘，止謗莫如修身〔二〕。

〔一〕「水」，曾氏校本作「冰」，其下另有「信矣哉」三字，且在「修身」句下。

〔二〕「救寒」上，曾氏校本有「故語稱」三字。聚學軒本周廣業注曰：「此引古語。魏志王昶戒子書引『救寒』二句作『諺曰』；『修身』作『自修』。」天海案：此條見曾氏校本虛道篇，文略異。

7 善釣者不易淵而殉魚〔一〕，君子不降席而追道〔二〕。

〔一〕「殉魚」，道藏本作「釣」，無「魚」字。殉魚：求魚。

〔二〕「降」，道藏本作「隮」，誤。降席：下席，離開座位。此比喻降低身份。

8 小人恥其面不如子都，君子恥其行不如舜禹〔一〕，故小人貴明鑒，君子尚至言〔二〕。

〔一〕此二句曾氏校本作「小人恥其面之不及子都也，君子恥其行之不如堯舜也」。子都：古代美男子的通稱。詩鄭風山有扶蘇：「不見子都，乃見狂且。」孟子告子上：「不知子都之姣者，無目者也。」

〔二〕「貴」，曾氏校本作「尚」。明鑒：明鏡。至言：至理名言。天海案：此條見曾氏校本貴驗篇，文略異。

9 射以平志，御以和心〔一〕，書以綴事，數以理煩〔二〕。

〔一〕射：拉弓射箭，古代六藝之一。射箭時，目光要平視前方，心志不能過高過低，方能中的，故有此語。御：駕馭車馬，古代六藝之一。駕車時想要保持車馬平穩前進，就要心氣平和，不能急躁冒進。

〔二〕書：原指六藝中的六書之學。周禮地官大司徒：「三曰六藝：禮、樂、射、御、書、數。」鄭玄注：「書，六書之品。」賈公彥疏：「六書者，先鄭云：象形、會意、轉注、處事、假借、諧聲。」此專指文字書法。綴事：記事，叙事。數：算術、數學，古代六藝之一；原作「教」，形誤，據曾氏校本改。孔子用六藝來教授學生，此條只録四藝，然曾氏校本藝紀篇在此四句上尚有「禮以考敬，樂以敦愛」二句。

10 利口者如激風之至〔一〕，暴雨之集，不論是非，不識曲直〔二〕，期於不窮，務於必勝〔三〕。

〔一〕此句道藏本無「口者」二字；曾氏校本作「利口者苟美其聲氣，繁其辭令，如激風之至」。利口者：指善於舌辯之人。

〔二〕「識」，道藏本作「議」；「暴」上，曾氏校本有「如」字；下二句曾氏校本作「不論是非之性，不識曲直之理」。

〔三〕「務於」，道藏本作「激放」，疑誤。天海案：此條見曾氏校本覈辯篇，文略異。

11 辯者别也，言其善分别事類〔一〕，非謂言辭捷給而凌善人也〔二〕。

〔一〕此二句曾氏校本作「辯之爲言，别也，爲其善分别事類而明處之也」。

〔二〕此句曾氏校本作「非謂言詞切給而陵蓋人也」。捷給：口辭敏捷。天海案：此條見曾氏校本覈辯篇，文略異。

12 聖人蹈機握杼，織成天下之化〔一〕，使萬物順焉，人倫正焉〔二〕。

〔一〕「握」，道藏本誤作「掘」。「之化」二字道藏本脱。蹈機握杼：脚踩織布機，手握織布梭，比喻聖人掌握教化的關鍵。化：造化，指自然與人類社會的變化規律。

〔三〕此條見曾氏校本爵録篇，又見治要，文皆同。

13 登高而建旗，則所視者廣〔一〕；順風而奮鐸，則所聞者遠〔二〕。非旌色益明，鐸聲遠長，所託得地〔三〕，而況富貴施政令乎〔四〕。

〔一〕「旗」，治要與曾氏校本皆作「旌」；「視」，道藏本作「示」。莊子應帝王「嘗試與來，以予示之」，釋文：「示之，本作視。崔云：視，示之也。」下句治要作「則所示者廣矣」，曾氏校本作「則其所視者廣矣」。

〔二〕「奮」，曾氏校本作「振」；下句曾氏校本作「則其所聞者遠矣」。奮鐸：搖鈴。

〔三〕首句「色」下，治要、曾氏校本有「之」字；次句治要作「非鐸聲之益長」，曾氏校本作「鐸聲之益遠也」；下句治要與曾氏校本皆作「所託者然也」。

〔四〕此句治要與曾氏校本皆作「況居富貴之地而行其政令者也」。天海案：此條語本荀子勸學：「登高而招，臂非加長也，而見者遠；順風而呼，聲非加疾也，而聞者彰。」

14 良農不患疆埸之不修，而患風雨之不節〔一〕；君子不患道德之不建，而患其時之不至〔二〕。

〔一〕「埸」，原誤作「場」，此據道藏本、曾氏校本改。詩小雅信南山：「中回有廬，疆埸有瓜。」疆埸（音易）：田界。不節：無節制，不調和。

〔二〕上二「而」字原脱，此據道藏本補。此句曾氏校本作「而患時世之不遇」。天海案：此條見曾氏校本爵禄篇，文略異。

15 聖人之世不交遊也，周道衰，而交遊興〔一〕。古之交也近，今之交也遠〔二〕；古之交也求賢，今之交也爲名〔三〕。

〔一〕上句曾氏校本作「民之好交遊也，不及聖王之世乎」；古之不交遊也，將以自求乎」；下句曾氏校本作「及周之衰，而交遊興矣」。周道：西周王朝的道統。

〔二〕此句下曾氏校本尚有「古之交也寡，今之交也衆」二句。

〔三〕此二句曾氏校本作「古之交也爲求賢，今之交也爲名利而已矣」。天海案：此條散見於曾氏校本譴交篇，文略異。

16 取士不由鄉黨，考行不本閨閾〔一〕；多助者則稱賢才，少愛者則謂不肖〔二〕。

〔一〕上句「士」字道藏本脱。鄉黨：猶鄉里。「閨閾」，曾氏校本作「閥閲」。閨閾：閨房、内室。閥閲：指功績和經歷，於義爲長。

〔二〕此二句曾氏校本作「多助者爲賢才，寡助者爲不肖」。天海案：此條見曾氏校本譴交篇，文略異。

17 馬必待乘而後致遠〔一〕，醫必待使而後愈疾〔二〕，賢者待用而後興理〔三〕。

〔一〕此句治要作「有馬必待乘之，然後遠行」；曾氏校本「然」作「而」，餘同治要。

〔二〕「使」下，治要有「之」字。「使」，曾氏校本作「行之」。

〔三〕「理」，聚學軒本周廣業注曰：「原作『治』，避唐諱。」天海案：此句治要作「至於有賢則不知，必待用之而後興治也」，曾氏校本作「至於有賢則不知，必待用之而後興治者，何哉」。興理：即興治，興盛太平。此條見治要、曾氏校本亡國篇，文略異。

六九　唐子十卷

名滂，字惠潤，生吴太元二年。

隋志道家載唐子十卷，注云：「吴唐滂撰。」兩唐志、鄭樵通志略、焦竑國史經籍志所載同隋志。宋高似孫子略目録子鈔目亦有唐子，注云：「十卷，傍字惠潤。」清人侯康補三國藝文志稱：「意林引唐子有『大晉應期，一舉席捲』之語，則滂已入晉。意林又稱滂生於吴太元二年，下距吴亡時年僅三十，其入晉宜也。而隋志仍繫之吴，豈其入晉未仕，猶當爲吴人耶？」可見唐滂生於吴，吴亡後入晉是確實可信的。唐子一書早佚，類聚、文選注、御覽等書所引又多不見於意林。就意林所録十九條看，其説多沿襲黄老，且不乏儒家仁德禮智孝之類的説教。

唐滂生平事不詳，亦無史傳可考。唐子一書，唐宋以後佚而不存。清人馬國翰輯有佚文，收入玉函山房輯佚書，可參閲。

1 舟循川則游速，人順路則不迷。

2 大木百尋，根積深也；滄海萬仞，衆流成也；淵智達洞，累學之功也〔一〕。

〔一〕淵智：智謀深沉。達洞：同「洞達」，通達深察。天海案：此與下二條，道藏本、四庫本併作一條。

3 君子以道成冠，以道成輿。出門不冠則不敢行，行非輿則不可步〔一〕。

〔一〕聚學軒本此與下條併作一條。

4 有父不能孝，有兄不能敬，而論人父子之義、昆弟之節，猶彎弓而自射也。

5 人性苟有一孝，則無所不包，猶樹根一植，百枝生焉。

6 或問齊桓、晉文優劣。唐子答曰：「論功則桓兄而文弟，論德則文兄而桓弟。」

7 大晉應期〔一〕，一舉席捲，猶震霆摧枯，千鈞壓卵，無餘類矣〔二〕。

〔一〕大晉：此指西晉。應期：指西晉的建立是順應天命輪回運轉的週期。

〔二〕震霆：驚天霹靂。聚學軒本周廣業注曰：「書鈔引曰『將者專命千里，總帥六師，攻如電擊，戰如風行』，又曰『猶震霆』云云。」

8 人多患遠見百步，而不自知眉頰。知眉頰者，復不能察百步也〔一〕。

〔一〕此條又見御覽引。此與下五條，道藏本、四庫本併作一條。

9 君子守真仗信，遭時不容，雖有訕辱之恥、幽垢之謗，猶傷體毛耳〔一〕。

〔一〕訕辱：誹謗、侮辱。幽垢：暗中被人垢駡。體毛：身體膚髮。

10 鷹隼羣飛，鳳凰遠遊；小人成列，君子深藏〔一〕。

〔一〕此與下條，聚學軒本併作一條。

11 諺曰：「脂粉雖多，醜面不加〔一〕；膏澤雖光，不可潤草。」

〔一〕不加：不施用。道藏本作「可加」。

12 古人目短於自見，故以鏡觀形；心短於自治，故以禮自防。

13 君子不以昏行易操，不以夜昧易容〔一〕。

〔一〕昏行：暗中行走。此指暗處的行爲。夜昧：黑夜中看不清楚。聚學軒本作「夜寐」；聚珍本館臣案曰：「一本作『寤』。」劉晝新論有「蘧瑗不以昏行變節，顔回不以夜浴改容」，句意與此略同。

14 夫士有高世之名，必有負俗之累〔一〕；有絶羣之節，必嬰謗嗤之患〔二〕。白骨擬象〔三〕，魚目似珠，遙聽遠望，無不亂也。

〔一〕「士」，道藏本、四庫本作「自」。高世：超越世俗。負俗：違背世俗，遭人譏諷。累：憂患。

〔二〕絶羣：出類超羣。嬰：遭受。謗嗤：譭謗和嘲笑。

〔三〕白骨擬象：死人骨頭倣製成象牙。聚學軒本周廣業注曰：「戰國策曰：白骨擬象，珷玞類玉。」

15 禍福相轉，利害相生，如循環而運丸耳。其兆不可見，其端不可覺。

16 良將如山如淵〔一〕，人不知其慼，亦不知其歡。

〔一〕「淵」，御覽引作「泉」。

17 將勿離旗鼓，師之耳目〔一〕。

〔一〕「旗鼓」，道藏本、四庫本作「鼓旗」；聚學軒本作「旂鼓」。此條御覽引作「旂鼓者，將之耳目也」。旗鼓：戰鼓指揮軍隊進擊，軍旗指揮軍隊行動。耳目：軍隊聽鼓聲進擊，看旗幟指向行動。

18 暴至之榮，智者不居；守財不施，謂之錢奴。

19 佐鬥者傷，預事者亡〔一〕。

〔一〕預事者亡：預先謀事的人逃跑。一說亡爲死亡。

七〇 秦子二卷

隋志雜家時務論十二卷下附注云:「秦子三卷,吴秦菁撰,亡。」兩唐志仍之。宋高似孫子略目載子鈔目則作秦子二卷。宋史志書目多不載,其書疑亡於隋唐之際。秦菁其人,史傳無考,亦不詳其字里、生平。明楊慎丹鉛總録引二條與苻子同列,云:「二子之姓名,人罕知。」清人侯康補三國藝文志載秦子三卷,題吴秦菁撰,並據意林所引顧彦先語稱:「彦先者,顧榮之字。榮仕吴爲黄門郎,後及事晉元帝。秦菁與之同時,亦吴末人也。類聚多引此書。」

清人馬國翰以意林所録五條爲主幹,並採書鈔、類聚、御覽諸書所引,輯爲秦子佚文一卷,收入玉函山房輯佚書,可資參閲。

1 欲顯白於雪中,馳光於日下,不可得也。〔一〕

〔一〕類聚、御覽並引作「今欲馳光日下,顯白雪中,不可得也」。

2 顧彦先難云〔一〕:「有味如醽〔二〕,而不醉人;其味如黍〔三〕,飲之則醉,何也?」秦子曰:「醉在小人,不在君子。吾欲錦中而紵表,不欲繡外而麻裏,猶論者寧匱於辭,不匱於理。」

〔一〕「顧」，原誤作「顔」。顧彦先：名榮，字彦先，先仕吴爲黄門侍郎，後入晉，與陸機、陸雲兄弟並稱爲「三俊」。後拜郎中，歷遷廷尉正。晉元帝時加散騎常侍。晉書有傳。

〔二〕醽：音靈，一種味道濃烈的美酒。

〔三〕黍：此指黍酒，味淡。馬國翰輯本引此，文同。其下又引書鈔「顧彦先曰：有味如醽，飲而不醉；無味如茶，飲而醒焉。醉人何用也」數句。

3 遠難知者，天；近難知者，人。

4 因斧以得柯，因柯以成用。種一粟則千萬之粟滋，種一仁則衆行之美備矣。

5 鍼雖小，入水則沈；毛雖大，入水則浮，性自然也〔一〕。

〔一〕「然」，道藏本、四庫本作「能」。

七一　梅子一卷

隋志儒家晉夏侯湛新論十卷下注云：「梅子新語一卷，亡。」其後史志書目不見載。唯宋高似孫子略目載梁庾仲容子鈔有梅子新書一卷，注云：「按其語，晉人也。」然撰者名字、生平事皆未詳。清人丁國鈞補晉志載：「梅子新論一卷，見七録，是書隋志無撰人名。據意林『晉人撰』之文，知爲陶書。御覽九百六十二及九百六十七均引梅子，又卷二十三引梅陶書，卷六百四十九又引梅陶自序。按梅陶書，梅子，其自序當亦在是書中。」並注云：「陶字淑真，見世説方正篇注。」聚學軒本周廣業案曰：「御覽引梅子二則，曰『弘農宜陽縣金門上竹爲律管，河内葭莩以爲灰，可以候氣』云云；又曰『王莽見漢高有靈，令虎賁拔劍四面斬高廟，以桃湯赤鞭灑屋』。考上事亦見物理論，下事載漢書。意其言故雜家之流，惜名字早湮耳。隋志總集有晉光禄大夫梅陶集九卷。陶字叔真，汝南西平人，仕至尚書。其集亦佚不傳。惟初學記載自序云：『嘗爲御史中丞，以法鞭太子傅曰：堂高由陛，皇太子所以尊於上者，由我奉王者法，其可枉道曲媚乎？』晉書陶侃傳稱：陶與侃有舊，陶書與曹識云『陶公機神明鑒似魏武，忠順勤勞似孔明』，蓋亦伉直喜甄别者。又書鈔、御覽並載梅陶書云：『古人就食於安里，今三川米流出門，無如今年豐也。若以古人用之，則累之儲也。』豈梅陶書即梅子歟？陶兄賾，字仲真，豫章太守，古文尚書是所奏上也。二梅晉書無傳，不能知其是否，故附以俟考。梅子書今佚。」

清人馬國翰輯有梅子新論佚文一卷，稱：「梅氏撰，名字、里爵皆無考。據其書稱阮籍，知爲晉人而已。」意林録文僅一條，道藏本、説郛本、四庫本、四部叢刊本皆置於卷五秦子之下、物理論之上，而聚學軒本則置於卷五之末，今從聚學軒本。

1　伊尹、吕望、傅説、箕子、夷、齊、柳惠、顔淵、莊周、阮籍〔一〕，易地而居，能行所不能行也。阮籍孝盡其親，忠不忘君，明不遺身，智不預事，愚不亂治〔二〕。自莊周已來，命世大賢〔三〕，其惟阮先生乎。按其書，晉人也〔四〕。

〔一〕伊尹：商湯賢臣。參見本書卷一孟子第十七條注。吕望：參見本書卷一太公金匱題解。傅説：參見本書卷五傅子第八十一條注。箕子：參見本書卷三新論第三十五條注。夷齊：參見本書卷二莊子第三十條注。柳惠：春秋時魯國大夫展禽，魯僖公時人，字季。因食邑柳下，謚惠，故稱。又與伯夷並稱夷惠。顔淵：參見本書卷二莊子第十條注。莊周：參見本書卷二莊子題解。阮籍：三國魏尉氏人，字嗣宗。曾爲步兵校尉，故又稱阮步兵。博覽羣書，尤好莊老。身處魏晉易代之世，不滿司馬氏代魏，故縱酒談玄，以求自全。以文學著名，爲竹林七賢之一。三國志、晉書皆有傳。

〔二〕遺身：超然物外，避世隱居。預事：參預國事。亂治：擾亂法治。

〔三〕命世：當世著名。

〔四〕聚學軒本周廣業注曰：「魏志稱：『嗣宗倜儻放蕩，行己寡欲，以莊周爲模。』梅子之言，意正相合，但與伊尹諸人並衡，似非倫也。」天海案：此六字當爲馬總自注之文，底本原作大字録入正文，似不妥。

意林校釋卷六

照宋刻全本補。

天海案：馬總意林今已難見全璧。五卷本共録子書七十一家，其中鶡冠子、王孫子二書有目無文，且各卷所録多寡不一，最多者爲卷一、卷五，各録二十家，最少者爲卷四，只録七家，宋高似孫子略目録梁庾仲容子鈔目稱「馬總意林一遵庾目」，但子鈔總目只一百零七家，而意林五卷加此補刻之卷六，總計爲百十二家，除新序在卷六重出外，實録百十一家，比子鈔總目多出四家。且意林卷一之道德經、荀卿子，卷六之幽求子、干子、華譚新論、孫綽子，共六家不見於子鈔總目；而子鈔之牟子、吴普本草經二家又不爲意林所録。不知何者爲是？李遇孫稱卷六照宋全本補刻，但宋本今已難見，實不可考，且補刻之卷六所録多達四十餘家，每家所録不過寥寥數語，此又與前五卷大不類，倒與今存説郛本意林卷末所録大致不差。此或非意林原本，或好事者依子鈔目輯録而成，或有人移説郛本卷六而續之，然無確據可考，姑存疑。意林明刊本（道藏本、徐本、廖本），清聚學軒本、聚珍本、四庫本皆爲五卷，此卷六乃清人李遇孫補刻，有後序原附於卷末，現移此。其序云：「卷二補二家，本有目無文。卷六全補，共四十一家，内有目無文十三家。勤圃先生所採逸文略見於此。惟袁準正書『太歲在酉』一條此轉失去，大都宋本亦不全矣。此從選樓鈔得成完璧，實爲可寶，惜周先生未見也。嘉慶丙子四月李遇孫識。」

七二　萬機論八卷　蔣濟。

蔣濟，字子通，楚國平阿（今安徽懷遠縣常墳鎮孔崗）人。於漢末出任九江郡吏、揚州別駕，後被曹操聘爲丹陽太守，不久升任丞相府主簿、西曹屬，成爲曹操的心腹謀士。魏文帝繼位後出任右中郎將；魏明帝繼位後出任中護軍，封關内侯；曹芳繼位後出任領軍將軍，封昌陵亭侯，又任太尉。隨司馬懿誅殺曹爽之後，晉封都鄉侯。謚號景侯。三國志有傳。

隋志雜家載蔣子萬機論八卷，蔣濟撰。舊唐志仍之。新唐志、宋志皆作十卷。宋陳振孫直齋書録解題作二卷，題魏太尉平河蔣濟子通撰。清人嚴可均、馬國翰皆輯有萬機論佚文，但皆未引意林所録此條。馬國翰認爲蔣子萬機論乃取尚書「一日二日萬機」之義，其所著之文皆「講肄禮服，評騭人物，兼言兵陣之事」。意林録文一條，爲清人李遇孫所補刻，四部叢刊本收入卷六中，與説郛本卷六所録相同，可參閲。

1　甲作乙婦，丙來殺乙，而甲不知。後甲遂嫁與丙作妻，生二子，丙乃語甲，甲因丙醉殺之〔一〕，並害二子。於義剛烈，則寬死否？參者云〔二〕：「女子潔行專一，不以鼓刀稱義〔三〕。今又改嫁，已絶先夫之恩；親害胞胎，又無慈母之道也〔四〕。」

〔一〕「醉」下，説郛本有「而」字。

〔二〕參：古代臣子向皇上奏事稱「參」。説郛本作「答」。

〔三〕鼓刀：屠宰時擊刀有聲稱爲鼓刀。此指執刀殺人。

〔四〕此條治要、周廣業意林附編、嚴馬二氏輯本皆不見引。

七三　法訓八卷　名周〔一〕。

譙周，三國蜀巴西郡西充人，字允南。諸葛亮領益州牧，命爲勸學從事，後官至光禄大夫。因勸蜀後主劉禪降魏，入魏後封陽城亭侯。入晉後拜騎都尉，封義陽亭侯。其著述除法訓八卷外，還有論語注十卷、五經然否論五卷、古文考二十五卷、五教志五卷。三國志有傳。隋志儒家載譙子法訓八卷，注云：「譙周撰，梁有譙子五教志五卷，亡。」兩唐志載同隋志。宋史志書目多不見載，是書或亡佚於唐宋之際。清人周廣業意林附編輯有佚文十八條，馬國翰輯有佚文一卷十三條，均可參閲。馬國翰認爲「此書稱法訓，擬於古之格言，亦如揚子雲書稱法言之類」。意林補刻卷六所録五條，不見於周、嚴、馬三家輯佚文中。

1　公人好人之公，私人好人之私〔二〕。

〔一〕「周」，原誤作「用」，此據説郛本改。

〔二〕公人：官府之人。私人：指個人。

2 念己之短，好人之長，近仁也。

3 有財不濟交，非有財也；有位不舉能〔一〕，非有位也。

4 相憎者能生無辜之毀，相愛者能飾無實之譽。

5 君子好聞過而無過，小人惡聞過而有過〔二〕。

〔一〕「不」下，説郛本有「知」字。位：地位、職位。

〔二〕「君子好聞過」，語本孟子公孫丑上：「子路，人告之以有過，則喜。」

七四 五教五卷 譙周。

隋志儒家載譙子法訓八卷，注云：「梁有譙子五教志五卷，亡。」兩唐志仍録其目。宋高似孫子略目録子鈔目有譙周五教五卷，在法訓八卷之下，注云：「並是禮記語。」可見此書大概是摘録禮記而成。原書隋時已不存，四部叢刊本所載李遇孫補刻卷六列此目於新序下、周髀上，有目無文，與説郛本所載同。然據意林體例，凡一人二書者，皆依次列目，且子鈔亦列此書於法訓之下。爲統一體例，現將此目移至法訓之下，文原闕。

七五　新言二卷

吴太常顧譚，字子默〔一〕。

隋志儒家載顧子新語十二卷，吴太常顧譚撰。舊唐志作五卷，新唐志則作新論五卷。宋高似孫子略目録子鈔目作顧譚新言二卷，注云：「字子默，吴太常。」其引宋鄭樵通志略又作顧子新語十二卷，吴太常顧譚撰。此外，宋史志書目多不見載。説郛本意林作新言二卷，注云「吴太常顧譚，字默造」，與四部叢刊本李遇孫補刻卷六注文相同。據此可知，新言或又名新語，或稱新論，爲三國時吴人顧譚所撰。顧譚，字子默，三國時吴郡人，豫章太守顧劭之子，官太常，平尚書事。後受讒害貶斥交州，發憤著新言二十篇。事見三國志本傳。其後史志書目載書名卷次各不同，或脱失散佚所致，或校本編次有異，因此書早佚，不可查考。李遇孫補刻卷六載此不標卷數，與意林全書體例不合，故此據子鈔目與説郛本所録之目，補「二卷」二字於目上。

清人周廣業意林附編輯有顧子十二條，乃合顧譚、顧夷二人佚文共存之。嚴可均全三國文輯有顧譚佚文二條，馬國翰亦輯有顧子新言一卷八條。然李遇孫補刻卷六所録一條，不見於上述三家輯本中。

1　刑者小人之防，禮者君子之稔〔二〕。佞人之入，雖燃膏莫見其清也〔三〕。

〔一〕「子默」，説郛本、四部叢刊本皆作「默造」，梁庾仲容子鈔目作「子默」。考三國志本傳，正作「子默」，故據改。

〔二〕防：提防，防範。「稔」，説郛本作「檢」。稔：熟悉，熟知。

〔三〕下句説郛本作「然膏莫見其消也」。佞人：花言巧語、阿諛奉承的人。燃膏：燃油，即點燈照明。

七六　鍾子芻蕘五卷　士季。

鍾子，名會，字士季。説郛本作「名士季」，誤。潁川長社（今河南長葛東）人。魏正始中爲秘書郎，後遷尚書中書侍郎。高貴鄉公曹髦即位，賜爵關内侯，拜衛將軍，遷黄門侍郎，封東武亭侯，以討諸葛誕功遷司隸校尉。因與鄧艾征蜀有功，官至司徒，封縣侯。滅蜀後，與姜維謀自立政權，後爲部下所殺。魏志有傳。

隋志雜家蔣子萬機論下注云：「芻蕘論五卷，鍾會撰，亡。」兩唐志仍之，宋史志書目多不見載。此書早佚，今已不存。書名芻蕘論，乃作者自謙之詞。割草叫芻，打柴叫蕘，芻蕘指割草打柴的人，語出詩大雅板：「先民有言，詢於芻蕘。」説郛本有鍾子芻蕘五卷，録文二條，李遇孫補刻録作一條，文同。清人嚴可均、馬國翰另輯有佚文，可參閲。

1　珪玉棄於糞土，鉛錫列於和肆〔一〕。觀者以鉛錫是真，珪璧是僞〔二〕。膠之與漆，合而不離；煙之與水，離而不合。

〔一〕珪玉：即玉圭，古代帝王、諸侯朝聘或祭祀時手中所執玉器。此泛指美玉。下文「珪璧」同此。和肆：陳列與出售寶石的店鋪。

〔二〕以上四句，説郛本單作一條。

七七 典語十卷

陸景。

陸景，字士仁，陸抗次子，三國時東吴吴郡人。尚公主，拜騎都尉，封毗陵侯，後拜將軍中夏水軍督。王濬東下吴，景與兄陸晏俱遇害，時年三十一歲。其祖陸遜乃吴國名將，其弟陸機、陸雲皆有才名。隋志儒家顧子新語下注云：「典語十卷，典語别二卷，並吴中夏督陸景撰，亡。」兩唐志俱作典訓十卷。羣書治要録有陸景典語七篇；宋高似孫子略目録子鈔作「陸景典論十卷」。可見此書原名典語，後有稱典訓、典論者，其實一也。

李遇孫補刻卷六所載典語之文僅二條，説郛本蘇子後所録陸景典論係重出，所録之文當歸蘇子。清人嚴可均輯治要所録七篇，並它書所引十條，合爲典語佚文一卷；馬國翰亦輯有典語佚文十一條，合爲一卷，均可參閲。

1 榮辱所以化君子，賞罰所以禦小人。受金行穢〔一〕，非貞士之操；背主事讐，非忠臣之節。唯高帝用陳平，齊桓用管仲耳〔二〕。

〔一〕行穢：品行污穢。一説當作「行賄」。

〔二〕高帝：此指漢高祖劉邦。陳平：秦末陽武（今河南原陽）人。少家貧，好黄老之術。先從項羽，後歸劉邦，多出奇謀。建漢後，封曲逆侯，歷任惠帝、吕后、文帝時丞相。齊桓：即齊桓公。管仲：參見本書卷一管子題解。

2　拘烏獲之手，雖錙銖不能勝〔一〕；掩離婁之目，雖崇岱不能睹〔二〕；絆騄驥之足，雖跬步不能發〔三〕；斷鴻鵠之翮，雖尋常不能奮〔四〕。

〔一〕錙銖：古代最小的重量單位，常比喻極輕微細小之事物。「錙銖」，説郛本作「銖兩」。烏獲：戰國時秦國大力士，與任鄙、孟説皆以勇力聞名，仕秦武王至大官。亦作力士之通稱。事見史記秦本紀。勝：任，此指拿起來。

〔二〕崇岱：崇高的泰山。説郛本作「嵩岱」，於義爲長。離婁：一作「離朱」。古代傳説眼睛最明亮的人。孟子離婁上：「離婁之明，公輸子之巧，不以規矩不成方圓。」漢趙岐注：「離婁者，古之明目者，蓋以爲黄帝之時人也。黄帝亡其玄珠，使離朱索之。離朱即離婁也，能視於百步之外，見秋毫之末。」

〔三〕騄驥：古代駿馬名，此泛指駿馬。跬步：半步。説郛本作「武步」。

〔四〕翮：鳥的翅膀。尋常：古代八尺爲尋，倍尋爲常。此指一般的高度或距離。奮：奮起而飛。

七八　默記三卷　吴大鴻臚張儼，字子節。

張儼，字子節，三國時吴人。弱冠知名，歷顯位，以博聞多識拜大鴻臚。吴孫皓寶鼎元年出使晉，弔祭晉文帝，及還，病死途中。事略見吴志孫皓傳及注引吴録。

隋志雜家傳子下有注曰：「嘿記三卷，吴大鴻臚張儼撰，亡。」兩唐志仍之。宋高似孫録子鈔目有張儼默記三卷，注曰：「字子節，吴大鴻臚卿。」宋史志書目不見載。嚴可均全三國文輯有張儼默記述佐篇，稱引自蜀志諸葛亮傳。馬國翰輯張儼佚文，除述佐篇外，又引武侯後出師表一篇，認爲裴松之注引漢晉春秋載此文，稱此表不見於武侯集中，乃出張儼默記。意林所録文一條，上三家輯本皆不録。

1　堯舜不能化朱均，使爲善〔一〕；瞽瞍不能染重華，使行惡〔二〕。

〔一〕朱均：堯子丹朱、舜子商均，皆以不肖被逐，故二人並稱。事見史記五帝本紀。

〔二〕鼓瞍：虞舜之父目盲而愚頑，故稱。史記五帝本紀作「瞽叟」。重華：虞舜之名。見尚書舜典：「曰若稽古帝舜，曰重華，協於帝。」染：薰染，影響。天海案：説郛本亦只録此一條，文同。

七九　新言五卷　裴玄。

裴玄，字彦黄，三國吴下邳人。有學行，官至太中大夫，與嚴畯友善。其子裴欽與太子孫登遊處，登稱其文采。事略見吴志嚴畯傳。

隋志雜家傳子下附注：「裴氏新言五卷，吴大鴻臚裴玄撰，亡。」别有新言四卷，注云：「裴立撰。」兩唐志只録裴玄新言五卷，而無裴立，疑立乃玄字之訛。宋高似孫子略目載子鈔目亦作「裴玄新言五卷」，注云：「字彦黄，吴大夫。」此書不見於宋史志書目。是書早佚，今已不存。清人周廣業意林附編案稱：「大鴻臚之銜亦與吴志不同。諸書引裴氏，有作新語者，有作新言者，或當時本有異名，要非裴立之言。若世説新語注引裴子有堅石挈脚枕琵琶、文度挾左傳逐鄭康成等條，乃河東裴榮所撰語林也。裴松之謂裴啓作語林，故劉孝標疑榮别名啓，其他注引只作裴啓語林。隋志亦但稱裴啓語林，不曰裴子，亦不復言裴榮。閲者宜别白焉。」

周廣業意林附編輯有裴氏新言佚文十一條，馬國翰輯有佚文八條，皆未引意林所録二條，可參閲。

1 鷙鳥之擊，必俛其首〔一〕；猛獸之攫，必匿其爪。虎豹不外其牙，噬犬不見其齒〔二〕。故用兵者，示之以柔，迎之以剛；見之以弱，乘之以强。

〔一〕鷙鳥：猛禽，如鷹鷂之類。俛：同「俯」，低頭，俯首。

〔二〕噬犬：善咬人的狗。見：同「現」，顯現，暴露。下文「見」同此。

2 烏鳶之卵不毁〔一〕，則鳳凰至；誹謗之言不誅，則忠言達。千里之隄，以螻蟻之穴漏；百材之屋，以突隙之煙焚〔二〕。

〔一〕烏鳶：即烏鵲、烏鴉。

〔二〕突隙：煙囱的縫隙。天海案：説郛本亦只録此二條，文同。

八〇　正書二十五卷

袁準。

袁準，字孝尼，三國時魏陳郡人。因世事多險，故常恬退而不敢求進。著書十餘萬言，論治世之務。論易、周官、詩、書、傳五經滯義，顯聖人之微言，以傳於世。晉泰始中，官至給事中。其所著儀禮喪服經注一卷、正論十九卷、正書二十五卷、集二卷，今皆不存。事見魏志袁渙傳注引。

隋志儒家載袁子正論十九卷，注云：「袁準撰。梁又有袁子正書二十五卷，袁準撰，亡。」可見此二書皆爲袁準所撰。兩唐志著録除正論作二十卷外，餘皆與隋志同。羣書治要引録袁子正書十七篇，題袁淮撰，疑淮乃準字之訛。袁準此二書宋史志書目多不見載，或已亡於唐宋之際。

清人周廣業意林附編輯有袁準正書佚文二十四條、正論佚文十五條；清人嚴可均從治要輯袁子正書十七篇，於它書又採佚文二十五條，併爲一卷；馬國翰亦輯有袁準正書佚文一卷、正論佚文二卷，皆可參閲。李遇孫補刻卷六録正書文二條、正論文一條，與説郛本所録文多同，然不見於周、嚴、馬三家輯本中。

1　交接廣而信衰於友，爵禄厚而忠衰於君。

2 曾子妻將適市〔一〕，兒隨啼。謂兒曰：「吾還，與汝殺犬〔二〕。」妻還，曾子援弓將射犬。妻曰：「向與兒戲乎〔三〕。」曾子曰：「教化始於童昏，若之，何其以訓耶〔四〕？」

〔一〕曾子：即曾參。參見本書卷一曾子題解。

〔二〕「與」上，説郛本有「當」字。

〔三〕「乎」，説郛本作「爾」。

〔四〕童昏：年幼無知。國語晉語四：「聾聵不可使聽，童昏不可使謀。」若之：你這樣做。説郛本作「若欺之」。訓：法則，榜樣。天海案：説郛本亦只録此二條，文略異。

八一　正論十九卷　袁準，字孝尼。

正論爲袁準所撰，説見上文正書題解。此目下注文原作「袁□，字耀卿」。説郛本正論十九卷下小字注文又作「名奂，字耀卿」。考三國志袁涣本傳，涣字曜卿，陳郡扶樂人。性清静，舉動有禮。初爲郡功曹，劉備治豫州舉爲茂才。後歸曹操，遷梁相。魏初爲郎中令，行御史大夫事。袁準是他第四子，才名最著。未聞袁涣有書傳世。説郛本「涣」誤作「奂」，「曜」誤作「耀」，故將袁準此書誤屬其父袁涣名下。可惜意林原本已不存，不知是本注之誤，還是後録者致誤，皆莫能詳考。但正論十九卷確爲袁準所撰，而非袁涣之書，史志書目已有明載，不應有誤，故改注文作「袁準，字孝尼」。

李遇孫補刻卷六止録正論文一條，且與説郛本録文略異，可參閲。

1 鴟抱鼠而仰號，恐鵷鶵之奪己〔一〕。

〔一〕「鴟」，説郛本作「鴳」，注曰：「鴳，音玄，燕鳥也。」「己」，説郛本作「也」。鴟：即鴟鵂，俗稱貓頭鷹，晝伏夜出，捕食鼠、麻雀類小動物，是益鳥。古人常認爲是惡鳥。鵷鶵：鳳凰一類的鳥。此條語本莊子秋水所載「惠子相梁」一事，其文有「鴟得腐鼠，鵷鶵過之，仰而視之曰：赫」數句，可參閲。

八二　蘇子十八卷

名淳，衛人也。

隋志道家唐子下注曰：「梁有蘇子七卷，晉北中郎參軍蘇彦撰，亡。」兩唐志載同隋志。宋高似孫子略目録子鈔目有蘇子，注云：「八卷，自云魏人。」説郛本所録書名卷次同此，注云：「名淳，魏人也。」「名淳」無可考；「魏人」，李遇孫補刻意林卷六作「衛人」。「十八卷」應是「八卷」之誤。蘇子一書早佚，蘇子事亦無可考。蘇彦、蘇淳，史傳皆不載。參以隋志與子鈔所載，此蘇子當屬道家，作八卷近是。李遇孫補刻作十八卷，或屬筆誤。注云魏人，又任晉職，或由曹魏入晉，故作魏人近是。底本注作「衛人」，乃音同致誤。姑且存疑。

清人李遇孫補刻卷六録蘇子二條，「蘭以芳致燒」條天中記引之，另一條不見諸書所引。

1 蘭以芳致燒，膏以肥見焫〔一〕；翠以羽殃身，蚌以珠碎腹〔二〕。女惡蛾眉，士惡多口，由來尚矣〔三〕。

〔一〕致：遭致。周廣業意林附編引作「自」。焫：音弱，點燃。

〔二〕翠：翠鳥。其羽毛色彩美，多作裝飾用。蚌：此指珍珠蚌。意林附編作「蜯」，音義同。「碎腹」，説郛本作「破腹」，意林附編引作「致破」。

〔三〕此上三句，意林附編不録，説郛本有，文同。蛾眉：指代美女。多口：多言善辯，王符潛夫論交際：「士貴有辭，亦憎多口。」天中記蘭類引作「勝己」。

2 周之管蔡，秦之趙高〔一〕，其惡何比？吾欲比之狗馬，狗馬能致遠伏狩；吾欲比之虎豹，虎豹則君子愛其文章〔二〕；吾欲比之蝮蛇，蝮蛇則療偏枯之疾〔三〕；吾欲比之鴆鳥，鴆鳥又能去公子牙而安魯國〔四〕。惟有青蠅、蒼鼠覆國殘家可比〔五〕。

〔一〕管蔡：管叔，周文王三子姬鮮；蔡叔，文王五子姬度；二人不滿周公旦代替成王執政，於是糾集紂王子武庚發動武裝叛亂，史稱管蔡之亂或三監之亂（武王建周，將商舊地分爲三部，讓其弟管叔、蔡叔、霍叔各監一部，稱爲「三監」）。周公旦大破叛亂軍隊，誅管叔、武庚，蔡叔被流放。趙高：秦始皇時任中車令，秦始皇死後與李斯合謀篡改詔書，立始皇幼子胡亥爲帝，並逼死始皇長子扶蘇。秦二世即位後趙高設計陷害李斯，並自任爲丞相。後派人殺死秦二世，不久被秦王子嬰所殺。

〔二〕文章：此指虎豹皮毛斑斕的花紋色彩。

〔三〕二「蝮蛇」，説郛本皆作「烏頭附子」。偏枯：中醫病名，即半身不遂。

〔四〕鴆鳥：生活在嶺南一帶，比鷹略大，羽毛大都是紫色的，腹部和翅尖則是緑色的。五經異義説其毒性源於其食物。鴆鳥最喜歡以毒蛇爲食物，而且最喜歡蝮蛇頭。鴆鳥吃下毒蛇後，鴆腎會分泌出含有强烈氣味的黏液，將蛇毒分解出來。最後，這些毒粉隨着汗水滲透到鴆鳥的皮膚和羽毛上。正因如此，鴆鳥的羽毛含有巨毒。公子牙：莊公三十二年，莊公病篤，想立公子般爲太子，又擔心其他臣子有意見。就詢問自己的兄弟公子牙、季友。公子牙有立慶父之意，季友則要立公子般。於是，莊公讓季友派人賜鴆酒給公子牙，公子牙飲鴆而死。事見左傳莊公三十二年。

〔五〕青蠅、蒼鼠：此比喻卑污的小人。天海案：此與上條原併作一條，據文意當分列。説郛本此條録於蘇子之後，陸景典語目下，顯然有誤。因陸景典語已見於鍾子目下，不當重出。

八三　世要十卷

桓範，字元則，魏大司農。

桓範，字元則，東漢末年沛國人。建安末年入丞相曹操府。魏文帝繼王位，爲羽林左監。魏明帝時歷任中領軍尚書，遷征虜將軍、東中郎將，使持節都督青、徐二州諸軍事。後免，尋爲兖州刺史，轉冀州牧，不赴。正始中拜大司農，後因曹爽事牽連被誅。事附魏志曹爽傳注。

隋志法家有世要論十二卷，注云：「魏大司農桓範撰。梁有二十卷，亡。」舊唐志載有桓氏代要論十卷，新唐志載同隋志。宋史志書目多不見載，此書或亡於唐宋之際。嚴可均輯有佚文一卷；馬國翰亦輯有佚文一卷，凡二十五則。意林説郛本有世要十卷，其目下小字注文作「柳範，字元則，魏大司農」，「柳」當爲「桓」字之訛。李遇孫補刻意林卷六録文四條，與説郛本略異，可參閲。

1 加脂粉則嫫母進，蒙不潔則西施屏〔一〕。今學亦如此，學之脂粉亦厚矣〔二〕。

〔一〕嫫母：古代傳説中的醜婦。荀子賦：「嫫母、力父，是之喜也。」楊倞注：「嫫母，醜女，黄帝時人。」西施：古代越國美女。屏：同「摒」，斥退。

〔二〕脂粉：比喻粉飾和僞裝。天海案：嚴氏、馬氏輯本引此句文同；書鈔、御覽作「學者，人之脂粉也」。説郛本有此條，文同。

2 伐一樹，除一苗，猶先看可伐而除之，況害人而不詳審也〔一〕。

〔一〕説郛本有此條，文同。

3 遇不遇，命也；善不善，人也〔一〕。君子能修善，而未必遇；小人不能修善，未必不遇〔二〕。

〔一〕遇：機遇。古人稱能被君主賞識重用爲遇合。善：此指德優才賢。天海案：此以上見文選注引文同。嚴氏、馬氏輯本亦只引於此。

〔三〕「未」上，説郛本有「而」字。

4 中才之人，知隨年長〔一〕，事以學增，故年長則智廣，疑缺二字。智廣則見博〔二〕。

〔一〕知：同「智」，説郛本正作「智」。

〔二〕此句「智廣」二字原闕，此據説郛本補。

八四 陸子十卷 名雲，字士龍，晉人。

陸子，名雲，字士龍，西晉吴郡人。十六歲時舉賢良，吴亡，十年不仕。晉武帝末年，與兄陸機入洛陽，辟公府掾，爲太子舍人。後任清河内史，世稱「陸清河」。文才與兄陸機齊名，時稱「二陸」。史稱其文章不及陸機，而持論過之。陸機、陸雲，同時爲成都王司馬穎所害。陸雲著有陸子新書十卷、集十二卷。晉書有傳。

隋志道家唐子下注云：「陸子十卷，陸雲撰，亡。」兩唐志載同隋志，宋史志書目多不見載。高似孫子略目引子鈔目及鄭樵通志藝文略載同隋志。清人周廣業意林附編輯有佚文二條，嚴可均全晉文輯有佚文四卷，馬國翰輯有佚文一卷，均可參閲。

1 水則有波，釣則有磨，我入便之〔一〕，無如之何。物動而疊已，將形而行跡〔二〕。

以絃在木而音和〔三〕，絲在繡而服美。神觸物而機駭〔四〕，情遭變而思易。

〔一〕「我入便之」，説郛本作「我欲更之」，於義爲長。

〔二〕此二句説郛本作「物動而舋已彰，未形而跡已朕」，於義爲長。舋：音問，徵兆。形：顯露。跡：跡象。荀子勸學：「故聲無小而不聞，行無隱而不形。」

〔三〕「絃」上，説郛本無「以」字。木：此指琴瑟等樂器。

〔四〕機駭：弩機突然觸發，比喻迅疾。文選揚雄長楊賦：「猋騰波流，機駭蠭軼。」李善注：「機駭蠭軼，言其疾也。」

八五　新論十卷

夏侯湛，字孝若，晉散騎常侍。

夏侯湛，字孝若，譙國譙人，魏征西將軍夏侯淵曾孫，美容儀，才華富盛，早有名譽。與潘岳友善，時人謂之「連璧」。晉泰始中，舉賢良方正，拜郎中，選補太子舍人，轉尚書郎，出爲野王令。除中書侍郎，出爲南陽相，遷太子僕。晉惠帝即位，進散騎常侍。著有新論十卷、集十卷，今皆不存。事見晉書本傳。隋志儒家載新論十卷，注云：「晉散騎常侍夏侯湛撰。」兩唐志載同隋志，宋史志書目多不見載。清人嚴可均輯新論殘句僅「爪生於肉，去爪而肉不知」二句。馬國翰輯有新論佚文一卷，採自晉書本傳所載抵疑一篇及它書所引文六條，可參閱。

1　爪生於肉，去爪而肉不知〔一〕；髮生於皮，去髮而皮不知〔二〕。萬物之在天地，同爪髮之在身體，皆統於神明，不可亂也。

〔一〕爪：此指人的手指甲、脚趾甲。此二句見御覽引夏侯子，嚴、馬二氏輯本亦引之。

〔二〕此二句又見御覽所引新論。天海案：説郛本有此條，文同；馬氏輯本引之，文同。

2 擇才而官之，則明主不用不肖之臣〔一〕；擇主而事之，則君子不事昏闇之主。

〔一〕「不用」，説郛本作「不畜」。

八六 析言十卷

張顯。

隋志雜家載傅子，其下附注：「析言論二十卷，晉議郎張顯撰，亡。」其下另載有張顯古今訓十一卷。舊唐志不載張顯析言，却載誓論三十卷，張儼撰。宋史志書目不載此書。張顯字里、生平事不可考知。

清人周廣業意林附編認爲：舊唐志誤將「析言」二字連寫作「誓」字，又將「顯」字誤爲「儼」字，與古今訓合爲三十卷，故有此誤。新唐志又沿舊唐志之誤，在張儼默記下載誓論三十卷，又載張明誓論二十卷、古訓十卷。余按「張明」疑是避唐中宗李顯名諱而改，「誓論」顯然是析言論之訛。意林附編輯有張顯析言佚文四條，嚴可均全晉文輯有佚文一條，馬國翰輯有張顯析言論佚文四條，皆與意林所録此條不同，可參閲。

1 被仁義作府庫〔一〕，食道德作棃棗。古人有言：君不稽古〔二〕，無以承天；臣不稽古，無以事君。始皇、李斯是已〔三〕。

〔一〕被：依靠。依文意似當做「備」。府庫：貯藏財貨及武器的倉庫。此指代財富。説郛本作「枕仁義作莞簟」，未知孰是。

〔二〕稽古：考察古人古事。

〔三〕「已」，説郛本作「也」。李斯：楚國上蔡人，爲郡小吏，後入秦，秦王任爲丞相。始皇死後，受趙高脅迫，矯詔立胡亥爲秦二世。後被趙高誣謀反而被處死。

八七　幽求子二十卷　杜夷，字行齊〔一〕，晉國子祭酒。

杜夷，字行齊，廬江灊人。世以儒學稱，少而恬泊，操尚貞素，居其貧窘，不營産業。博覽經籍百家之書，曆算圖緯，無不畢究。晉惠帝時三察孝廉，懷帝時徵拜博士，皆不就。晉元帝時又除國子祭酒，以疾辭，未曾朝謁。明帝即位，夷上表請退，詔未許。年六十六病卒，贈大鴻臚，謚曰貞子。著有幽求子二十篇。晉書有傳。

隋志道家載杜氏幽求新書二十卷，題杜夷撰。舊唐志載杜夷撰幽求子三十卷，新唐志不見載。宋高似孫子略目引鄭樵通志略有幽求子二十卷，題杜夷撰，但所引子鈔目卻未録此書。清人嚴可均輯有佚文六條，不稱幽求子。馬國翰採得佚文二十六條，輯爲杜氏幽求新書佚文一卷，並稱「其説道清淡，以無爲爲家，宗旨老氏」，故列入道家，可參閲。

1　凡人既飽而後輕食，既煖而後輕衣。夫臨觴念戚〔二〕，則旨酒失甘；對饗思哀，則嘉餚易味。

〔一〕「行齊」二字原闕，此據晉書杜林傳補；説郛本作「子楷」，未詳所以。

〔二〕「夫」，原作「服」，屬上句，此據説郛本改。「戚」，原作「感」，或字誤，此據説郛本改。

2　裘以嚴霜見愛，葛以當暑見親〔一〕。

〔一〕説郛本有此條，文同。

3　玉以石辨，白以黑昭，故醜好相昭〔一〕。

〔一〕「相昭」之「昭」，原作「招」，此據説郛本改。昭：對照鮮明。

4　從山林視朝延，猶飛鴻之與雞鶩〔一〕。

〔一〕「視」，原作「猶」，涉下文而誤，此據説郛本改。山林：此指隱居山林的隱士。飛鴻：指天鵝，或大雁。鶩：野鴨。

5　獵者嗜肉，不多於不獵者。及其凌崗巒，超溪壑，而有遺身之志耳〔一〕。

〔一〕凌：凌駕。此指登上。説郛本作「陵」，意同。超：跨越。説郛本作「越」。遺身：忘身，把生死置之度外。

八八　干子十卷　名寶，字令升。

干寶，字令升，新蔡人。少勤學，博覽書記。晉元帝時召爲著作郎，後領國史，以家貧求補山陰令，遷始安太守。王導請爲司徒右長史，遷散騎常侍。著晉紀二十卷，其書簡略，直而能婉，咸稱良史。干寶又性好陰陽術數，撰集古今神祇靈異變化，名爲搜神記，共二十卷。事見晉書本傳。隋志儒家志林新書下附注曰：「干子十八卷，干寶撰，亡。」兩唐志儒家又載干寶正言十卷、立言十卷。宋史志書目多不載干子一書。是書或佚於隋唐之際。清人丁國鈞補晉書藝文志載作干子十八卷，並稱「唐志載正言十卷、立言十卷，當即此十八卷之本」。周廣業意林附編輯干子佚文僅三條，嚴可均、馬國翰二人亦輯有干子佚文，皆可參閲。

1　執杓而飲河者，不過滿腹；棄室而灑雨者，不過濡身〔一〕。

〔一〕「室」，説郛本作「笠」。灑雨：此指淋雨。濡：打濕。天海案：此與下條原併作一條，此據説郛本分作二條。

2　勢弱於己，則虎步而凌之〔一〕；勢强於己，則鼠行而事之〔二〕。此姦雄之才也〔三〕，亦且小人。

〔一〕「而凌之」，説郛本作「以陵之」。虎步：本指舉步雄健有氣勢，此形容威武。

〔二〕鼠行：鼠性膽小，行走時左顧右盼。此形容人小心翼翼做事。此二字原作「躐行」，於義不通，此據説郛本改。

〔三〕姦雄：指詭詐多變、盜名欺世的野心家。

八九　新論十卷

華譚，字令思〔一〕，仕晉。

華譚，字令思，廣陵江都人。父、祖均仕吳。晉太康中舉秀才，對策第一。除郎中，遷太子舍人，本國中正。後遷廬江内史，加綏遠將軍，封都亭侯。建興初，晉元帝命爲鎮東軍諮祭酒，在府無事，乃著書三十卷，名曰辨道。後轉丞相軍諮祭酒，領郡大中正，薦干寶、范珧於朝，乃上書求退。太興初轉秘書監，後加散騎常侍，永昌初免。卒年七十餘，贈金紫光禄大夫。事見晉書本傳。

隋志儒家夏侯湛新論下附注：「新論十卷，晉金紫光禄大夫華譚撰，亡。」兩唐志仍之。宋史志書目多不載，高似孫子略目録子鈔目亦不載此書。或晉書本傳所言辨道三十卷早佚，後人輯爲新論十卷，且又亡於隋唐之際。清人嚴可均、馬國翰皆有輯本，可參閲。

1　干雲之枝，不育於邱垤之巔〔二〕；徑寸之珠，不産於渟污之渚〔三〕。

〔一〕本注原作「字令恩」，形近而誤，據晉書本傳改。

〔二〕干雲：高聳入雲，形容樹木高大。邱垤：小土丘。

〔三〕渟污：不流動的死水塘。渚：水中沙洲。

九〇　志林二十四卷

虞喜〔一〕。

虞喜，字仲寧，會稽餘姚人。少立操行，博學好古。晉穆帝時，朝廷凡有大事商協，常遣使諮訪。虞喜淡泊功名，終老不仕，專心經傳，兼覽讖緯。著有安天論以難渾、蓋說。又釋毛詩略，注孝經，爲志林三十篇。凡所注述，數十萬言。年七十六卒。晉書有傳。

隋志儒家載志林新書三十卷，注云：「虞喜撰。」新舊唐志載志林新書二十卷、後林新書十卷。宋高似孫子略目引子鈔目作「虞喜志林二十四卷」。說郛本、李遇孫補刻本注文皆題撰者爲「盧達」，此應有誤。

志林此書今已不傳，清人嚴可均輯有佚文五篇；馬國翰亦輯佚文三十七條，合爲一卷，並稱其書「多雜論故事，長於考據」。李遇孫補刻卷六録文僅一條，與說郛本同。

1　東海之魚墜一鱗，崑崙之木落一葉，聖人皆能知之〔二〕。

〔一〕「虞喜」，原作「盧達」，考史志書目，作「虞喜」爲是，據正。說見題解。

〔二〕「落」，原作「棄」，此據説郛本改。「聖」，原作「世」，此據説郛本改。此條御覽亦引之。

九一　孫子十二卷

名綽，字興公，仕晉。

孫子，名綽，字興公，太原中都人。其祖父孫楚曾仕於魏、晉，其兄孫統亦並知名。孫綽博學善屬文，少以文才垂稱，當時文士以綽爲冠。仕東晉除著作郎，後徵拜太學博士，遷尚書郎。王羲之引爲右軍長史，遷永嘉太守、散騎常侍，領著作郎，拜衛尉卿。事見晉書孫楚傳。

隋志道家載孫子十二卷，題孫綽撰，兩唐志載同隋志。宋高似孫引録鄭樵通志略有孫綽子十卷，但所録子鈔目卻未載此書。宋史志書目多不見載，或此書亡於隋唐之際。

清人嚴可均全晉文載有孫綽小傳，並輯有孫綽佚文二卷，中有孫子佚文二十一條。馬國翰亦輯有孫子佚文二十二條，並稱「書詮玄旨，有飄飄欲仙之致」。李遇孫補刻卷六録文僅三條，與説郛本同，亦可見其旨本老莊。

1　教之治性〔一〕，猶藥之治病。疾若倒懸〔二〕，而求藥於崑崙之山，是身後也〔三〕。

〔一〕治性：修養品性。

〔二〕倒懸：倒掛高懸。比喻病情十分危急。

〔三〕身後：死後。晉書張翰傳：「使我有身後名，不如即時一杯酒。」天海案：説郛本有此條，文同。

2 大明光乎天〔一〕，燈燭何施焉〔二〕？時雨濡乎地，溉灌何用焉〔三〕？

〔一〕此句原作「大光明乎天」，嚴氏輯本引御覽作「大光明天者」，馬國翰輯本引御覽作「火光明於天者」，此據説郛本改。大明：兼指日月。易乾卦：「雲行雨施，品物流形，大明終始，六位時成。」李鼎祚集解引侯果曰：「大明，日也。」禮記禮器：「大明生於東，月生於西。」管子内業：「鑒於大清，視於大明。」房玄齡注：「大明，日月也。」

〔二〕「焉」，原作「矣」，説郛本、御覽皆作「焉」，據改。

〔三〕「濡」，説郛本作「霈」。「溉灌」，説郛本作「灌溉」。時雨：應時之雨。天海案：此與下條原作一條，現據説郛本分爲二條。

3 朱門之家，鬼守其闕〔一〕；多藏之室，人窺其牆。

〔一〕下句説郛本作「鬼闞其室」。朱門：指代豪門權貴。闕：過失。

九二 義記十卷

名夷。

隋志儒家志林新書下注云：「顧子十卷，揚州主簿顧夷撰，亡。」未見載有義記十卷。兩唐志皆作顧子義訓十卷，顧夷撰。宋高似孫子略目所引鄭樵通志略亦作顧子義訓十卷。此外，宋史志書目不見載此書。説郛本意林亦作義訓十卷，注曰「名夷」。可知顧子又名義訓。李遇孫補刻卷六題作義記，或因避唐宗室李思訓之名諱而改，或傳鈔之誤。

顧夷，隋志只稱「揚州主簿」，通志略注爲晉人。其字里、生平事皆不可考。意林附編輯有顧子佚文十二條，乃將顧譚、顧夷二人佚文合併載之；注明屬義訓者五條，外七條稱顧子，而不知孰譚孰夷？馬國翰輯有義訓佚文十二條，皆可參閲。李遇孫補刻卷六録義記文五條，與説郛本略同。

1　衣煖而忘百姓之寒，食美而忘百姓之飢〔一〕，非人也〔二〕。

〔一〕「煖」，同「暖」，説郛本作「温」。「百姓」，説郛本作「天下」。

〔二〕人：此處作「仁」解；説郛本正作「仁」。荀子修身「體恭敬而心忠信，術禮義而情愛人」，王先謙集解引王引之曰：「人，讀爲仁，愛仁猶言仁愛。」

2　假天下之目以視，則四海毫末可見；借六合之耳以聽，則八表之音可聞〔一〕。

〔一〕六合：天地四方爲六合，此指所有人。八表：八方之外，喻極邊遠的地方。天海案：此與上條原作一條，此據説郛本分作二條。

3　國無道而尸大位〔一〕，可恥也。國有道而有抱關擊柝，亦可恥也〔二〕。

〔一〕尸：居，如尸主居其位而不任事。古代祭祀，以臣下或死者的晚輩充當死者的神靈，叫做尸主。後來以畫像、牌位代替，尸主之制便廢棄。

〔二〕「可」字原脱，此據説郛本補。抱關擊柝：指守門打更的小吏。柝：古代打更用的木梆子。

4 遊女見人悦之，則自謂逾於西施；桀紂見人尊之，則自謂過於禹湯。

5 登高使人意遠〔一〕，臨深使人志清。

〔一〕「意遠」，周廣業意林附編、馬國翰輯本皆作「意遐」。

九三　諸葛子一卷

隋志雜家蔣子萬機論下附注云：「梁有諸葛子五卷，吴太傅諸葛恪撰，亡。」兩唐志未録。周廣業意林附編輯有諸葛子佚文三條，案稱諸葛子名恪，字元遜，琅琊陽都人，吴大將軍諸葛瑾之子。官太尉，加荆州、揚州牧，督中外諸軍事，後爲孫峻所殺。吴志有傳。

馬國翰亦輯有諸葛子佚文一卷，題諸葛恪撰，並稱「論者以及時爲主，語意多從叔父亮出師表化出」。考嚴氏全三國文所輯諸葛亮佚文，軍有七禁一章引自御覽，其「禁盜」、「禁酒」之語與意林所録文意頗合，疑意林所録或諸葛亮之文誤入其中，惜無確證，尚待博識者辨之。

1 縱盜飲酒〔一〕，非翦惡之法；絶纓加賜〔二〕，非防邪之萌。

〔一〕縱盜飲酒：事見説苑復恩。其文載春秋時秦穆公丢失駿馬，發現被人盜殺吃肉，穆公不僅不責罰他們，還賞酒給他們喝。後秦與晉戰，穆公被圍困，幸得盜馬人拼死解圍。

〔二〕絶纓加賜：事亦見説苑復恩。其文載春秋時楚莊王宴羣臣，日暮酒酣，燈燭熄滅之時，有人暗中調戲莊王之美姬，其美人趁勢扯斷那人冠纓，告莊王清查此人。莊王命羣臣皆扯斷冠纓，然後點燈痛飲。後二年楚與晉戰，有人奮力拼殺以救護莊王，問之，乃酒宴之夜絶纓之人。

九四　要言十四卷

隋志法家世要論十二卷下附注云：「又有陳子要言十四卷，吴豫章太守陳融撰，亡。」兩唐志載同隋志。宋高似孫子略目録鄭樵通志略與隋唐志同，但所録子鈔目則只作「陳子要言十四卷」，不言撰者姓名、職官。此書或亡於隋唐之際。陳融史書無傳，生平事無可考，僅據吴志陸瑁傳知陳融爲陳國人，卑貧有志，曾與陸瑁交遊，又宋書禮志稱「吴侍郎陳融奏東郊頌」，皆語焉不詳。清人周廣業意林附編輯佚文一條，馬國翰輯文亦僅二條，皆與意林所録不同。

1　食穀而鄙田，衣帛而笑蠶，豈不惑耶〔一〕？

〔一〕二「而」字説郛本無。末句馬國翰輯本引御覽作「是惑也」。田：種田之人。蠶：養蠶之人。

九五　苻子二十卷　名朗。

苻子，名朗，字元達，前秦苻堅從兄之子。幼懷遠操，不屑時榮。苻堅稱之曰：「吾家千里駒也。」

徵拜鎮東將軍、青州刺史，封安樂男。後降晉，詔加散騎侍郎。後因忤王忱兄弟，被殺害。著有符子數十篇行於世，屬老莊之流。其行事詳見世説新語劉孝標注，又見晉書載記。隋志道家載符子二十卷，注云：「東晉員外郎符朗撰。」兩唐志載爲三十卷，高似孫子略目録引通志略與子鈔皆同隋志。考晉書苻朗傳，知隋唐志皆將「苻」誤作「符」，説郛本、四部叢刊本等亦皆誤爲「符」，今據正。苻子一書似佚於唐宋之際。周廣業意林附編輯其佚文四十六條，馬國翰亦輯有佚文一卷四十多條，並稱：「楊慎丹鉛總録以苻子與秦子並論，以爲不特世無其書，並罕知其姓名。王世貞駁之，謂其書道藏有之。今通檢道藏全書，實無苻子。」又認爲「中多春秋遺事，足資參考，文筆頗似抱朴子」。

1　水生於石，未有居山而溺者；火生於木，未有抱木而焦者〔一〕。

〔一〕此句「木」字，周廣業意林附編引作「樹」。

九六　神農本草六卷

隋志醫方家載神農本草八卷，注云：「梁有神農本草五卷，華佗弟子吴普本草六卷。」另載神農本草三卷，雷公撰。兩唐志醫術類亦載神農本草三卷。宋高似孫子略目録子鈔目有神農本草經六卷，其下載吴普本草經六卷。神農本草經雖託名神農，但不見載於漢志，而始見於阮孝緒之七録，且書中所載郡縣地名多爲東漢所屬，故其成書年代或在兩漢之際，不會遲於魏晉之時。原書或亡佚於唐宋，其内容散見於後世其他著作之中，如宋人唐慎微所撰證類本草三十卷，就比較完整地保存了該書的内容。明代以後刊印的多種神農本草，均爲後世輯佚本。周廣業所輯意林逸文中存文一條，稱引自路史後紀炎帝紀注所引馬總意林，與李遇孫補刻卷六所録文略異，可參閲。

1 神農稽首再拜〔一〕，問於太一小子曰〔二〕：「自鑿井出泉〔三〕，五味煎煮，口别生熟，後乃食咀〔四〕。男女異利，子識其父〔五〕。曾聞太古之時〔六〕，人壽過百，無殂落之咎，獨何氣使然耶〔七〕？」太一小子曰：「天有九門，中門最良〔八〕，日月行之，名曰國皇，字曰老人〔九〕，出見南方，長生不死〔一〇〕，衆耀同光。」神農乃從而嘗藥，以救人命〔一一〕。

〔一〕李遇孫補刻本與説郛本此句脱「神農」二字，此據四部叢刊本意林逸文與聚學軒本意林逸文補。稽首：古代跪拜禮，叩頭至地。

〔二〕太一：天帝之别名。史記天官書：「中宫天極星，其一名者，太一常居也。」正義：「泰一，天帝之别名也。」又作「太乙」、「泰乙」。聚學軒本周廣業注曰：「路史本文作泰乙。」小子：周官名，掌祭祀。周禮夏官：「小子，下士二人，史一人，徒八人。」或指帝王身邊的近侍之臣。

〔三〕「自」字，説郛本、四部叢刊本與聚學軒本所採意林逸文皆無。

〔四〕「食咀」，四部叢刊本意林逸文作「含咀」。

〔五〕「其父」，聚學軒本意林逸文誤作「甚父」。異利：區別。利，同「離」。荀子非十二子「忍情性，綦谿利跂」，楊倞注：「利與離同。」

〔六〕「太古」，聚學軒本、四部叢刊本意林逸文作「上古」。

〔七〕殂落：死亡。尚書堯典：「二十有八載，帝乃殂落，百姓如喪考妣。」下句聚學軒本、四部叢刊本意林逸文作「獨何氣之使耶」。

〔八〕九門：傳説上天之道有「九門」。中門：即黃道。史記天官書：「月行中道，安寧和平。」「良」，聚學軒本周廣業注曰：「書鈔作『長』。」

〔九〕「二曰」字，四部叢刊本與聚學軒本意林逸文皆無。國皇：星名。史記天官書：「國皇星大而赤，狀類南極。」正義：「國皇星者大而赤，狀類南極老人。去地三丈，如炬火。」老人：也叫南極星，爲壽星。晉書天文志：「老人一星，在弧南，一曰南極。」

〔一〇〕此二句四部叢刊本意林逸文作「老人出現其方長生，長生死」；聚學軒本意林逸文作「老人出現，其方長生」。

〔一一〕此二句四部叢刊本意林逸文與聚學軒本逸文皆作「神農從其嘗藥，以致人命」；説郛本「其」下有

「言」字。

九七　相牛經一卷　甯戚。

甯戚，春秋時齊國大夫。其籍貫説法不一，清道光平度州志認爲「甯戚，萊之棠邑人」，管子、吕氏春秋、史記則認爲「甯戚，衛人」。甯戚出身微賤，早年懷才不遇，曾爲人挽車喂牛，直到得遇齊桓公和管仲，才被齊桓公舉火授爵，拜爲大夫，後又官授大司田，分管齊國農業，成爲齊桓公的股肱之臣，與管仲、鮑叔牙等一起輔佐齊桓公成爲春秋五霸之首。

相牛經一書，漢志不載，隋志五行家載有相馬經一卷，注云：「梁有伯樂相馬經、齊侯大夫甯戚相牛經，亡。」兩唐志農家均載有甯戚相牛經一卷。宋高似孫子略目引子鈔雖有相牛一卷，但不題撰者姓名。宋趙希弁郡齋讀書後志載相牛經一卷，引其序曰：「甯戚傳之百里奚，漢世河西薛公得其書以相牛，千百不失其一。至魏高堂生又傳晉宣帝，其後秘之。細字薛公注也。」趙氏似親見此書，爲何漢志不見著録？考漢志形法類有相六畜三十八卷，疑魏晉時好事者依託古人、離析此書而爲之，惜相六畜與相牛經二書皆已亡佚，無從考之。四部叢刊本與説郛本俱存目而無文，清人馬國翰有相牛經輯佚文，收入玉函山房輯佚書，可參閲。

九八　相馬經二卷　伯樂。

伯樂，本爲天星名，掌馭天馬。春秋時秦穆公臣孫陽以善相馬而著名，故人稱伯樂。孫陽，春秋中期郜國(今山東省成武縣)人。少懷大志，離開故土，到達秦國，成爲秦穆公之臣。孫陽以相馬之術得到秦穆公信賴，被封爲伯樂將軍。莊子釋文曰：「伯樂姓孫，名陽，善馭馬。」史傳未聞孫陽著書事。相馬經一書，漢志不載，僅形法類有相六畜三十八卷。隋志五行類載有相馬經一卷，注云：「梁有伯樂相馬經……亡。」兩唐志農家皆載有伯樂相馬經一卷，宋高似孫子略目引子鈔目有二卷，不題撰者姓名；崇文總目有相馬經一卷，亦不題撰者姓名；宋趙希弁郡齋讀書後志載伯樂撰相馬經二卷。此亦同於相牛經，或魏晉時人依託古人，離析漢志中相六畜而爲之，惜原書皆亡，無可查考。一九七三年十二月在湖南長沙馬王堆三號漢墓出土了帛書相馬經，證明伯樂相馬經確爲秦漢之際的著作。它爲研究我國畜牧史提供了漢初關於相畜方面的材料，也證實了我國古代相馬術有着悠久的歷史。

清人馬國翰有輯文，可參閲。四部叢刊本與説郛本俱載目而無文。

九九　相鶴經一卷　浮邱公。

此書漢志不著録，隋志五行類載相馬經下附注：「淮南八公相鶴經、浮丘公相鶴書……亡。」兩唐志皆載浮丘公相鶴經一卷。宋高似孫子略目録引子鈔目有相鶴經一卷，不題撰者姓名。宋趙希弁郡齋讀書後志有相鶴經一卷，題浮丘公撰。其傳云：「浮丘公授王子晉，後崔文子學道於子晉，得其文，藏於嵩山之石室，淮南公採藥得之，乃傳於世。」説郛卷十五録相鶴經一卷，引文二條，文末稱：「其經本浮丘伯授王子晉，崔文子學道於子晉，得其經，藏於高山石室，淮南八公採藥得之，遂傳於世。」此與郡齋讀書後志所記略同，或陶宗儀與趙希弁皆録文選注之引文。因相鶴經一書早佚，無可查考。

據傳，浮丘公爲黄帝時仙人，與容成子交遊，或爲列子中所稱壺邱子；一説爲周靈王時人，與王子晉吹笙騎鶴，遊嵩山；或稱爲浮丘伯，其説不一。浮丘當爲複姓，而失其名。漢時又有齊人浮丘伯，是荀子門人，授詩楚元王、申公等人，但不聞有相鶴經一書傳世。王子晉是周靈王太子，事見逸周書太子晉。太子晉又稱王子喬，王子喬爲傳説中仙人。文選注引列仙傳云：「王子喬者，太子晉也。道人浮丘公接以上嵩高山。」似太子喬、王子晉原爲一人，淮南公或淮南八公原指淮南王劉安的門客，後傳爲神仙。列仙傳舊題漢劉向撰，今人多認爲是漢末人僞託。據此可知，浮丘公相鶴經一書至遲是魏晉時人依託之作，且浮丘公其人乃傳説中人物而已。

聚學軒本載周廣業意林逸文有相鶴經文一條，稱引自馬驌繹史、文選注諸書，又與説郛卷十五所引略同，可參閲。四部叢刊本與説郛本意林録相鶴經皆存目而無文。

一〇〇 司馬兵法三卷 穰苴。

司馬穰苴，春秋末期齊國人。本姓田，名穰苴，曾領兵戰勝晉、燕，被齊景公封爲掌管軍事的大司馬，後人尊稱爲司馬穰苴。齊威王時，用兵多倣穰苴之法，終使諸侯朝齊。史記司馬穰苴傳曰：「齊威王使大夫追論古者司馬兵法，而附穰苴於其中，因號曰司馬穰苴兵法。」後因齊景公聽信讒言，司馬穰苴被罷黜，未幾抑鬱發病而死。

司馬法最早見於漢書藝文志禮類，稱軍禮司馬法，共計一百五十五篇。漢朝以後，在長期流傳過程中，該書多有散佚。隋書經籍志載司馬兵法三卷，此所録即今存世之司馬法。兩唐志載同隋志，録有司馬法三卷，題「田穰苴撰」；崇文總目、通志藝文略、宋志皆作三卷，亦題「齊司馬穰苴撰」；陳振孫直齋書録解題作一卷。四庫全書收有司馬法一卷四篇，今存。意林録司馬兵法僅一條。清以來學者做過司馬法的輯佚工作，如錢熙祚司馬法佚文（指海本）、黄以周軍禮司馬法考證、張澍司馬法佚文（二酉堂叢書本）等。今本司馬法較好之版本有平津館叢書所收孫吴司馬法中的司馬法和續古逸叢書所收宋本武經七書中的司馬法。今以平津館叢書本參校。

1　國雖大，戰必亡〔一〕；天下雖平，天下亦危〔二〕。古者國容不入軍，軍容不入國〔三〕；國容入軍則軍亂，軍容入國則國亂〔三〕。順命上賞，犯令上戮〔四〕。

〔一〕「戰必亡」上，説郛本與平津館叢書本皆有「好」字；「平」，平津館叢書本作「安」；「天下亦危」，説郛本與平津館叢書本皆作「忘戰必危」。天海案：此上四句見平津館叢書本仁本篇。

〔二〕國容：國家制定的禮制儀節。軍容：軍隊制定的禮節、風紀、制度等。

〔三〕「軍亂」，平津館叢書本作「民德廢」；「國亂」，平津館叢書本作「民德弱」。

〔四〕「順命」，服從命令。説郛本作「用命」。上句平津館叢書本作「從命爲士上賞」，下句作「犯命爲士上戮」。天海案：此上數句見平津館叢書本天子之義篇。

一〇一　孫子兵法十卷　名武。

漢志兵權謀類有吴孫子兵法八十二篇，圖九卷，顔師古注曰：「孫武也，臣於闔閭。」隋志兵家載有孫子兵法二卷，注曰：「吴將孫武撰。」張守節史記正義依漢志所載，析十三篇爲上卷，餘爲中下二卷。杜牧又認爲孫武書本數十萬言，曹操削其繁劇，筆其精粹，以成此書。宋陳振孫直齋書録解題作孫子三卷，曰：「吴孫武撰，漢志八十二篇，魏武帝削其繁冗，定爲十三篇。世之言兵者祖孫氏，然孫武事闔閭而不見於左氏傳，未知其果何時人也。」四庫全書收孫子一卷十三篇，今存。考史記孫吴列傳：「孫子武者，齊人也，以兵法見於吴王闔廬，闔廬曰：『子之十三篇，吾盡觀之矣。』」史記載孫子兵法十三篇本在漢志之前，故孫子十三篇當爲可信。

李遇孫補刻意林雖只録目而無文，但孫子兵法之刊印流傳甚爲廣泛，歷代注家、研究者甚夥。今通行本有宋人吉天保所集孫子十家注、中華書局上海編輯所影印宋本十一家注孙子、中華書局新編諸子集成所收楊丙安十一家注孫子校理等，皆可參閲。

一〇二　黄石公記三卷

此書漢志不載。隋志兵家載黄石公三略三卷，注云：「下邳神人撰，成氏注。」梁又有黄石公記三卷，黄石公略注三卷。」兩唐志載同隋志。宋高似孫子略目録子鈔目作黄石公記三卷，有上中下三略。

宋趙希弁郡齋讀書後志有黄石公三略三卷，曰：「黄石公上中下三略。其書論用兵機權之妙、嚴明之決。明妙審決，軍可以生易死，國可以存易亡。經籍志曰：『下邳神人撰。』世傳此即圯上老人以一編書授漢張良者。」宋陳振孫直齋書録解題亦載黄石公三略三卷，曰：「世傳張子房受書，圯上老人曰：『濟北谷城山下得黄石，即我也。』故遂以黄石爲圯上老人。然皆附會依託也。」此黄石公或秦時隱士，或屬虚構，莫能詳。

四庫全書兵家類收黄石公三略三卷、黄石公行營妙法三卷。四庫總目案稱：「黄石公事見史記。三略之名始見於隋書經籍志，云下邳神人撰，成氏注。唐宋藝文志所載並同。相傳其源出太公，圯上老人以一編書授張良者即此。蓋自漢以來，言兵法者往往以黄石公爲名。」又云：「今雖多亡佚不存，然大抵出於附會。是書文義不古，當亦後人所依託。」此書文義不類秦漢，漢志又不見載，疑原書早佚，後存之書或魏晉間人採輯散佚之篇連綴而成。

李遇孫補刻卷六録黄石公記文二條，與説郛本意林、四庫本三略略同。

1　與衆同好者〔一〕，靡不成；與衆同惡者，靡不傾〔二〕。

〔一〕此句原作「與衆好生者」，此據説郛本改。

〔二〕此條見今本上卷。底本原與下文併作一條，此據説郛本分作二條。

2　四民用虚，國家無儲〔一〕；四民用足，國家安樂〔二〕。

〔一〕四民：古代以士、農、工、商爲四民。此泛指所有百姓。此與下句二「家」字，今本皆作「乃」。

〔二〕此條見今本上卷。説郛本有此條，文同。

一〇三　氾勝之書二卷

氾勝之，西漢末年人，漢書藝文志注説他在漢成帝時當過議郎。祖籍在山東氾水一帶。晉書食貨志稱：「昔漢遣輕車使者氾勝之督三輔種麥，而關中遂穰。」漢書藝文志農家類載氾勝之十八篇。隋志農家載氾勝之書二卷，題漢議郎氾勝之撰。兩唐志皆作二卷。宋史志書目多不載，是書或亡於唐宋之際。

李遇孫補刻卷六所録氾勝之書二卷，存目無文。意林説郛本亦作氾勝之書二卷，存目無文。

一〇四　相貝經一卷

此書漢志不載，隋志五行類附注於相馬經下，稱亡，未言卷數與撰者。兩唐志均作一卷，亦未載撰者。宋高似孫子略目録引梁庾仲容子鈔目作貝書十卷，亦不題撰者。説郛本意林作相貝經一卷，題「琴高」撰，但存目無文。説郛卷十五另録相貝經一卷，題漢朱仲撰，引文十一條，其後注云：「館閣書目載相貝經一卷，不知作者。」清人周廣業意林附編輯有相貝經佚文一條，略同説郛卷十五所引，案稱：「楊升庵言相貝經係嚴助作，見初學記。今考之，實朱仲作，非嚴助也。宋高似孫緯略曰：『師曠有禽經，浮丘公有鶴經，雖畜及蟲魚，亦俱有經。惟朱仲所傳相貝經，怪異是也。仲所説貝，十倍爾雅釋魚、漢志五貝。但既名爲經，其文當不止此。』」

今考琴高，傳爲戰國時趙人，能鼓琴，爲宋康王舍人，修煉長生之術，遊於冀州、涿郡之間三百餘年。後入涿水取龍子，與弟子期日還。至時，果乘鯉而出，留月餘，復入水去。事見法苑珠林引搜神記、列仙傳，又見抱朴子。朱仲，史傳無考，乃傳説中仙人。嚴助，西漢武帝時舉賢良對策，擢爲中大夫，後拜官會稽太守，入爲侍中，坐與淮南王私交而棄市。漢書有傳。如此，琴高、朱仲乃傳説中人物，嚴助係漢武帝時人，藝文類聚云嚴助得朱仲此文，豈非寓言？且琴高事始見於魏晉間人之書中，或南北朝人倣漢志五貝之文，依託古人而成此書。因其書早佚，無可查考。

李遇孫補刻卷六存目而無文。清人馬國翰輯有貝書佚文，可參閲。

一〇五　淮南萬畢術一卷

此書漢志不載，隋志五行類灶經下附注淮南萬畢經、淮南變化術各一卷，稱亡。舊唐志五行類載淮南王萬畢術一卷，題劉安撰；新唐志載同，但不題撰者。崇文總目雜占類所載同新唐志，子鈔所載與意林同。

此爲占卜之書，傳爲淮南王劉安撰。但漢志不載，始見於隋志，又書名略異，顯爲後人依託之作。李遇孫補刻卷六録文七條，與説郛本略同，一似江湖術士語，真假虛實令人莫辨。清人茅泮林有輯本，仍題作淮南萬畢術，可參閲。

1 首澤浮針，取頭中垢，塞針孔置水中則浮〔一〕。

〔一〕首澤：指頭上分泌之油垢。天海案：此條與下條原併作一條，此據説郛本分列。

2 燒角入山，則虎豹自遠，惡其息也〔一〕。

〔一〕息：氣息，氣味。説郛本作「臭」。

3 取大鏡高懸，置水盆於其下，則見四鄰矣〔一〕。

〔一〕此與下二條原併作一條，此據説郛本分列。

4 取沸湯置甕中，密以新縑，沈井中三日成冰〔一〕。

〔一〕「井」字原脱，據説郛本補。密：密封。縑：雙絲織成的細絹。

5 取鴻毛縑囊貯之，可以渡江不溺。

6 馬好嚙人，取殭蠶塗其上唇，即差〔一〕。

〔一〕「殭」，同「僵」，説郛本作「僵」。殭蠶：乾死的蠶，可入藥。差：同「瘥」，病癒。

7 取門冬、赤黍〔一〕，漬以狐血，陰乾之；欲飲酒者，取一丸置舌下以含之〔二〕，令人不醉。

〔一〕門冬：植物名，即麥門冬，可入藥。赤黍：紅色的小米。

〔二〕上句「欲」字説郛本無；下句作「一丸置舌下，以酒吞之」。

一〇六　博物志十一卷　張華，字茂先。

張華，字茂先，范陽方城人。先仕魏，後入晉，官至司空。博聞强記，當時推爲第一。因贊成伐吴有功，封廣武縣侯。後因不附從趙王司馬倫謀廢賈皇后，被殺。著有博物志十卷、雜記十六卷、集十卷。除博物志尚存外，餘皆失傳。晉書有傳。

隋志雜家載張華博物志十卷，舊唐志小説家同，新唐志小説家載博物志十卷、列異傳一卷，雜家載張公雜記一卷。崇文總目、郡齋讀書志、直齋書録解題、高似孫子略目録引子鈔，載博物志皆作十卷，唯意林作十一卷，或筆誤所致。今傳本博物志十卷，分類記載異物、奇境以及殊俗、瑣聞等，多有神仙方術之故事，這些對於研究中國古代文學和歷史是有參考價值的。

清人周心如、王仁俊有輯補本，近人范寧有校證本。四部叢刊本與説郛本意林皆存目而無文。

一〇七　竹譜一卷　戴凱之。

戴凱之，正史無傳。據有關零星記載，僅能略知其出身於武昌寒門，做過參軍。公元四六六年，曾被鄧琬派遣爲南康相。他以數千人固守南康，結果戰敗遁走。也許就在這年，他由南康越大庾嶺或沿南嶺輾轉逃至交州，從此隱匿於世。竹譜的成書年代約在劉宋末年甚至更晚。

隋書經籍志史部譜系類中有竹譜一卷，不著撰者名氏。舊唐志農家有竹譜一卷，始題戴凱之之名，然不著時代。崇文總目、子鈔載同唐志，宋志作三卷。晁公武郡齋讀書志稱：「凱之，字慶預，武昌人。」又引李淑邯鄲圖書志謂：「不知何代人。」左圭百川學海題曰：「晉人，而其字則曰慶豫。」預、豫音近，未詳孰是。四庫全書載一卷，稱「晉戴凱之撰，並自注。所記竹類七十有餘，皆叙以四言韻語，詞爲古雅，非唐以後人所能。其注中所引晉以前書，多存古義，亦足以旁資考證」。四部叢刊本與説郛本意林皆存目而無文。

一〇八 筆墨法一卷 韋仲將。

韋誕，字仲將，三國魏京兆人。善隸、楷。魏太和中爲武都太守，以能書留補侍中。韋誕爲張芝弟子，以能書著名。相傳魏國寶器銘題多韋誕所書。誕仕至光禄大夫。嘉平三年卒，年七十五。事附見於魏志劉劭傳。

筆墨法一書不見載於史志書目。蕭子良有答王僧虔書曰：「仲將之墨，一點如漆。」梁武帝評其書曰：「如龍威虎振，劍拔弩張。」韋誕又善製筆墨，著有筆經一卷，今不傳。北宋太宗年間，蘇易簡撰有我國最早記録文房四寶的專著文房四譜，其中就有關於韋仲將筆墨方與墨法的記載。元人陸友墨史一書稱：「後魏賈思勰齊民要術有韋仲將筆方合墨法。晁説之墨經並舉韋仲將墨法、後魏賈思勰法，二法本無大異，而晁氏兩書之。」由上可知，韋仲將確實撰有筆墨法一書，專論筆墨製作與使用方法，只不過書名有異罷了。惜其書史志不載，又無原書可考。

李遇孫補刻卷六僅録文一條，與説郛本同。

1 筆用羊青作心，名曰羊柱〔一〕。以兔毫衣羊青，使中心高〔二〕，並去其穢毛，使毛不髯茹也〔三〕。

〔一〕羊青：黑色羊毛。名：取名。原作「明」，此據説郛本改。羊柱：用羊毛作中柱。

〔二〕此句「中」字説郛本無。衣：包裹。

〔三〕穢毛：雜亂不齊之毛。髯茹：筆毛彎曲糾纏貌。齊民要術筆墨引韋仲將筆方：「先次以鐵梳梳兔毫及羊青毛，去其穢毛，蓋使不髯茹。」天海案：説郛本有此條，文同。又案：賈思勰，北魏時任高陽郡（今山東臨淄西北）太守，所著齊民要術是我國第一部農業百科全書。在日本京都高山寺發現的北宋天聖年間崇文院刻本齊民要術現藏於日本京都博物館，書中附載了韋仲將筆墨法的有關内容，現鈔録如下：

筆法：韋仲將筆方曰：「先次以鐵梳梳兔毫及羊青毛，去其穢毛，蓋使不髯茹。訖，各别之。皆用梳掌痛拍整齊毫鋒端，本各作扁，極令均調平好，用衣羊青毛——縮羊青毛去兔毫頭下二分許。然後合扁，捲令極圓。訖，痛頡之。以所整羊毛中截，用衣中心，名曰『筆柱』，或曰『墨池』、『承墨』。復用毫青衣羊青毛外，如作柱法，使中心齊，亦使平均。痛頡，内管中，寧隨毛長者使深。寧小不大。筆之大要也」。

合墨法：「好醇煙，搗訖，以細絹簁——於内簁去草莽若細沙、塵埃。此物至輕微，不宜露簁，喜失飛去，不可不慎。墨一斤，以好膠五兩，浸梣皮汁中。梣，江南樊雞木皮也；其皮入水緑色，解膠，又益黑色。可下雞子白一去黄五顆。亦以真珠砂一兩，麝香一兩，别治，細簁，都合調。下鐵臼中，寧剛不宜澤，搗三萬杵，杵多益善。合墨不得過二月、九月，温時敗臭，寒則難乾潼溶，見風自解碎。重不得過三二兩。墨之大訣如此。寧小不大。」

一〇九 周髀一卷

周髀又稱周髀算經。髀即股，在地上立八尺之表爲股，表影爲勾，因書中使用勾股術測算天體運行里數，周就是圓，髀就是股；又相傳成書於周公，故稱爲周髀。書中記載周公與商高的談話，其中就有畢氏定理的最早文字記録，即「勾三股四弦五」，亦被稱作商高定理。唐初選舉科目有「明算」，國子監有算學，周髀、九章等書，都稱爲算經。

隋志天文類始載周髀一卷，題趙嬰撰。舊唐志載同隋志，新唐志天文類則載作趙嬰注周髀一卷，甄鸞注一卷。宋志曆算類有趙君卿周髀算經二卷。崇文總目亦作二卷，趙君卿注，甄鸞重述，李淳風注釋。宋高似孫子略目録引子鈔目作周髀三卷，題撰者趙裴，字君卿。四庫全書從永樂大典中輯出周髀算經二卷，音義一卷，提要稱「注内屢稱爽，蓋趙君卿之名，隋唐志之趙嬰之訛」，並認爲「注引靈憲乾象，則其人在張衡、劉洪後也」。清人侯康補後漢書藝文志天文類有趙爽周髀算經一卷，注云：「字君卿，一名嬰。」

據晉書天文志載：「蔡邕所謂周髀者，即蓋天之説也。其本庖犧氏立周天曆度，其所傳則周公受於殷高，周人志之，故曰周髀。」此書先秦典籍絶少言及，始見於隋志，疑其成書於兩漢，撰者已不可考。注者首推趙爽（一作趙嬰，字君卿），或東漢人，但生平事皆不可考。四部叢刊本與説郛本意林皆列目而闕其文。

一一〇　夢書十卷

漢志雜占類有黄帝長柳占夢十一卷、甘德長柳占夢二十卷。甘德是戰國時期星占家和天文學家。這兩部書署名黄帝和甘德，可能都是後人託名。「長柳」是古代一種占卜術。隋志五行類有夢書十卷，不題撰者。另記録魏、晉、隋朝的夢書有八部，共二十五卷。又有占夢書一卷，周宣等人撰。舊唐志五行類有占夢書二卷，不言作者，又三卷周宣撰。新唐志五行類有周宣占夢書三卷，又二卷。

周宣是魏晉時期的占夢家，字孔和，魏文帝曹丕服其占夢術，賜封爲中郎。周宣在歷史上影響很大，故後世有人附會爲周公解夢書。宋志就有周公解夢書三卷，周公顯然是託名。此書後亡佚，敦煌遺書中再次發現，其書在民間廣爲流傳，歷代不斷增補，可謂「解夢大詞典」。

宋高似孫子略目録子鈔目則作夢書十五卷，不題撰者。李遇孫補刻卷六列夢書十卷，或與隋志所載十卷本同爲一書，惜其書早佚，不可考知。四部叢刊本與説郛本意林皆列目而無文。清人孫馮翼問經堂叢書有夢書輯佚本，可參閲。

一一一　九章算術一卷

九章算術是我國古代一部重要的數學典籍，作者不詳，成書約在公元前三世紀到前一世紀之間。西漢時張蒼、耿壽昌等人曾據舊文遺殘删補。流傳至今的乃是晉人劉徽、唐人李淳風九卷注本，内容分爲方田、粟米、衰分、少廣、商功、均輸、方程、贏不足、勾股等九章，即對這九類問題的計算解答，故稱爲九章算術。書中講到的負數、最小公倍數和聯立一次方程的解法，遠早於印度和歐洲，可見我國數學發展的早期成就。

漢志載數術書共一百九十家，稱「雖有其書，而無其人」。九章算術或在其中，亦未可知。隋志曆數類載劉徽撰九章算術十卷，另稱爲九章者尚有九家。舊唐志曆算類只存劉徽九章重差圖一卷，另有徐岳九章算經一卷，甄鸞撰九卷。新唐志又作徐岳九章算術九卷，李淳風注九卷。宋高似孫子略目録引子鈔目作二卷，不題撰者。清人李遇孫補刻意林卷六録作一卷，而説郛本意林則録爲九章算法一卷，皆不知所據爲何本。今存九章算術有汲古閣影宋鈔本，四庫全書九卷本。四庫本係戴震從永樂大典中録出，認爲是周禮保氏之遺法，經漢張蒼删補校正，後人有所附益，晉人劉徽、唐人李淳風爲之作注，並稱「自周髀以外，此爲最古之算經」。清人丁國鈞補晉書藝文志曆數類有九章算術十卷，題劉徽撰，注云：「日本見在書目有九章九卷，云劉徽注，當即此書。」

四部叢刊本與説郛本意林皆列目而無文。

附録

一 意林逸文六條

海寧周廣業輯〔一〕

以下六條意林逸文並注與案語，皆從聚學軒本周廣業意林注中録出，四部叢刊本刊入時已有改動。周廣業所輯意林逸文原有六條，其中相鶴經一條採自類聚、文選注、初學記等書，並不出自意林，故四部叢刊本删去此條，並删去了各條相關校注與案語。由於聚學軒本内容更爲完整，故採用之，而不再重出四部叢刊本。

1 鶡冠子云：扁鵲兄弟三人並醫，魏文侯問孰最善，扁鵲曰：「長兄神眎，故名不出家；仲兄神毫毛，故名不出門；臣鍼人血脈，投人毒藥，故名聞諸侯〔二〕。」錦繡萬花谷後集醫類注云：「出意林。」案：是條見鶡冠子世賢篇，文與此稍異，蓋馬氏節録爲然也，今其目尚在第二卷中，而書盡亡闕，幸尚見於他説，急録之。

2 神農稽首再拜，問於太一小子曰：路史本文作「泰乙」。「鑿井出泉，五味煎煮，口別生熟，後乃含咀。男女異利，子識其父。曾聞上古之時人壽過百，無殂落之咎，獨何氣之使耶？」太一小子曰：書鈔引本草經無「小」字。「天有九門，中道最良，書鈔作「長」。日月行之，名國皇，字老人，原脱「老」字，從神農本草經補。老人出現，其方長生。長生不死，原無「不」字，從本草經補。衆曜同光。」案：史記天官書：「國皇星大而赤，狀類南極，所出其下，起兵。」説與此異。神農從其嘗藥，以致本草經作「救」。人命〔三〕。路史後紀炎帝紀注引唐馬總意林。案：路史九頭、五龍等十紀，每述馬總之説。此據總所著通曆之文，非意林也。然通曆不見録於唐志曆算類，困學紀聞云通曆五卷，起太昊，訖隋，假公子問答。

3 袁準正書：太歲在酉，乞漿得酒；太歲在巳，販妻鬻子，則知災祥有自然之理〔四〕。施元之注蘇東坡次韻孔毅父久旱詩引馬總意林。五色線載朝野僉載云：「太歲在午，人馬食土；歲在辰巳，貨妻賣子；歲在申酉，乞漿得酒。」

4 相鶴經：鶴者，陽鳥也，而遊於陰。藝文類聚、文選注俱無「者」字，初學記、毛晉詩疏廣要有；又選注無「而遊於陰」句。因金氣并火金以自養。初學記、選注、廣要「并火金」俱作「火精」，於義爲長。選注無「以自養」三字。金數九，火數七，初學記此下接「故七年小變，十六年大變，百六十年變止，千六百年形定，體尚潔，故色白，聲聞天，故頸赤」云云。選注此下接「十六年小變，六十年大變，千六百年形定」。故知禀其純陽也。生二年而毛露，而黑點易；廣要作「子毛落而黑毛易」。三年頂赤，而羽翮具；廣要「而」作「爲」，「具」訛「其」。七年小變，而飛薄雲漢；復七年舞應節，而晝夜十二時鳴，鳴則中律；百六十年大變，而不食生物，故大毛落而叢毛生，廣要「叢」作「茸」。乃潔白如雪，故泥水不能汙。選注作「二年落子毛，易黑點；三年頭舞應節，晝夜十二鳴；六十年大毛落，茸毛生，色雪白，泥水不能汙；百六十年雌雄」云云。或節純黑而腦盡成膏矣。廣要「節」作「即」，「腦」作「緇」。復百六十年變止，而雌雄相視，目睛不轉則有孕，千六百年形定。初學記此下云「體尚潔，故色白，聲聞於天」云云。飲而不食，胎化而產。廣要此四字在「同羣」下。與鸞鳳同羣，爲仙人之騏驥矣。夫聲聞於天，故頂赤；選注無「胎化」以下二十四字。食於水，故喙長；軒於前，故後指短；棲於陸，故足高而尾彫；翔於雲，故毛豐而肉疏。選注此下接「行必依洲渚，止必集林木，蓋羽族之宗長、仙人之騏驥也」，無「大喉」至「沖霄」一段。且大喉以吐故，脩頸以納新，故天養初學記作「故主大壽」。不可量，所以體無青黃二色者，木土之氣內養，故不表於外也。是以行必依洲渚，止不集林木，初學記此下接「其相瘦頭朱頂」云云。蓋羽族之清潔者也。其相瘦頭朱頂則沖霄，露眼黑選注作「赤」。睛則視遠，隆初學記作「高」。鼻短喙則少瞑，選注「喙」作「口」，「瞑」作「眠」。鮭頰骺耳則知時，初學記：鮭，故解反；骺，得宅反。廣要：鮭，又音「諧」。長頸竦身選注作「頭鋭身短」，初學記「竦」作「促」。則能鳴，鴻肩鸞膺選注作「四翎亞膺」，初學記作「鸞膺」，廣要作「鴻翅鴿膺」。則體輕，鳳翼雀尾初學記作「毛」。則善飛，龜背鱉腹則伏産，軒前垂後則會舞，高脛麤節則足力，選注「麤」作「疏」，「足」作「多」。洪髀纖指則好翹〔五〕。選注作「能作」。初學記「纖指」下接「云此相之備者也。鳴則聞於天，飛則一舉千里。鶴二年落子毛，易黑點，三年産伏，復七年雙翮具，復七年飛薄雲漢，復七年舞應節，復七年晝夜十二時鳴中律，復百六十年不食生物，復大毛落，茸毛生，雪白或純黑，泥水不污，復百六十年雌雄相視，目睛不轉而孕，千六百年復飲而不食，鸞鳳同爲羣，聖人在位則與鳳凰翔於甸」。廣要「好翹」下云：「聖人在位，則鳳凰翔於郊甸。」右馬驌繹史〔六〕。

案：隋志：梁有淮南八公相鶴經、浮邱公相鶴書各二卷。據文選鮑照舞鶴賦注云〔七〕：「相鶴經者，出自浮邱公，公以經授王子晉。崔文子者，學仙於子晉，得其文，藏於嵩山石室，及淮南八公採藥得之，遂傳於世。」然則八公之經即浮邱之書，非各有二卷也。焦山瘞鶴銘曰「相此胎禽，浮邱著經」，知浮邱早有經名矣。諸書稱引藝文類聚、初學記俱作「淮南八公相鶴經」，詩疏廣要作「浮邱伯相鶴經」，其實一也。黄長睿謂原書久軼，惟馬總意林及李善文選注鈔出大略，陳真靖所書相鶴經即此本也。俗誤録入王荆公集〔八〕，又多錯午，而陳所書最爲精善。今真靖筆蹟既不傳，王荆公集亦無有。嘗見續百川學海目録列此書，仍署「王安石」名，而書亦訪求未得，獨馬驌繹史所載視選注爲詳，文義完美，雖未知與真靖所書何如，宛斯精博，所據必有善本。且長睿已言原書久軼，則今所有相鶴經孰非出自意林者乎。因以繹史爲主，取選注及諸書異同，附注其下，其善否亦自可辨也。

5 叔敖作期思陂，而荆土用贍。天中記陂類引意林。案：後漢書：「王景爲盧江太守，郡界有楚相孫敖所起芍陂稻田。」水經「肥水入芍陂」注：「芍陂周百二十許里，在壽春縣南八十里，言楚相孫叔敖所造，即期思陂也。」淮南子曰：「孫叔敖作期思之水，灌雩婁之野。期思，楚下邑。」荀子曰：「楚之孫叔敖，期思之鄙人也。」陳朱瑒與徐陵書曰：「孫叔云亡，仍芍陂而植楸檟。」

6 蘭以芳致燒，膏以肥見焫，翠以羽殃身，蚌以珠破腹。女惡蛾眉，士惡勝己，由來尚矣〔九〕。天中記蘭類引意林。案：此當是蘇子之文，詳後附編。

右計六條，皆今本所闕者。路史注一則見神農本草經，而羅氏不記書名，未知僕射從何録出。其文古奥，此爲墳典無疑。相鶴經據東觀餘論而録，雖未必與陳真靖所書悉合，要不甚相遠。天中記所載意林率同廖本，蓋其時已無完帙，然亦有兩條絶異者。必别有據依。自惟固陋，不能博考，先就所見集之，亦蚪龍片甲、鳳凰一毛也。俟博洽者重爲增益焉〔一〇〕。

〔一〕周廣業，清海寧人，字勤補，號耕厓，乾隆時舉人。他是所知第一個爲意林作注之人，不僅輯有意林逸文六條，還輯有意林附編，總名曰意林注，又稱意林翼，由貴池劉世珩刊入聚學軒叢書第五集。此外周廣業另有蓬廬詩文集、孟子四考等。「海寧」，四部叢刊本誤作「海昌」。

〔二〕此條又見李遇孫補刻意林卷二闕文，而文略於此。本書已將此條逸文補入卷二鶡冠子中。

〔三〕此條又見李遇孫補刻意林卷六，亦見於説郛本。參見本卷六神农本草。

〔四〕周廣業意林附編輯有袁準正書逸文二十四條、正論逸文十五條，本書後附之，可參閲。

〔五〕説郛本意林、李遇孫補刻意林卷六皆録相鶴經一卷，存目而闕文。文獻通考稱今本相鶴經自意林鈔出，永樂大典、風俗通姓氏篇題曰出馬總意林，然今本無之。説郛本十五卷另録有相鶴經一卷，與周廣業所輯此條大同小異，可參閲。

〔六〕「驌」，原誤作「繡」，後同。

〔七〕「照」，原誤作「昭」。

〔八〕「荆」，原誤作「舒」。

〔九〕此條又見李遇孫補刻意林卷六，亦見於説郛本。參見本書卷五蘇子。

〔一〇〕此爲周廣業案語，亦見於四部叢刊本意林逸文後。

二　意林附編

海寧周廣業輯

意林附編刊於聚學軒本第五集意林注之後，爲周廣業所輯。周廣業意林注所輯意林附編諸子十八家，除王孫子、牟子二家外，其餘之目已見於李遇孫補刻卷六中，但所録之文皆採引他書，與意林無涉。爲便於讀者查檢，現依次編其目録於下，諸子各條並注文案语均詳録於後：

(一二)張顯析言四條(西晉張顯)
(一三)干子三條(東晉干寶)
(一四)顧子十二條(三國吴顧譚)
(一五)諸葛子三條(三國吴諸葛恪)
(一六)陳子要言一條(三國吴陳融)
(一七)苻子四十六條(東晉苻朗)
(一八)相貝經一條(撰者闕疑)

(一)王孫子

1 楚莊王攻宋,將軍子重諫曰:「今君廚肉臭而不可食,罇酒敗而不可飲,而三軍之士皆有飢色,欲以勝敵,不亦難乎?」莊王曰:「善。請有酒投之士、有食饋之賢、行軍中之有飢乏者,加五倍之賜。」藝文類聚,下同;「行軍中」二句從太平御覽添。

2 衛靈公坐重華之臺,侍御數百,隨珠照日,羅衣從風,仲叔敖御覽作「圉」。入諫曰:「昔桀行此而亡,御覽作「桀行此而滅,紂用此以亡」。今四境内侵,諸侯加兵,土地日削,百姓乖離,今君内寵無乃太盛歟。」靈公再拜曰:「寡人過矣。微子言,社稷幾傾。」於是出宮女之不進者數百人，百姓大悦。子夏聞之曰：「可謂善受諫也。」「子夏」三句亦從御覽添。

3　昔衛君重裘累茵而坐，見路有負薪而哭者，問曰：「何故也。」對曰：「雪下衣薄，是以哭之。」於是衛君懼，見於顔色，曰：「爲君而不知民，孰以我爲君？」於是開府金，出倉粟，以賑貧窮。吴淑事類賦注誤作孫子。

4　桀紂爲君，從愚妾之言，違長者之諫，衣温而忘天下之寒，食美而忘天下之飢，或身放南巢，或頭縣赤旆，斯亦無他也，但不節財而暴民也。御覽，下同。「身放」四句亦見北堂書鈔。

5　趙簡子獵於晉陽之山，撫轡而歎，董安於曰：「今遊獵樂也，而主君歎，敢問何也？」簡子曰：「汝不知也，吾食穀之馬數千，多力之士數百，以獵獸也，吾恐鄰國養賢以獵吾也。」孔子聞之曰：「簡子知所歎也。」

（二）牟子

案：東漢有兩牟子，皆名融。一章帝時人，後漢書傳云：「牟融，字子優，北海安邱人，少博學，以大夏侯尚書教授門徒，爲豐令，司空范逡薦之明帝，擢司隸校尉，歷司空，經明行高，甚得大臣節。肅宗即位，以爲太尉，録尚書事。建初四年薨。」隋志儒家有牟子二卷，注云「後漢太尉牟融撰」，是也。一漢末人，不詳其字，所著理惑論自序略云：「牟子於經傳、諸子靡不好之，惟不信神仙不死之書，以爲虚誕。靈帝崩後，天下擾亂，獨交州差安，牟子將母避世交阯。時人多學神仙辟穀之術，牟子常以五經難之，比之孟軻距楊、墨。年二十六歸娶。蒼梧太守聞其守學，謁請署吏，不就。荆州牧優文處士，辟之，復稱疾不起。牧弟爲豫章太守，爲中郎將笮融所殺，牧遣騎都尉劉彦將兵赴之，恐道阻塞，請牟子假塗於零陵、桂陽，會其母亡，卒不果行，久之，退念，以辯達之故，輒見使命，方世擾攘，非顯己之秋，於是以鋭志佛、道，兼研老子五千文。世俗多非之者，以爲背五經而向異道，遂以筆墨之間略引聖賢之言證解之，名曰牟子理惑」云。二人生不同時，出處志趣各異。據隋志所載，明是太尉所作，乃舊唐志牟子二卷入道家，在登真隱訣、同光子下。新唐志入神仙家，在孫綽、符朗之下，則又爲理惑論無疑。胡元瑞以鄭樵通志仍列儒家，因謂意林所録非理惑論。然考之羣書所引牟子，如世説新語注、文選頭陀寺碑注中顧微吴地記及廣弘明集顯宗開佛化内傳、廣韻「佛」字注，並有「漢明帝夜夢神人」一條。太平御覽、天中記亦屢稱牟子，皆出自理惑論，而太尉之書絶不一見稱引。且太尉事實，袁宏後漢紀、東觀漢紀、司馬彪續漢書俱載之。初未嘗言其著書，即其通大夏侯尚書，陸德明釋文雖嘗述之，而書疏不載其説，豈其書僅存於隋，在當世已不甚顯，故不再傳而遽亡耶？抑宋初修五代史志者止據宋遵貴所收隋世秘閣目録書之，不暇深考其人，遂以後之牟融訛爲前之牟融耶？今意林殘缺，無由證爲誰何之筆，胡氏臆爲揣測，難爲定論，而理惑論在弘明集者，裒然首列。凡三十七篇，分爲上下，其題下有小注，一云蒼梧太守牟博傳，不得其解。案：世説新語注先引牟子曰，後言牟子傳記，又言牟子傳；廣弘明集亦言牟子紀傳，是此書在梁世亦稱傳矣。今其文炳著，言似佞佛，意主通經，因而存之，實佳文也。

（三）蔣子

名濟，字子通，楚國平阿人。魏文帝踐阼，出爲東中郎將，上萬機論，帝善之。入爲散騎常侍，歷官至領軍將軍。事見本傳。隋志蔣子萬機論八卷，舊唐志同，新唐志、宋志俱十卷。按文獻通考二卷，引陳氏書録云：館閣書目十卷，五十五篇。今惟十五篇，恐非全書。則宋世已無足本矣。今佚。

1　許文休者，文休，名靖。大較廊廟器也，而子將名劭。貶之。若實不貴之，是不明也，誠令知之，蓋善人也。蜀志注。

2　許子將褒貶不平，以拔樊子昭而抑許文休，劉曄難曰：「子昭拔自賈豎。魏志注引汝南先賢傳云：「劭始發明子昭於貨幘之市。」年至七十，蜀志注作「耳順」。退能守静，進不苟競。蜀志注作「進能不苟」。濟答曰：「子昭誠自幼至長，容貌完潔，然觀其插齒牙，樹頰頦，蜀志注音「該」，御覽作「摇牙㨨頰」。吐唇吻，自非文休之敵。」世説新語注。

3　夫土地者，百姓之所蹈也。殊無兩歧之形矣，而談者强謂之異體也。北堂書鈔，下同。

4 夫兵者變化之物，而遷移倚伏之事也。或守法而得用。故知兵者，性知者也。用兵，性能用之也。

5 秦穆公伐晉，及河，將勞軍，醪唯一鍾，蹇叔曰：「一杯御覽別引符子作「一米」。可以投河而醪也。」穆公乃以一醪投河，三軍皆取飲之。參御覽。

6 士有一餐而倒戟，義所驅也。

7 魚麗鵝鸛之陣，進退有節。

8 莊周婦死而歌。夫通性命者，以卑及尊，死生不悼，周不可論也。夫象見子皮，無遠近必泣，周何忍哉？初學記。

9 許文休東渡江，乃在障氣之南。文選注：「障」與「瘴」同，一作「嶂」。

10 黃帝養民之初，路史作「黃帝初立」。盡性愛民，不好戰伐，而四帝各以其方色稱號。路史注云：以青、赤、白、黑爲號，若蚩尤爲赤帝、朱宣爲白帝之類。交共謀之，邊城日警，介胄不釋。黃帝歎曰：路史作「帝乃焦然歎曰：朕之過淫矣」。「夫君危於上者，民不安於下，主失其國者其臣再嫁，原作「用嫁」，此參路史。厥病之由，非養寇耶。今處民萌之上，而四盜抗衡，迭震於師，何以哉。」乃正四軍，即營壘以滅四帝。參用路史。向令黄帝不龍驤虎變，而與俗同道，則其臣民嫁於四帝也。御覽，下同。

11 項羽若用范增之策，則平步取天下也。

12 吴、越争於五湖，用舟楫而相觸，怯勇共覆，鈍利俱傾。

13 夫虎之爲獸，水牛之爲畜，殆其兵矣。夫虎爪牙既鋒，膽力無伍，至於即豕也，卑俯而下之，必有扼喉之獲。水牛不便速，角又喬竦，然處郊之野，朋遊屯行，部隊相伍，及其寢宿，因陣反禦。若見哯虎抵角，牛希哯害矣。若用兵，恃强必鑒於虎，居弱必誡於水牛，可謂攻取，居城而守必能全者也。中有訛脱字。御覽此類頗多，無别書可校者，悉仍其舊。

14 知兵之將，國之行主，民之司命，古者重之，後世無逮焉。吕尚雖知，孫武雖曉，樂毅雖賢，白起雖武，與以齊之朽骨、吴之糜骸、燕之消骼、秦之腐肉，豈能餔其糟粕，復得生而使之哉？固當出我民之最，擇其知勇之長者，用其循略。「循」字疑。雖有百萬之師，臨時吞敵在將也。

15 語曰：「兩目不相爲視。」昔吴有二人，共評王者，一人曰「好」，一人曰「醜」，久之不決。二人各曰：「爾可求入吴，目中則好、醜分矣。」王有定形，二人察之有得失，非苟相反，眼睛異耳。

16 諺曰：「學者如牛毛，成者如麟角。」書鈔引抱朴子云：「學而牛毛，成而麟角。」言其少也。

17 猛虎不處卑勢，勁鳥一作「摯鳥」。不立垂枝。亦諺語。

18 聖不獨立，智不獨治，神武之王亦須佐輔。

19 太史遷云：「顔回雖篤行，不遇仲尼，不能彰其名也。」故五尺之童德擬大舜，使在他門，未必及此也。夫甘羅少回六歲，獲河東五城，萬乘郊迎而佩印，雖所宏非道義，然當秦之時，染詐謾之風也。使羅在孔門治某之訓，亦可聞一知十乎？曰：「未必也。昔齊欲伐魯，回求説陳常，孔子不許，遂使子貢。子貢一出，破齊，强晉，亡吴，霸越，存魯。夫顔子與賜程智比才相校於十，至於此事，而丘不使也。」

20 五帝官天下，故傳之賢；三王家天下，故傳之子；今指天子爲官家，則猶言帝王也。天中記。

(四)譙子

名周,字允南,巴西西充國人,蜀漢建興中勸學從事,遷太子家令,入晉爲騎都尉,本傳稱所撰法訓、五經論、古史考之屬百餘篇。隋志儒家譙子法训八卷,注云:「梁有譙子五教志,亡。」諸書所引皆法訓也。新舊唐志法訓並八卷,今佚。

1 今有挽歌者,蓋高帝召齊田横,至於户鄉亭,書鈔、選注、御覽引作「至於尸鄉」。案:史記作「尸鄉」,荀悦漢紀作「尸鄉亭」。自刎奉首,從者挽至於宫,不敢哭而不勝哀,故爲歌以寄哀音,彼則一時之爲也。「鄰有喪,舂不相」,引挽人銜枚,孰樂喪者邪。世説新語注。案:劉氏注引此及辨證甚詳,劉氏虞殯、紼謳之説,段柯古、王伯厚輩皆勦用之。

2 人之所以貴者,以其禮節也。人而無禮者,其獮猴乎,雖人象而蟲質也。初學記,下同。

3 羊有跪乳之禮,雞有識時一作「朝」。之候,鴈有庠序之儀,人取法焉。

4 善耕者足以謹字疑。地,待時而動;善射者調弓定準,見可而發;君子善養,其人足用。

5 好學以崇智，故得廣業；力行而卑體，故能崇德。是以君子居謙而宏道，然後德能象天地。

6 利物誘人，猶飄風之加草也，惟直慎者然後不回。御覽，下同。

7 桀雖有天子之位，而無一人之譽，猶朽木枯樹逢風則仆也。

8 劉項方争，父戰於前，子鬭於後。

9 王者居中國，何也？順天地之和，參天中記。而同四方之統也。

10 一産二子者，當以後生者爲兄，言其先胎也。案：公羊傳、風俗通、西京雜記並有此説。答曰：「此野人之鑿語耳，君子不測暗，安知其胎之先後也。」

11 或曰：「有人母有疾，使其妻爲母作粥，妻不肯，乃以刀擊之，夷其面，可以爲孝乎？」曰：「以刃擊妻，其親必駭而憂及之，何有於孝。」

12 或曰：「君子處陋巷之中，奚樂也？」曰：「樂得其親，樂得其友，樂聖人之道也。」

13 貪者難爲惠，苛煩者難爲恭，君子以禮而已矣。

14 齊交曰：「夫交之道，譬之於物，猶素之白也，染之於朱則赤，「夫交之道」句及此句並依藝文類聚添。染之於藍則青，遊居交友，字據天中記改。亦人所染也。韓起與田蘇處，而成好仁之名；甘茂事史舉，用顯齊、秦之功；曹參師蓋公，致清净之治；竇長君兄弟出於賤隸，謹恭師友，皆爲退讓君子。」語曰「蓬生麻中，不扶自直」，此言雖小，可以喻大。交而得其人，千里同好，固於膠漆，堅於金石，藝文類聚此下接「貢公之於王吉，可謂推賢矣」二句。窮達不阻其分，毁譽不疑其實。案：節首「齊交」二字蓋篇名。

15 夫孝行之本，替本而求末，未有得之者也。如或得之，君子不貴矣。烏猶有反哺之心，況人而無孝心乎。

16 唐虞之衣裳文法，禹稷之溝洫耕稼，人至今被之。

17 以道爲天下者，猶乘安舟而由廣路。安舟難成，可久處也；廣路難至，可常行也。

18 乘船曲折，不失其度，是善乘舟者。

19 朝發而夕異宿，勤則菜盈傾筐，且苟無羽毛。不織不衣，不能茹草飲水；不耕不食，安可以弗自力哉？賈思勰齊民要術，亦見元司農農桑輯要。按元史列傳「暢師文，字純甫，平陽人。世祖至元二十三年拜監察御史，上所纂農桑輯要書」，即此書也，明徐獻忠有書。後一首見長谷集。

（五）鍾子

名會，字士季，潁川長社人。魏太傅繇小子，仕至司徒。本傳言會死後，於其家得書二十篇，名曰道論，而實刑名家也。其書似會。隋志雜家亡書有鍾會芻蕘論五卷，殆即道論歟？新舊唐志五卷，焦氏經籍志作芻蕘語，誤。焦志舛誤非一，大抵鈔襲舊目，未嘗見書也。

1 國之稱富者在乎豐民，非獨謂府庫盈、倉廩實也。且府庫盈、倉廩實，非上所降，皆資於民，民困則國虛矣。初學記。

2 吳之玩水若魚鱉，蜀之便山若禽獸。文選注。御覽引作顧譚新言。

3 凡人之結交宜誠，德不忘哀，達不棄窮，不疑惑於讒搆，不信受於流言，經長歷遠，久而逾固。而人多初隆而後薄，始密而終疎，斯何故也？皆由交情不發於神氣，道數乖而不同，權以一時之術取倉卒之利；有貪其財而交，有慕其勢而交，有愛其色而交，三者既衰，疎薄由生。御覽，下同。

4 莠生似禾，鍮石像金。

5 焚林成煙，其狀如雲。

6 秋風至而寒蟬吟。埤雅。

7 賢者之處世，猶金玉生於沙礫，豫章産於幽谷，下不進之於上，則無由而至也。天中記。

（六）張儼默記

儼字子節，吴郡吴人。少有才名，嘗在驃騎朱據坐，賦犬曰：「守則有威，出則有獲，韓盧、宋鵲，書名竹帛。」據賞異之。早歷顯位。孫皓寶鼎初，以博聞多識拜大鴻臚。使晉，與僕射羊祜、尚書何禎結縞帶之好。及還，道病卒。事詳張勃吴録。勃即儼之子也。隋志雜家亡書有吴大鴻臚張儼默記三卷，新舊唐志同。蜀志諸葛亮傳注載亮上後帝表「先帝慮漢、賊不兩立」云云，裴松之謂此表亮集所無，出張儼默記，又别引默記述佐篇八百餘言，近人張受先輯三國文已具録之。而上後帝表尤膾炙人口，俗所謂後出師表也。若藝文類聚、文選注所引儼請立太子師傅表恐出集中，以隋志總集類又有吴侍中張儼集一卷也，今並不録。

1 漢光武體亞聖之才，執文武之略，聰明仁德，應時而出，破赤眉，擒張步、隗囂之徒，羣凶夷滅，華夏肅清。初學記。

2 論諸葛亮、司馬宣王二相優劣，曰：「漢朝傾覆，天下分崩，二公並遭值際會，託身明主。孔明起蜀漢之地，蹈一州之土，方之大國，蓋有九分之一也。提步卒數萬，長驅祁山，慨然有飲馬河、雒之志。仲達據天下十倍之地，杖兼併之衆，據帝城，擁精鋭，無擒敵之意，務自保而已。使彼孔明若此而不亡，則涼雍不解甲，中國不釋鞍，勝負之勢亦已決矣。方之司馬，不亦憂乎？」趙蕤長短經。

（七）裴氏新言

名玄，字彦黄，下邳人，有學行，仕吴至大中大夫。子欽，亦有翰采，事見吴志嚴畯傳。隋志雜家傅子下注云：裴氏新言五卷，吴大鴻臚裴玄撰。别有新言四卷，注云裴立撰。新舊唐志皆但列裴玄新言五卷，而無「裴立」。疑玄、立字訛，隋志誤以一書分爲二也。大鴻臚之銜亦與吴志不同。諸書引裴氏有作新語者，有作新言者，或當時本有異名，要非裴立之言。世説新語注引裴子，有「堅石挈脚枕琵琶」、「文度挾左傳逐鄭康成」等條，乃河東裴榮所撰語林也。裴松之謂裴啓作語林，故劉孝標疑榮别名啓，其他注引用祇作裴啓語林。

隋志亦但稱裴啓語林，不曰「裴子」，亦不復言「裴榮」，閲者宜别白焉。

1 俗間有土公之神，云土不可動。玄有五歲女孫卒得病，詣市卜，云「犯土」。即依方治之，病即愈，然後知天下有土神矣。藝文類聚，下同。案：容齋隨筆云：後漢書：「安帝時皇太子驚病不安，避幸乳母王舜舍聖，太子廚監邴吉以爲舜聖舍新繕脩，犯土禁，不可久御。」然則營宅犯土，古有其説矣。

2 正朝，縣官殺羊，懸其首初學記引裴玄新語作「頭」。於門，又磔雞以疈之，「疈」舊作「副」。據初學記。俗説以厭厲氣。玄以問河南伏君，伏君曰：「是日也，二字參御覽，又事類賦注作「是月」也。土氣上昇，草木萌動，羊齧百草，雞啄五穀，故懸二物助生氣。今人殺羊雞，自作不祥。」此九字從御覽增。五月五日集五綵、五繒，謂之「辟兵」。初學記引裴玄新語。不解，以問伏君，伏君曰：「青、赤、白、黑謂之四面，黄居中，名曰『襞方』，綴之以複，以示婦人養蠶之功也。傳聲者誤以爲『辟兵』。」「不解」下出御覽。

3 若薦其君，將有所乞，請中謝言，臣誠惶誠恐，頓首死罪。文選注引裴子新語。

4 譬猛虎浮水，不如鳧鴨；騏驎登木，不如猿猴。御覽引裴玄新言，下同。

5 漢祖驂三龍而乘雲路，振長策而驅天下。三龍，人傑也。

6 龍潛之水，乘雲躍鱗；虎嘯之聲，因風奮烈。達則振纓朝堂，窮則身親南畝。

7 尹氏之鏡，數睫照形，蒸食曾不如三錢竹箄。

8 丹涓有一言之善，晉侯賜萬頃田，辭而不受，晉侯曰：「以此易彼善也。於子猶有所亡，寡人猶有所得。」此條引作裴氏新書。

9 管仲奪伯氏駢邑三百，使之飯疏食，没齒無怨言。若管氏取以營私，則一邑不可奪也。何晏注論語，據孔安國説云：「言其當理也。」與此意合。

10 孝子欲親，云我已食；欲親，云我不寒，此漫孝也。

11 虎豹無事行步者，若將不勝其軀；鷹在衆鳥之間，若睡寐然，故積怒而後全剛生焉。然則越之所以滅吴，用此道也。埤雅引裴氏新書。

（八）袁準正書

準字孝尼，陳郡人，魏郎中令渙之幼子，忠信公正。以世事多險，故常恬退不敢求進，著書十餘萬言，論治世之務。晉泰始中，爲給事中。見魏志注引袁氏世紀等書。魏志「袁渙，陳郡扶樂人」，而世説新語注引世紀言「陳郡陽夏又」，今從之。隋志：袁子正論十九卷，袁準撰，注云：「梁又有袁子正書二十五卷，袁準撰，亡。」新舊唐志正書卷同於隋，正論則二十卷。三國志注引袁子甚多，不能辨其爲正書、正論，且文顯不復著，就其可據者分别列之。「準」或作「准」，避劉宋順帝諱而改，至趙宋又避寇萊公名也。

1 禮者，兼仁義也。北堂書鈔。

2 或云：「故少府楊阜豈非忠臣哉？」答曰：「然，可謂直士，忠則吾不知也。夫爲人臣，見人主失道，指斥其非，魏志注作「直訴」。而播揚其惡，可謂直士，未爲忠臣。故司空陳羣則不然，其談論終日，未嘗言人主之非，書數十上，而外不知。君子謂陳羣於是乎長者。」藝文類聚，下同。魏志注此下甚詳。

3 歲比不登，唯得賣棗栗瓜梨，凡不給之物，若甘蔗之屬，皆可權禁。「凡不給」下從御覽添。

4 禮者何也？緣人情而爲之節文者也，嚴父愛親之情也，尊親敬長之義也。初學記。

5 古者命士已上皆有冠冕，故謂之冠族。文選注，下同。

6 立德、蹈禮，謂之英。子產、季札，人之英也。

7 滑釐曰：「今當凶年，有欲與子隋侯之珠者，又有欲與子一鍾之粟者，子將何擇？」釐曰：「吾取粟，可以救窮。」御覽，下同。

8 語曰：「歲在申酉，乞漿得酒。歲在辰巳，嫁妻賣子。夫盛衰交代，豐荒相半，天之常道也。」此條御覽引作正論，今據蘇詩注改正。

9 堯避舜於濟陰，今定陶有堯冢，信乎。

10 桀紂有民路史注引無「紂」字、「民」字。左億、右億之衆，四嶽、三塗之險，京北、京南之固，及在鳴條之野，一朝而失天下。

11 聖人之治也，若平地焉，聾盲跛蹇皆能履之；法若邱陵也，非有逸足，不能超也。

12 唯聖知聖，唯賢知賢，信乎。楊子曰：「莊周何人哉？」袁子曰：「大而不檢，重而畏禍，智人也。」

13 孔子稱蘧伯玉「國無道，可卷而懷也」，今李膺在濁世之中，皦然與世殊塗，此西山餓夫之儔耳，卒死於非罪，焉得爲雅人。

14 李膺言出於口，人莫得違也。有難李君之言者，則鄉黨非之。禮，君子與人同輿載，則名聞天下。

15 學莫大於博，行莫過乎約。聖人者，天下之大智也。博學以聚之，兼聽而辨之。

16 非所事而强學，猶以百萬之師積之可濟之中，其用舟楫，固不如江漢之良。

17 申屠剛諫光武，以頭軔輪，馬不得前。予曰：「光武近出，未有得失，而頭軔輪，此過也。」

18 方丈之食，不過一飽；綈袍之繡，不過一煖。

19 牛馬之爲人駕乘者，非樂負千鈞之重、行千里之險，鞭策痛矣。

20 袁子曰：「吾嘗與陳子（舊訛「矛」，從天中記。）息於鄴東門之外，見一老父方坐而食，其子受之蒜，食必有餘，欲棄則惜，欲持去則暑，遂盡食。於是火辛盤其腸胃，兩目盡赤。陳子笑之。「笑」舊作「哭」，從天中記。吾謂曰：子之家中牛羊數千而不敢食，天暑有暍死者而後食之，病子之軀亦猶是也。」

21 以雲母飾犢車，謂之「雲母車」。臣下不得乘。三句廣韻引作傅子。時以賜王公，又晉氏有三望車、四望車。事類賦注，下同。

22 漢世賤輅車而貴輜軿，魏晉賤軿車而貴輅車。

23 尚書佩契刀，囊執板，加簪筆焉。富大用事文類聚新集引袁子正書。

24 虎頭高峙，貉頭尖鋭，鹿頭側長，犀頭高廣。埤雅引袁子。

（九）袁子正論

1 公羊高道論塗説之書，孔穎達春秋正義曰公羊、穀梁之書，道論塗説之學，妄生褒貶，蓋本諸此。欲以鄉曲之辨論聖之經，非其任也。北堂書鈔，下同。

2 天地者帝王所受，設祀而敬之。

3 河内青稻，新城芳秔，彫胡細弱，游梁精美。

4 蒸豚、炮鼈、烹鵝、炙鴈、遼東、細粒、寒鴞、鶮鴈。藝文類聚又云：「長安九醸，中山清酤。」

5 魏家置吏部尚書，專選天下百官。夫用人，君之所司，不可以假人者也。使治亂之柄參御覽。制在一人之手，權重而人才難得，居此職稱有此才者，未有一也。

6 國之大祭有五：禘、祫、郊、祖宗、報。禮郊特牲：「祭有報焉。」注謂：「若穫禾報社。」此五者禮之大節也。初學記，下同。案：此本國語展禽之言。

7 良醫療病，攻於腠理。

8 明堂、宗廟、太學，禮之大物也。事義不同，各有所爲，而世之論者，合以爲一體，取詩書放逸之文、經典相似之語推而致之，不復考之人情，驗之道理，失之遠矣。夫宗廟之中，人所致敬，幽隱清浄，鬼神所居，而使衆學處焉。饗射其中，人鬼慢黷，死生交錯，囚俘截耳，瘡痍流血，以干犯鬼神，非其理也。且夫茅茨采椽，至質之物，建日月，乘玉路，以處其中，象箸玉杯，而食於土簋，非其類也。如禮記先儒之言明堂之制：四面，東西八丈，南北六丈。禮，天子七廟，左昭右穆，又有祖宗，不在數中。以明堂之制言之，昭穆安在？若又區別，非一體也。夫宗廟，鬼神所居，祭天而於人鬼之室，非其處也。明堂法天之宫，非鬼神常處，故可以祭天，而以其祖配之，配其祖父於天位可也，事天而就人鬼，則非義也。自古帝王必立大小之學，以教天下。有虞氏謂之上庠、下庠；夏后氏謂之東序、西序；殷謂之右學、左學；周謂之東膠、虞庠，皆以養老乞言。明堂位曰：「瞽宗，殷學也，周置師保之官，居虎門之側，然則學宫非一處也。」文王世子：「春夏學干戈，秋冬學羽籥，皆於東序。」又曰：「秋學禮，冬讀書，禮在瞽宗，書在上庠。」此周立三代之學也，可謂立其學，不可謂立其廟。然則太學非宗廟也。又曰：「世子齒於學，國人觀之宗廟之中，非百姓所觀也。」王制曰：「周人養國老於東膠，不曰『辟廱』。殷人養國老於右學，養庶老於左學。」宗廟之事，不應與小學爲左右也。辟廱之制，圓之以水。圓象天，取生長也；水潤下，取其惠澤也；水必有魚鼈，取其所以養也。是故明堂者，大朝諸侯講禮之處，宗廟享鬼神歲覲之宫，辟廱大射養孤之處。太學，衆學之居；靈臺，望氣之觀；清廟，訓儉之室，各有所爲，非一體也。古有王居明堂之禮，月令則其序也。天子居其中，學士處其内，君臣同處，死生參並，非其義也。大射之禮，天子張三，大侯九十步，其次七十步，其次五十步。辟廱處其中，今未知辟廱廣狹之數。但二九十八，加之辟廱，則徑三百步也。凡有公卿、大夫、諸侯之賓，百官侍從之衆，殆非宗廟中所能容也。禮，天子立五門，又非一門之間所能受也。明堂以祭鬼神，故亦謂之廟。明堂、太廟者，明堂之内太室，非宗廟之太廟也，於辟廱獻捷者，謂鬼神惡之也。或謂之學者，天下之所學也；總謂之宫，大同之名也。生人不謂之廟，此其所以别也。先儒曰：「春秋，人君將行，告祭宗廟，反獻於廟。」王制釋奠於學，以訊馘告，則太學亦廟也。其上句曰：小學在公宫南之左，大學在郊。明大學非廟，非所以爲證也。周人養庶老於虞庠，虞庠在國之西郊，今王制亦小學近而大學遠。其言乖錯，非以爲正也。左氏云：公既視朔，遂登觀臺，以其言遂，故謂之同處。夫遂者，遂事之名，不必同處也。馬融云：明堂在南郊，就陽位，而宗廟在國外，孝子之情也。古文稱明堂陰陽者，所以法天道、順時政，非宗廟之謂也。融云：告朔行政，謂之明堂。夫告朔行政，上下同也，未聞諸侯有明堂之稱也；順時行政，有國者皆然，未聞諸侯有居明堂者也。齊宣王問孟子：「人皆謂我毁明堂，毁諸己乎？」孟子曰：「夫明堂者，王者之堂也，王欲行王政，則勿毁之矣。」夫宗廟之政，非獨王者也，若明堂即宗廟，不得曰夫明堂，王者之宗廟也。且説諸侯而教毁宗廟，爲人君而疑於可毁與否，雖復淺丈夫未有是也。孟子古之賢士，而子思弟子，去聖不遠，此其一證也。尸子曰：「昔武王崩，成王少，周公踐東宫，祀明堂，假爲天子。」明堂在左，故謂之東宫。王者而後有明堂，故曰祀明堂。假爲天子，此又其證也。詩靈臺篇孔穎達正義。案：明堂、辟廱、靈臺，異同分合，説者聚訟，孔氏詳引之，而以袁説爲正，其前數行禮記明堂位正義亦引之。觀袁此論，則其於經學淹貫精深可見。通檢十三經正義引正論，止此一條，故亟録之。宋景文集規蔡邕明堂議引之多所删改，非本文也。

9 堯、舜之民比屋可封，非盡善也，猶在防之水非不流也。桀、紂之民比屋可誅，非盡惡也，猶在壑之水非不停也。御覽，下同。

10 兵有三勇：主愛其民者勇，有威刑者勇，賞信於民者勇。故仁愛加於下，則有必死之民。

11 今有卿相之才，居公之位，脩其政治，以寧國家，未必封侯也。今軍政之法，斬一牙門將者封侯。夫斬一將之功，孰與安寧天下者乎？安寧天下者不爵，斬一將之功者封侯，失賞之意也。

12 春秋：鄭莊公封母弟於京，蔡仲曰：「都城過制，國之害也。」其後卒相攻伐，國内大亂。故過度則有强臣之禍，鄙小則有微弱之憂。秦以列國之勢而併天下，自以由諸侯而起也。於是去五等之爵而置郡縣，雖有親子母弟，皆爲匹夫，及其政衰，匹夫一呼而天下去。及至漢家見亡秦以孤特亡也，於是大封子弟，或連城數十，廓邑千里，自關以東皆爲王國，力多而權重，故亦有七國之禍。

13 封禪之説，唯周官有王大封之文。齊桓公欲封禪，聞管仲言而止。焚燎祭天，皆王者之事，非諸侯之所爲也，是以學者疑焉。後秦一主、漢二君，修封禪之事，其制爲封土方丈餘，崇於泰山之上，皆不見於經。秦漢之事未可專信。管仲云：禹禪會稽，告天則同，祭地不得異也。會稽可禪，是嶽皆可封也。夫洛陽者，天地之所合；嵩高者，六合之中也，六合，路史注作「天地」。今處天地之中，而告於嵩高可也，奚必於泰山？

14 或曰：「同姓不相娶，何也？」曰：「遠別也。」曰：「今之人外内相婚，禮歟？」曰：「中外之親，近於同姓，同姓且猶不可，而況中外之親乎。古人以爲無疑，故不制也。今以古之不言謂之可婚，不知禮者也。」或曰：「國語云『同德則同姓，同姓雖遠，男女不相及；異德則異姓，異姓雖近，男女相及』，斯言何故也？」曰：「司空季子有爲而言也，文公將求秦以反國，不敢逆秦故也。」

15 太祖破呂布，袁渙在軍中，陳羣父子見，上拜，惟袁渙獨高揖不爲禮，上嚴敬之。魏志注引袁氏世紀，言是準自叙此，則準叙其父之高節如此也。

16 伏羲畫八卦，觸類而長六十四卦。陳耀文經典稽疑。

（一〇）蘇子

名彥。案：隋志道家亡書梁有蘇子七卷，晉北中郎參軍蘇彥撰。新舊唐志並七卷，胡元瑞以雜家別有蘇道爲疑。但志書立言六卷，蘇道撰，未嘗云蘇子。是意林所引，非蘇道明矣。彥行事無考。隋志總集有集十卷，書鈔、藝文類聚載其「柟榴枕、邛竹杖」等銘，出集中。

1 車渠、馬瑙出於荒外，今冀州之土，曾未得其奇也。藝文類聚。

2 蜀郡鄧公呼吸成霧。初學記。「郡」字從御覽添。祝穆事文類聚「郡」作「都」。

3 人生一世，若朝藝文類聚作「曉」。露之託歲華紀麗作「寄」。於桐葉耳，其與幾何？後漢書注。

4 行務應規，步慮投矩。文選詩注。「慮」，一本作「當」。

5 人而不學，譬之視肉而食。史記索隱。案：莊子：「人不學，謂之視肉；學而弗用，謂之縟囊。」

6 天子坐九重之内，樹塞其門，旒以翳明，黈以隱聽，鸞以抑馳。御覽，下同。

7 夫帶方寸之印，拖丈八之組，戴貂鶡之尾，建千丈之旗，遊五里之衢，走卒警蹕叫呼而行者，諸侯之所謂榮華，時俗之所謂富貴也。

8 不食八珍，何以知味之奇？不爲學文，何以知世之資？

9 立君臣，設尊卑，杜將漸，防未萌，莫過乎禮；哀王道，傷時政，莫過乎詩；導陰陽，示悔吝，「示」字從書鈔補。莫過乎易；明善惡，知廢興，吐辭令，莫過乎春秋；量遠近，賦九州，莫過乎尚書；知人情，動風俗，莫過乎樂；治刑名，審法術，莫過乎商韓；載百王，紀治亂，莫過乎史漢。孟軻之徒，「孟」或作「式」，然句恐有誤。溷淆其間。

世人見其才易登，其意易過，於是家著一書，人書一法，雅人君子投筆硯而高視。參天中記。

10 房麗者，趙之賢人，立東門外，有行商車轄亡，麗告之，未悟，復告之，商人怒曰：「吾轄自亡，何須汝告？」惠加於己而反怒之，吾欲比此於草木有心矣。

11 蘭以芳自燒，膏以肥自焫，翠以羽自殃，蚌以珠致破。二句書鈔引之，「致破」作「破體」。象以牙喪身，不能去其白；薰以芳自燒，不能去其香。此條首四句與天中記所載意林正同。案：漢書龔勝傳：「勝卒，楚老父弔之曰：『薰以香自燒，膏以明自煎。』」楊雄太元賦云：「薰以芳而致燒兮，膏含肥而見焫；翠羽微而殃身兮，蚌含珠而擘裂。」蘇彥蓋用其語。困學紀聞引御覽誤爲蘇秦，因惜秦能爲此言，而不能保其身。且云漢書楚老父之言本此，不知漢志縱横家蘇子久亡，故他書述蘇秦語，直云「蘇秦曰」。惟藝文類聚引蘇子一條，有曰：「微生與婦人期，不來，水至，抱梁柱而死。」案：史記秦對燕王語，與此大同小異，當是秦之言。然此事實出莊子盜跖篇，疑「蘇」爲「莊」字之訛。書鈔「蚌以珠破體」下又云：「是以公孫賀得丞相而啼泣，知滿之有毀，朝之有暮。」

（一一）陸子

名雲，字士龍，吳郡吳人，吳丞相遜之孫、都護抗之幼子也。天才儁異，善屬文，時號「隱鵠」，與兄機齊名。仕晉爲清河太守，或云清河内史，轉右司馬。晉書本傳稱其撰新書十篇行世。隋志道家亡書有陸子十卷，陸雲撰。新舊唐志並同。抱朴所謂快書也。長兄景，字士仁，著典語。機，字士衡，嘗作子書未成云。

1 三皇垂策，一作「拱」，御覽、埤雅並作「策」。而五帝擊手；「擊」一作「垂」，御覽、埤雅並作「擊」。唐虞按轡，禹湯馳轅；楊升菴集引此，下有「五霸叏駕，六國摧輈」二句。雖使周公御衡，仲尼促節，固不已也。初學記。案：此即孝經鉤命訣「三皇步，五帝馳；三王驟，五霸鶩」之意。抱朴子亦云：「三皇步，五帝驟，霸王以來，載馳載鶩。」

2 欲水之清，則勿涉；欲林之茂，則勿獵。御覽。埤雅引陸子曰：「乾鵲噪而行人至，蜘蛛集而百事喜。」據西京雜記爲陸賈語，然今新語無之。

（一二）張顯析言

隋志雜家亡書有析言論二十卷，晉議郎張顯撰。别有古今訓十一卷，張顯撰。舊唐志失載古今訓，而併「析言」之字爲「誓」，又訛「顯」爲「儼」，因云「誓論三十卷，張儼撰」。新唐志仍之，以「誓論」繫「默記」下，復云：張明誓論二十卷，古訓十卷。其改「顯」爲「明」，自是避唐中宗諱，不足爲異。所異誓論、張儼，一誤再誤耳。篇籍散亡，史文沿襲，舉一例百，是正良難矣。

1 謁者僕射李明，清達有高才，多識前代格言，爲楊雄、司馬之儔也。北堂書鈔。

2　萬雀不及一鳳凰，衆星不如一明月。藝文類聚。

3　古諺：堯舜至聖，心如脯腊；桀紂無道，肥膚三尺。御覽。案：鄧析子曰：「堯舜至聖，身如脯腊；桀紂無道，肥膚三尺。」亦見淮南子注。又此節今本作「堯若腊，舜若腒。」

4　高辛氏初生，自言其君氏，御覽作「民」。終無迷謬也。路史注。

（一三）干子

名寶，字令升，新蔡人。晉元帝時著作郎，著晉紀，官至散騎常侍。晉書有傳。隋志儒家亡書有干子十八卷，干寶撰。舊新唐志載干寶正言十卷、立言十卷，意即干子，而書名無古據，又卷帙分合多少不同，未能審其是否。「干」姓，俗多訛爲「于」。宋儒楊廷秀尚不免此誤云。

1　諸葛瞻雖智不足以扶危，勇不足以拒敵，而能外不負國，内不改父之志，忠孝存焉。蜀志注，下同。

2　姜維爲蜀相，國亡主辱，弗之死，而死於鍾會之亂，惜哉。非死之難，處死之難也。是以古之烈士，見危授命，投節如歸，非不愛死也，知命之不長，而懼不得其死也。案：裴氏注三國志引干寶晉紀、干寶搜神記甚多，皆舉書名，唯蜀志載此二條，直云「干寶曰」。寶別無評論國志之書，而干子行世不及傅子、袁子等之著，故彼得稱「子」，此獨變文稱名，猶譙周傳注引孫綽語，今見御覽，自稱「孫子」也。

3 陸終生子交，坼剖而産。此史記楚世家文，以意補之。先儒學士多疑此事，譙允南通才達學，精覈理數者也，作古史考，以爲作者妄記，廢而不論。余亦尤其生之異也。然按六子之世，子孫有國，升降六代，數千年間，迭至霸王。天將興之，必有尤物乎。若夫前志所傳，脩己背坼而生禹，簡狄胸剖而生契，歷世久遠，莫足相證。近魏黄初五年，汝南屈雍妻王氏生男，從右胳下水腹上出，而平和自若，數月創合，母子無恙。路史：孔羡表黎陽掾屈雍妻王，以十月十二日生男云云。斯蓋近事之信也。以今況古，固知注記者之不妄也。天地云爲陰陽變化，安可守之一端、概以常理乎？詩云「不坼不副，無災無害」，原詩人之旨，明古之婦人嘗有坼剖而産者矣。又有因産而遇災害者，故美其無害也。裴駰史記集解。案：是條亦首揭「干寶曰」。路史餘論孳生坼䟲之説實本諸此。所以知出干子者，集解述諸家之注例皆稱名，其旁引仍標某書而不名。如應劭風俗通則必云風俗通曰，不概云應劭曰也。干寶搜神記亦然。寶既未嘗注史，裴所引亦更無别條。非干子之文，而何稱干寶者，乃用其祖注三國志法耳。若宋書五行志所稱「干寶曰」，係晉紀之文，劉昭續漢五行志注所載論「語擿輔像」一段，亦出干子。以事涉機祥，不録。

（一四）顧子

隋志儒家：顧子新語十二卷，吴太常顧譚撰。其亡書有顧子十卷，晉揚州主簿顧夷撰。新舊唐志：顧子新論五卷，顧譚撰；顧子義訓十卷，顧夷撰。案：吴志：「譚，字子默，吴郡吴人，豫章太守劭之子，官太常，平尚書事，坐譏間，徙交州。發憤著新言二十篇，其知難篇蓋以自悼歎也。」世説新語注引顧氏譜曰：「夷，字君齊，吴郡人，少府卿霸之子。辟揚州主簿，不就。」此云顧子，未知其爲譚歟，夷歟？夫言論篇卷，三史既迭變其文，義訓、顧子，二志復各異其名。而諸書所引，或曰顧子，或曰義訓，執一以求，猶刻舟與膠柱也。今爲兩存，而詳注之。

1 或問：「今之寺門有鼓，何爲？」顧子曰：「夏禹懸鼓於門，以納諫者，此遺風也。」北堂書鈔。

2 不諫則危君，諫則危身，是故賢人君子，上不敢危君，下不敢危身，三諫不從則去矣。初學記。

3 登高使人意遐，臨深使人志清。選詩注。

4 昔梁邱據之諫景公也於房，晏子之諫景公也於朝，然晏子之忠著於竹素，梁邱之佞於今不絕。亦惟公平正直者，聖之所先矣。御覽，下同。

5 夫哀、樂、喜、怒、愛、憎、欲、懼，人之情也。當其哀也，則欲哭泣擗踴；遇其樂也，則欲荒淫流湎；逮其喜也，則欲歡笑鼓舞。荒淫則傷義，鼓舞則虧風。

6 非其道，壺漿不可受；是其道，雖天下不可讓。

7 昔宋人臨萬仞之淵，釣數寸之鱗，魚將含釣，不知膝之日進，有傾墮而死，能誘也。以上七條俱引顧子。

8 假天下之目以視，則四海毫末可見。

9 或曰：「三墳、五典、八索、九丘，蓋聖人之陳跡耳，子何好焉？」顧子曰：「上紀五帝之盛，下述百王之義，粲粲如列宿，落落如連珠。二句書鈔引顧子。雖復退居窮處，簞食瓢飲，未始失其樂矣，予何得無好乎？」

10 人有善於射而高於顧子，顧子曰：「子之射雖百中，不若我之彈。」或曰：「何以爲然？」顧子曰：「子之所射，射貍之皮；我之所彈，彈狐之心。」以上三條俱引顧子義訓。

11 顧子天中記作「顧夷子」。與子華遊東池，子華曰：「水有四德，池爲一焉。沐浴羣生，澤流萬世，是仁也；揚清激濁，滌蕩滓穢，是義也；柔而難犯，弱而能勝，是勇也；導江疏河，變盈流謙，是智也。」顧子曰：「我得汝於池上矣。」藝文類聚、御覽引顧子、天中記稱「顧夷子」，是亦義訓之文。

12 顧子謂子華曰：「爾有四樂，頗知之乎？」子華曰：「未之知也。」子曰：「二親具存，是爾一樂；兄弟無故，是爾二樂；夫和妻柔，是爾三樂；被褐加玉，是爾四樂。」子華曰：「華乃有五，遇千載之會，而登夫子之堂，則華之五樂也。」御覽引顧子。據稱子華，則亦當爲義訓。

（一五）諸葛子

名恪，字元遜，瑯琊陽都人，吴大將軍瑾之子。官太尉，加荆揚州牧，都督中外諸軍事，爲孫峻所殺。吴志有傳。隋志雜家亡書有諸葛子五卷，吴太傅諸葛恪撰。新舊唐志不載。

1 魏基五儁。北堂書鈔，下同。案：王應麟小學紺珠載魏佐命臣三十二人，曹真、曹休、夏侯尚等是也。此云五儁，未詳。據魏志，程昱、郭嘉、董昭、劉曄、蔣濟同傳，當是此五人。又晉書云：薛兼，丹楊人，少與同郡紀瞻、廣陵閔鴻、吴郡顧榮、會稽賀循齊名，號爲五儁。此吴人，又在晉世，非諸葛所云也。

2　鼓洪爐以燎毛髮，傾五嶽以壓枯朽。

3　若能力兼三人，身與馬如膠漆，手與箭如飛虹，事類賦「欻爾虹飛」注引作「虹」。誠宜寵異。御覽。

（一六）陳子要言

隋志法家亡書有陳子要言十四卷，吴豫章太守陳融撰。新舊唐志並同。案：陳子無考，惟吴志陸瑁傳云：陳國陳融單貧有志，瑁與交遊。又宋書禮志稱吴侍郎陳融奏東郊頌而已。要言見引他書亦甚少。

1　棄晨雞，俟鳳警，亦猶棄當世之實才，須世人之執政也。事類賦注。

（一七）苻子

名朗，字元達，略陽人，堅之從子也。爲青州刺史，降晉，元帝除員外散騎侍郎，爲王沈所殺。朗博識，善別味，食雞知棲半露，食鵝知其黑白，雅好談虚語玄。著苻子數十篇，蓋老莊之流也，事詳世説注及晉書載記。隋志道家二十卷，新舊唐志俱三十卷。

1　朗家焚，原作「楚」，天中記作「家罹楚」。朗棄千金之劍，抱苻子而趨，謂曰：「何夫子棄大而存小乎？」朗不應。句參御覽。夫千金利劍，剖割之所存，苻子之書，大道之所居焉。北堂書鈔，下同。

2 至人之道也，原作「不」，從初學記。如鏡有明有照，有引有致。

3 有澤火者，冠霞笠，兼莎裳、褐衣，御覽一作「澤文，冠葭蘆之笠，納鹿之履，莎裳」云云。緩步而去。

4 堯舜之智，桀紂以爲不智，堯舜以爲智，惡知堯舜之非桀紂，桀紂之非堯舜乎？藝文類聚，下同。

5 不安其味而樂其明，是猶夕埤雅作「文」。蛾去暗，赴燈而死也。

6 許由謂堯曰：「坐於華殿之上，面雙闕之下，君之榮，顧亦已足矣。」以上從御覽。堯曰：「坐於華殿之上，森然而松生於棟；立於櫺扉之内，霏焉而雲生於牖；雖面雙闕，無異乎崔嵬之冠蓬萊；雖背墉郛，御覽作「一墎」。路史注引先聖本紀作「郭」。無異乎回巒之縈崑崙，余安知其所以安？」御覽作「所以不榮」。

7 堯以天下讓巢父，巢父曰：「君之牧天下，亦猶余之牧孤犢。君牧天下，余牧孤犢，是各有其所牧矣。君焉用惴惴然以所牧而與余？余無用天下爲也。」於是牽犢而去。

8 禹讓天下於奇子。奇子曰：「君言路史注作「之」。佐舜勞矣。鑿山川，通河漢，路史注作「濟」。首無髮，股無毛，故舜以勞報子。我生而逸，不能爲君之勞矣。」

9 太伯將讓其國於季歷，謂其傅曰：「大王欲以一國之事嗣我，我其羞之。吾聞至人不君一世，而萬世以之君；不貴一代，而萬代以之貴。吾焉能貴乎一國而賤乎萬代哉？」乃去其國。句從路史注補。

10 晉公子重耳奔齊，與五臣遊乎大澤之中，見蜘蛛布網曳繩，執豸食之。公子乃撫僕之手，駐駟而觀之，顧其臣舅犯曰：「此蟲也，智之德薄矣，而猶役其智，布其網，曳其繩，執豸以食之。況乎人之智，而不能廓垂天之網，布絡地之繩，以供方丈之御，是曾不如蜘蛛之智，可謂人乎。」舅犯曰：「公子慎勿言，若終行之，則有邦有嗣也。」

11 齊景公好馬，使善畫者圖而訪之，殫百乘之價，朞年而不得，像過實也。今使好賢之君考古籍以求其人，雖百年不可得也。參御覽。

12　東海有鼇焉，冠蓬萊而游於滄海，騰躍而上，則干雲之峰。邁事類賦注作「峻極」。於羣嶽，沈没而下，則隱天之邱，潛御覽有「嶠」字，事類賦注作「嶠」。於重泉。有蚔蟻別本引作「紅蟻」，誤。聞而悦之，與羣蟻相要乎海畔，欲觀鼇之行。月餘未出，羣蟻將返，遇長風激浪，崇濤萬仞，海水沸，地雷震。羣蟻曰：「此鼇之將作也。」數日風止雷默。海中隱起如岊，其高槩天，或遊而西。羣蟻曰：「彼之冠山，何異乎我之戴粒也？逍遥壤封之巔，歸伏乎窟坎韻府羣玉作「穴」。之下。此乃物我之適，自然而然，何用數百里勞形而觀之乎？」參御覽、天中記。

13　觀於龍門，有一魚奮鱗鼓鬐而登乎龍門，而爲龍；又一術士淩波蹈流而不陷，摇鈴行歌，飄浪於龍門，而終日棲遲而不化。彼同功而事異，跡一而理二，何哉？無乃魚以實應，人以僞求乎？

14　朔人獻燕昭王以大豕，曰：「養奚若？」使者曰：「豕也非大圊不居，非人便不珍，今年百二十歲，邦人謂之『豕仙』。」王乃命豕宰養六十五年，大如沙墳，足如不勝其體。王異之，令衡官橋而量之，折十橋，豕不量；又命水官舟而量之，其重千鈞，其巨無用。燕相謂王曰：「奚不饗之？」王乃命宰夫膳之。夕見夢於相曰：「造化勞我以豕形，食我以人穢，吾患其生久矣。今仗君之靈，得化吾生，始得爲魯津之伯，浮舟者食我以粳粉之珍。欣君之惠，將報子焉。」燕相遊魯津，有赤龜奉璧一云「夜光珠」。而獻。參初學記、御覽。

15 有驢仙者，享五百歲，負乘而不輟，歷無定主，大驛於天下。初學記，下同。

16 楚之交子，魯之周子，齊之狂子，三子相與居乎泰山之陽，處乎環堵之室，蓽門不扉，蓋茨不翳，而絃歌不輟。

17 盛魄重輪，六合俱照，非日月能乎。御覽，下同。

18 水生於石，未有居山而溺者；火生於木，未有抱樹而焦者。爲道者日損而月章，爲名者日章而月損。

19 黄帝將適昆虞之邱，中路逢容成子，乘翠華之蓋，建日月之旗，驂紫虯，御雙鳥。黄帝方命避路，容成子曰：「吾將鈞於一壑，棲於一邱。」

20 黄帝謂其友無爲子曰：「我勞天下矣，疲於形役，請息駕於玄圃，子且待之。」無爲子曰：「焉能棄我之逸而爲君之勞？」乃攀龍而俱去。

21 舜禪夏禹於洞庭之野。

22 桀觀炮烙於瑶臺，謂龍逢曰：「樂乎？」龍逢曰：「樂。」桀曰：「觀刑而樂，何無惻怛之心乎？」對曰：「刑固苦矣。然天下苦之，而君樂之。君，心也，臣爲股肱，孰有心悦而股肱不悦者？」「觀刑」下參路史。桀曰：「聽子諫。諫得，我功之；不得，我刑之。」龍逢曰：「臣觀君之冕非其冕也，而冕危石；臣觀君之履非履也，而履春冰。未有冠危石而不壓、履春冰而不陷者也。」桀乃笑而應之曰：「子知我之亡而不自知其亡，子且就炮烙之刑，吾觀子亡不亡。」龍逢行歌曰：「造化勞我以生，佚我以炮烙。」布武而趨，乃赴火而死。路史發揮辨之曰：「危石、春冰言之不倫，豈逢之語？而炮烙之事，考之書，乃紂之行，不聞爲桀也。苻子云云，吾不敢盡信。」廣業案：苻子寓言，或致失實，如此條及下「武王讓天下」之類是也。然此猶惡居下流之意。岐封之讓明屬傅會，以既採自御覽，不妨取備博聞也。若廣弘明集所引「老氏之師名釋迦、文殊」等語，則不得不從芟汰矣。

23 武王以天下讓岐封子，岐封子曰：「孰匆匆然以天下爲事乎？君往矣，余不忍聞之。」

24 玄冥子謂由有子曰：「子有師乎？」由有子曰：「吾將以萬物爲師矣。」

25 春秋華林傳曰：「不知不言，其所以仁。」

26 惠子家窮，餓數日不舉火，乃見梁王。王曰：「夏麥方熟，請以割子可乎？」惠子曰：「施方來，遇羣川之水長，有一人溺流而下，呼施救之，施應曰：『吾不善游，方將爲子告急於東越之王，簡其善游者以救子，可乎？』溺人曰：『我得一瓢之力則活矣，子方告急於東越之王，簡其善游者以救我，是不如求我於重淵之下、魚龍之腹矣。』」

27 齊魯争汶陽之田，魯侯有憂色。魯有隱者周豐往見，曰：「臣嘗晝寢，愀然聞羣虱之鬭乎衣中，甘臣膏腴之肌，珍臣項脅之膚，相與樹黨，争之日夜不息，相殺者大半。口父止之曰：『我與爾所慮不過容口，奚用竊争交戰爲哉？』羣虱止。今君有七百里地，爲君之臣亦已足矣。而以汶陽數步之田惑君之心，曾不如一虱之知，竊爲君羞之。」魯侯曰：「善。」

28 齊景公謂晏子曰：「寡人既得寶千乘、聚萬駟矣。方欲珍懸黎、會金玉，其得之耶？」晏嬰曰：「臣聞琬琰之外有鳥曰金翅，民謂之羽豪。其爲鳥也，非龍肺不食，非鳳血不飲。其食也，常飢而不飽；其飲也，常渴而不充；生未幾何，夭其天年而死。金玉之珍乃爲君之患也。」

29 鄰人謂展禽曰：「魯聘夫子，夫子疑脱「無喜色」三字。三黜無憂色，何也？」禽曰：「春風鼓，百草敷蔚，吾不知其茂；秋霜降，百草零落，吾不知其枯。枯茂非四時之悲欣榮辱，豈知吾心之憂喜？」三句從事類賦注補。

30 鄭人有逃暑於孤林之下，日流影移，而徙衽以從陰。至暮，反席於樹下。及月流影移，復衽以從陰，而患露之濡於身，其陰逾去，其身逾濕，是巧於用晝而拙於用夕。奚不處曜而辭陰，反林避露？此亦愚之至也。

31 趙之相者林氏有九子，皆賢，國人美而稱之，號曰「九德之父，十德之門」。趙王疾之，使擇其果之煩者伐之。其父曰：「果之茂者猶伐之，況其人乎？吾將以爾爲累矣。去之則免。」乃攜老持子逃於白雲之巘，終身不返，趙人思之。

32 方外曰：太公涓路史：呂涓，字子牙，爲太公望師尚父。釣於隱溪五十有六年矣，而未得一魚。魯連路史注作「季連」，下同。聞之，往而觀焉。太公涓跪路史注作「踞」。石隱崖，且不餌而釣，仰詠俯吟，及暮則釋竿。其膝所處若背，其跗觸岸若路。魯連曰：「釣所以取魚，無魚何釣？」太公曰：「不見康王父之釣耶，念蓬萊釣巨海，摧岸投綸五百年矣，未嘗得一魚，吾方之猶一朝耳。」參路史注。案：節首「方外」是篇名。

33 魏文侯見宋陵子，三仕不碩。文侯曰：「何貧？」陵子曰：「王見楚之富者乎，牧羊九十九而願百。嘗訪邑里故人，其鄰人貧，有一羊，富者拜之，曰：『吾羊九十九，今君之一，盈我成百，則牧數成矣。』鄰與之。從此觀之，富者非富，貧者非貧也。」

34 晉之射者桓氏，世傳於楚，善以道假乎射焉。常以其所不射而射之，患晝之不足以卒歲，故以夜而燭之。

35 顏子有疾，三日不食。問之，曰：「吾師也，食非丹不食，茹非芝不食，故七百歲。」「子何不吮瑶以延生、咀藥以養齡也？」

36 富者陶朱公喪其中子，鄰人往弔之，朱公方擁膝蹲踞，捧頭而笑，鄰人云：

「聞有喪，將唁子之哀。」朱公曰：「生不致哀，死而唁，何鄰人之不通也。」

37 漢王聞宋朦子方牧羊於巨澤，鼓而歌南方之詩。使者進謂宋朦子曰：「漢王聞先生之賢，使使者致命於先生，而委國政焉。」宋朦子矍然而顧，謂使者曰：「是何言歟？今漢王待四海之士，與十羣之羊，其於職同也，奚以異乎？而大王廢其牧羊之任，委以四海之政，是錯亂天位，倒置人倫。朦不願爲也。」乃逃於陰山之陽。

38 天羅廓矣，野人猶有罝翳之勤。

39 吾與元子觀東海，釋駟而升乎嘏山，未中路而忘馬，苻子使人求之不獲，使鬼索之而獲。苻子曰：「六合不可忘，故知良馬在其中矣。請以六合之觀觀之也。」參事類賦注。

40 務光自投廬川，廬川之伯參事類賦注。以赤鯉送之。

41 木生蝎，蝎盛而木枯；石生金，金曜而石流。

42 苻子與元子登於太山，參事類賦注。下臨千仞之淵，上蔭百丈之松，蕭蕭然，神王乎一邱矣。海録碎事引無「乎」字。

43 言不出乎耒鋸，心不過乎俗人，猶木犬守户，瓦雞司晨。

44 心能善知人者如明鏡，善自知者如淵蚌。「淵」字從天中記。鏡以曜明，故鑒人；蚌以含珠，故内照。

45 羿嘗從吴賀北遊，見雀焉，賀命之射，羿曰：「生乎？其殺之乎？」賀請左目，羿中厥右，恥之。由是每進，妙中高出天下，迨事夏王。以上從路史。王使羿射於方尺原訛「家」，路史作「冢」。之皮、徑寸路史作「征南」。之的，命曰：「射中則賞子以萬金之貲，不中則削子十邑之地。」羿容無定，氣戰於胷中，援弓而射之，不中，更射之，又不中。王謂傅彌仁曰：「斯羿也發無不中，而與之賞罰則不中的者，何也？」傅彌仁曰：「若羿者，喜懼爲之災，萬金爲之患矣。能遺其喜懼，去其萬金，則天下之人皆不愧於羿矣。」夏王曰：「吾聞子之言，始得無欲之道。」

46 魯侯欲以孔子爲司徒，將召三桓而議之。乃謂左丘明曰：「寡人欲以孔子爲司徒，而授以魯政焉，將欲謀諸三子。」左丘明曰：「孔某，其聖人與？夫聖人佐政，過者離位焉。雖欲謀，其將弗合乎。」魯侯曰：「吾子奚以知之？」丘明曰：「周人有愛裘而好珍羞，欲爲千金之裘，而與狐謀其皮；欲具少牢之珍，而與羊謀其羞。言未卒，狐相率逃於重邱之下，羊相呼藏於深林之中。故周人十年不製一裘，五年不具一牢，何者？周人之謀失之矣。今君欲以孔某爲司徒，召三桓謀之，非亦與狐謀裘、與羊謀羞哉？」於是魯侯遂不與三桓謀，而召孔某爲司徒。天中記參繹史。正楊載升菴所引苻子，起「周人有製重裘而好珍羞」，訖「周人之謀失之矣」。案：苻子早入道藏，其書在明世宜尚有存者，然晦伯譏楊引此不知爲左丘明語，而末更以孔子、晏嬰爲證，是豈真見苻子者耶？又鬭龍逢「危石、春冰」等語明出苻子，升菴乃謂載在太平總類，而羅泌收之，是則博如升菴，竟未得見苻子矣。晦伯雖有此議，亦不顯言苻子存否。觀其纂天中記所引苻子，要皆本書鈔以下諸書，又射類載羿射雀誤中事，注云出帝王世紀，御覽不載，更不及「夏王命羿」一節。夫謂御覽不載射雀事，信然。謂只出世紀，則未也。據路史夷羿傳先言羿學射於吉甫，注云見世紀，次言從吴賀及夏王云云，注云見苻子，則知射雀之事不僅在世紀甚明。晦伯誠見苻子，何不徑引苻子原文，更爲詳盡耶？由此言之，晦伯亦非真見苻子矣。

（一八）相貝經

藝文類聚云：相貝經，朱仲受之於琴高，琴高乘魚浮於海河，水産必究，仲學仙於高，而得其法，又獻珠於漢武，去不知所之。嚴助爲會稽太守，仲又出，遺助以徑尺之貝，並致此文於助。

黄帝、唐堯、夏禹三代之貞瑞，詩疏廣要作「正瑞」，蓋依宋人避諱改本。靈奇之秘寶，其有次此者：貝盈尺，狀如赤電黑雲，謂之「紫貝」；素質紅黑，謂之「朱貝」；廣要作

「珠貝」，下「朱明目」同。青地緑文，謂之「綬貝」；黑文黄蓋，類聚作「畫」，廣要同。謂之「霞貝」；紫愈疾，朱明目，綬清氣障，廣要「清」作「消」。霞伏蛆蟲，雖不能延齡增壽，其禦害一也。復又下此者：鷹喙蟬脊，以逐温去水無奇功，貝大者如輪；文王得大秦貝，徑半尋；穆王得其殼，懸於昭觀；秦穆公以遺燕鼂，可以明目察遠，宜玉宜金。南海貝如珠礫，或白駮，其性寒，其味甘，止水毒。浮貝使人寡，無以近婦人，黑白各半是也。濯貝使人善驚，無以親童子，黄唇黑點，類聚無「點」字。齒有赤駮是也。雖貝使病虐，廣要「使」下有「人」字。黑鼻無皮是也。嚼貝使胎消，勿以示孕婦，赤帶通脊是也。慧貝廣要作「惠貝」。使人善忘，勿以近人，赤熾内殼赤絡是也。醟貝使童子愚、女人淫，有青唇赤鼻是也。碧贝使童子盜，脊上有縷，句脣是也；雨則重，霽則輕。委貝使人志强，夜行伏迷鬼狼豹百獸，赤中圓是也；雨則輕，霽則重。

案：楊升庵言相貝經係嚴助作，見初學記。今考之實朱仲作，非嚴助也。高似孫緯略曰：「師曠有禽經，浮丘公有鶴經，雖畜及蟲魚，亦俱有經。惟朱仲所傳相貝經，怪奇是也。」中所説「貝」，十倍爾雅釋魚、漢志五貝。但既名爲經，其文當不止此。且首言黄帝、唐堯之貝，既無可考，禹貢揚州之織貝，不過方物。説文曰：「寶者，貨貝而寶龜。」明貨之非之。而此言貞瑞秘寶，是必別一種貝，特文有脱落，故不詳耳。蓋原書已軼，此特意林所引。升庵之言必自有據，姑就繹史所載録之，當更考諸宋人説部也。

右計十八家，其十七家惟王孫子本書有録，皆洪容齋所稱不傳之書，舊爲意林所引，而今闕逸者也。相貝經據楊升菴而録，亦非贅附。夫子流照，軫存者寥寥，幸得見採意林，而仍不免散亡，良可嘆惜矣。今既難盡追求，而又不忍聽其湮没，於是旁考他書，零星摭拾，張惶補苴，多至數十條，少或一條；文顯者省，義疑者闕；參互羣籍，擇善而從；兼爲詳其名字、事蹟，雖不能光復舊觀，庶幾窺全豹於一斑耳。

三　兩唐書馬總本傳與韓愈祭文

（一）舊唐書馬總傳

馬總，字會元，扶風人，少孤貧好學，性剛直，不妄交遊。貞元中，姚南仲鎮滑臺，辟爲從事。南仲與監軍使不叶，監軍誣奏南仲不法，及罷免，總坐貶泉州別駕，監軍入掌樞密。福建觀察使柳冕希旨欲殺總，從事穆贊鞫總，贊稱無罪，總方免死。後量移恩王傅。

元和初，遷虔州刺史。四年，兼御史中丞，充嶺南都護、本管經略使。總敦儒學，長於政術，在南海累年，清廉不撓，夷獠便之。於漢所立銅柱之處，以銅一千五百斤特鑄二柱，刻書唐德，以繼伏波之跡。以綏蠻功，就加金紫。

八年，轉桂州刺史、桂管經略觀察使，入爲刑部侍郎。裴度宣慰淮西，奏爲制置副史。吴元濟誅，度留總蔡州，知彰義軍留後。尋檢校工部尚書、蔡州刺史，兼御史大夫，充淮西節度使。總以申、光、蔡等州久陷賊寇，人不知法，威刑勸導，咸令率化，奏改彰義軍曰淮西，賊之僞跡，一皆削蕩。十三年，轉許州刺史，忠武軍節度，陳、許、溵等州觀察處置等使。明年，改華州刺史、潼關防禦、鎮國軍等使。十四年，遷檢校刑部尚書，鄆州刺史，天平軍節度，鄆、曹、濮等州觀察等使，就加檢校尚書左僕射，入爲户部尚書。長慶三年卒，贈右僕射。總理道素優，軍政多暇，公務之餘，手不釋卷。所著奏議集、年曆、通曆、子鈔等書百餘卷，行於世。

（二）新唐書馬總傳

馬總，字會元，係出扶風，少孤窶，不妄交遊。貞元中，辟署滑州姚南仲幕府。監軍薛盈珍誣南仲不法，總坐貶泉州别駕。盈珍入用事，福建觀察使柳冕希旨欲誅之，會刺史穆贊保護，乃免，徙恩王傅。元和中，以虔州刺使遷安南都護，清廉不撓，用儒術教其俗，政事嘉美，獠夷安之。建二銅柱於漢故處，劖著唐德，以明伏波之裔。徙桂管經略觀察使，入爲刑部侍郎。十二年，兼御史大夫，副裴度宣慰淮西。吴元濟禽，爲彰義節度留後。蔡人習僞惡，相掉訐，獷戾有夷貊風，總爲設教令，明賞罰，磨治洗汰，其俗一變。始奏改彰義爲淮西。尋擢拜淮西節度使，徙忠武，改華州防禦、鎮國軍使。李師道平，析鄆、曹、濮等爲一道，除總節度，賜號天平軍。長慶初，劉總上幽鎮地，詔總徙天平，而召總還，將大用之，會總卒。穆宗以鄆人附賴總，復詔還鎮。二年，檢校尚書左僕射，入爲户部尚書。

總篤學，雖吏事倥傯，書不去前，論著頗多。卒，贈右僕射，謚曰懿。

（三）韓愈 祭馬僕射總文

維年月日，吏部侍郎韓愈，謹以清酌庶羞之奠，敬祭於故僕射馬公十二兄之靈。惟公弘大温恭，全然德備。天故生之，其必有意。將明將昌，實艱初試。佐戎滑臺，斥由尹寺。適彼甌閩，蛫尯跋躓。顛而不踒，乃得其地。於泉於虔，始執郡符。遂殿交州，抗節番禺。去其螟蟊，蠻越大蘇。擢亞秋官，朝得碩士。人謂其崇，我勢始起。東征淮蔡，相臣是使。公兼邦憲，以副經紀。殲彼大魁，厥勳孰似？丞相歸治，留長蔡師。茫茫黍稷，昔實棘茨。鳩鳴雀乳，不見梟鴟。惟蔡及許，舊爲血仇。命公並侯，耕借之牛。束其弓矢，禮讓優優。始誅鄆戎，厥墟腥臊。公往滌之，茲惟樂郊。惟東有猘，惟西有虺。顛覆朋鄰，我餘有幾。崔崒中居，斬其脊尾。岱定河安，惟公之韙。帝念厥功，還公於朝。陟於地官，且長百寮。度彼四方，孰樂可據。顧瞻衡鈞，將舉以付。惟公積勤，以疾以憂。及其歸時，當謝之秋。賀問未歸，弔廬已萃。未燕於堂，已哭於次。昔我及公，實同危事。且死且生，誓莫捐棄。歸來握手，曾不三四。曾不濡翰，酬酢文字。曾不醉飽，以勸酒胾。奠以叙哀，其何能致？嗚呼哀哉，尚饗！

（録自韓昌黎全集，中國書店一九九一年據一九三五年世界書局本影印）

四　歷代著録、題記、序跋

（一）新唐書藝文志雜家類

馬總意林一卷。

（二）宋　崇文總目雜家類

意林三卷。

（三）宋　趙希弁　郡齋讀書志後志卷二

意林三卷。右唐馬總會元撰。初梁潁川庾仲容取諸家書術數雜説凡一百七家，鈔其要語爲三十卷。總以其繁略失中，增損成三軸。前有戴叔倫、楊伯存兩序。

整理者案：「楊」爲「柳」之誤。

（四）宋 高似孫 子略目

子鈔，梁諮議參軍庾仲容，潁川人。子鈔百十有七家，仲容所取，或數句，或一二百言，是有以契其意入其用而他人不可共用者也。馬總意林一遵庾目，多者十餘句，少者一二言，比子鈔更爲取之嚴、録之精且約也。戴叔倫序其書曰：「上以防守教之失，中以補比事之闕，下以佐屬文之緒。有疏通廣博、潔浄符信之要，無僻放拘刻、激蔽邪蕩之患，亦足以發其機、寫其志矣。孔子曰：『雖小道，亦有可觀。』是於諸子未嘗廢也。聖人既遠，承學易殊，義向之少純，言議之多詭，則百氏之爲家，不能盡叶乎一，亦理之所必然也。當篇籍散闕、人所未見之時，而乃先識其名，又得其語，斯足以廣聞見，助發揮，何止嘗鼎臠、啖雞蹠也？陸機氏曰『傾羣言之瀝液，漱六藝之芳潤』，是庶幾焉。」總，唐貞元中任評事，字會元，扶風人。

（五）宋 陳振孫 直齋書録解題卷十

意林三卷，唐大理評事、扶風馬總會元撰。以庾鈔增損裁擇爲此書。總後宦達，嘗副裴晉公平淮西者也。

（六）宋 洪邁 容齋續筆卷十五 計然意林

計然意林。予按唐貞元中，馬總所述意林一書，鈔類諸子百餘家，有范子十二卷，云：「計然者，葵丘濮上人，姓辛，字文子。其先晉國之公子也。爲人有内無外，狀貌似不及人，少而明，學陰陽，見微知著，其志沈沈，不肯自顯，天下莫知，故曰『計然』。時遨遊海澤，號曰『漁父』。范蠡請其見越王，計然曰：『越王爲人鳥喙，不可與同利也。』」據此，則計然姓名出處皎然可見。裴駰注史記，亦知引范子。北史蕭大圜云：「留侯追蹤於松子，陶朱成術於辛文。」正用此事。曹子建表引文子，李善注以爲計然，師古蓋未能盡也。而文子十二卷，李暹注，其序以謂范子所稱計然。但其書一切以老子爲宗，略無與范蠡謀議之事，意林所編文子正與此同。所謂范子，乃別是一書，亦十二卷。馬總只載其叙計然及他三事，云「餘並陰陽曆術，故不取」，則與文子了不同，李暹之説誤也。唐藝文志范子計然十五卷，注云「范蠡問，計然答」，列於農家，其是矣，而今不存。唐世未知尊孟氏，故意林亦列其書而有差不同者，如「伊尹不以一介與人，亦不取一介於人」之類。其他所引書，如胡非子、隨巢子、纏子、王孫子、公孫尼子、阮子正部、姚信士緯、殷興通語、牟子、周生烈子、秦菁子、梅子、任奕子、魏朗子、唐滂子、鄒子、孫氏成敗志、蔣子、譙子、鍾子、張儼默記、裴氏新言、袁準正書、袁子正論、蘇子、陸子、張顯析言、干子、顧子、諸葛子、陳子要言、苻子諸書，今皆不傳於世，亦有不知其名者。

（七）明胡應麟少室山房筆叢卷三

庾仲容子鈔今世不傳，僅馬總意林行世。按宋晁氏讀書志凡百七家，三卷。余所得本卷五，而所引僅六十餘家，蓋又亡其半矣。其書多裁割前人言語，洪景盧據所引，疑古孟子與今不同，非也。按景盧稱世不傳書三十餘家，今意林亦僅存半。其書名則諸史藝文、諸家書目往往可徵。因録景盧語而考列其下作者，大都亦因概見云。整理者案：此下原録洪邁容齋續筆計然意林，因上文已録，故此不引。

隨巢子六篇，胡非子三篇，並見漢藝文志，注皆云：「墨翟弟子也。」纏子不載漢志，而意林引用二條皆與董無心論難語。無心，戰國人，著書辟墨子，纏子，蓋亦戰國墨之徒也。王孫子一篇，見漢志儒家，注：「名巧心。」劉勰雕龍末所稱王孫巧心即此。公孫尼，七十子門人，其書兩見漢志，一儒家二十八篇，一雜家一篇。今意林所引，但有公孫文子而無公孫尼，不知其儒家、雜家也。阮子正部、政論，魏清河太守阮武撰；姚信書名士緯，梁人信又有新書二卷，並見鄭氏通志藝文略。阮法家，姚名家也。通語十卷，晉尚書左丞殷興撰；正部論八卷，後漢侍中王逸撰，並見隋志儒家注中。牟子二卷，後漢太尉牟融撰，鄭志仝列儒家，今載弘明集者，非也。周生烈，魏人，三國志有傳，隋志作周生子要論，亦見儒家。秦子三卷，吳秦菁撰，見隋志雜家。梅子一卷，中言阮步兵，意林以爲晉人，或近之。隋志作梅子新論。魏朗三卷，後漢會稽人，見隋志儒家。唐子十卷，吳唐滂撰，見隋志道家。鄒子，漢志有三，戰國衍、奭，漢鄒陽。據意林所引百餘言，不類戰國，或當是陽書也。孫氏成敗志三卷，吳孫毓撰，見隋志。蔣子者，魏蔣濟，萬機論八卷，見雜家。譙子者，蜀譙周，法訓八卷，見儒家。鍾會芻蕘論五卷；默記三卷，吳大鴻臚張儼撰；新言五卷，吳大鴻臚裴玄撰；析言論三十卷，晉議郎張顯撰，並見隋志雜家。顯又有古今訓十二卷，亦見雜家。正論十九卷，正書二十五卷，並袁準撰，見儒家。蘇子者七卷，晉征北參軍蘇彦撰；陸子者十卷，晉清河守陸雲撰，並附道家。然雜家又有蘇道立言六卷，陸澄政論十二卷，不知意林所引，果道家、雜家也？干子十八卷，晉干寶撰；顧子十卷，晉揚州主簿顧夷撰，並附見儒家。然吴太常顧譚有新語十二卷，亦稱顧子。諸葛子五卷，吴太傅諸葛恪撰，見雜家。然儒家又有武侯集誡二卷，亦諸葛也。陳子要言十二卷，吴豫章太守陳融撰，見法家。苻子二十卷，東晉員外郎苻朗撰，見道家。惟任奕子未得考，而道家有河東太守任嘏撰道論十二卷，或字之訛也。

按：景廬謂諸書今皆不傳於世，此殊失考。諸書非至宋始不傳，自隋世已湮没。考隋經籍志，洪所列三十餘家，存者惟魏朗、唐滂、蔣濟、譙周、袁準、苻朗、顧譚、任嘏十餘家。隨巢一卷，胡非、公孫尼各一卷，蓋不過十之三。自餘皆梁世所有，隋一不存。修史者附見其目，列注自明。鄭漁仲一概鈔入，不復辨其有亡，大誤後學。若馬氏意林所録，自是從仲容子鈔纂出。諸子本書雖亡，其引用於子鈔者，唐世故在。洪雅名博洽，然於諸史藝文志不甚究心，故有此誤，正與論太平御覽書目同科。

今意林六十家，洪所列外，尚有一二僻者。化清經十卷，蔡洪撰；篤論四卷，杜恕撰；物理論十六卷，楊泉撰，並隋世已亡，附見諸子注中。又體論四卷，亦杜恕撰；傅子百二十卷，傅玄撰，並隋世尚存者。此外有湘東王鴻烈十卷，楊偉、桑丘長生書二卷，陸澄缺文十三卷，張顯古今訓十一卷，盧辯稱謂五卷，桓子一卷，何子五卷，郭子三卷，隋世或存或亡，今率湮没無考。太抵唐以前子書僻者，略盡此矣。

（八）清 乾隆 題意林四絶句

集録裁成庾潁川，意林三軸用兹傳。
漫嫌撮要失備載，嘗鼎一臠知味全。
都護安南政不頗，用儒術致政平和。
奇書五卷銅柱二，無忝祖爲馬伏波。
六經萬古示綱常，諸子何妨取所長。
節度豈徒務占畢，要知制事有良方。

五卷終於物理論，太元經下已亡之。設非天一閣珍弆，片羽安能欣見斯。乾隆甲午仲夏御筆，乙未五月十有九日草莽臣鮑廷博恭録。整理者案：四部叢刊本只録前三首，後一首據聚學軒叢書本補。

（九）四庫全書總目提要

意林五卷，江蘇巡撫採進本。唐馬總編。唐書總本傳但稱係出扶風，不言爲何地人。其字唐書作會元，而此本則題曰元會，均莫能詳也。傳稱其歷任方鎮，終於户部尚書，贈右僕射，謚曰懿。陳振孫書録解題稱總仕至大理評事，則考之未審矣。初，梁庾仲容取周秦以來諸家雜記凡一百七家，摘其要語爲三十卷，名曰子鈔。總以其繁略失中，復增損以成此書。宋高似孫子略稱：「仲容子鈔，每家或取數句，或一二百言。馬總意林一遵庾目，多者十餘句，少者一二言，比子鈔更爲取之嚴、録之精。」今觀所採諸子，今多不傳者，惟賴此僅存其概。其傳於今者，如老、莊、管、列諸家，亦多與今本不同，不特孟子之文，如容齋隨筆所云也。前有唐戴叔倫、柳伯存二序，與文獻通考所載相同。唐志著録作一卷，叔倫序云三軸，伯存序又云六卷。

今世所行有二本，一爲范氏天一閣寫本，多所佚脱，是以御題詩有「太元以下竟亡之」之句。此本爲江蘇巡撫所續進，乃明嘉靖己丑廖自顯所刻，較范氏本少戴、柳二序，而首尾特完整。然考子鈔原目凡一百七家，此本止七十一家。洪氏載總所引書尚有蔣子、譙子、鍾子、張儼默記、裴氏新書、袁準正書、袁子正論、蘇子、張顯析言、干子、顧子、諸葛子、陳子要言、苻子諸書，此本不載。又通考稱今本相鶴經自意林鈔出，而永樂大典有風俗通姓氏篇，題曰出馬總意林，此本亦並無之。合計卷帙，當已失其半，並非馬總之原本矣。然殘璋斷璧，益可寶貴也。

（一〇）清 胡玉縉 四庫提要補正

黄以周子叙意林校本叙云：唐志一卷，「一」蓋「六」字之訛。元明以來流傳之本，卷二殘闕兩家，卷六全缺四十一家。以仁和汪家禧所藏照宋本書六卷爲最完善，世間罕見其書。諸家所據校者，一爲道藏本，一爲四明范氏天一閣鈔本，一爲明廖自顯刻本。其書皆止五卷，無六卷。五卷之末或誤以物理論爲傅子，以傅子爲中論，以傅子、中論爲物理論。或又割唐子之半以當傅子，又羼越傅子之文入物理論中。諸家有據廖氏所刻校以天一閣本者，今之聚珍本爲乾隆館閣諸公所校者是也。有據天一閣所鈔校以聚珍本者，今之周廣業所校本得於緑飲鮑氏者是也。有補卷二之逸文、輯卷六之遺子者，今之張氏借月山房所刻陶鏡寰校本是也。有據道藏本考定其次、補其闕目者，嚴可均所校四録堂本是也。有據照宋本以校周本、補完全書復歸六卷者，李遇孫補校本、汪遠孫復校本是也。總覈各書，天一閣鈔本凡六十二家，嘉靖廖刻本凡七十有一家。周校本於廖刻本外採輯逸文五條，張刻本又於七十一家外採録逸子五家，李、汪兩家均依照宋本補足，凡得一百一十一家。今參考諸家，以借月山房爲主云云。

縉按：黄氏復輯意林中所録逸子之語散見於古籍者凡四十四種，各爲之敘。提要稱洪氏載總所引書有袁淮正書、袁子正論，實皆袁準。作「準」，一作「淮」，而「淮」即「準」之誤也。

（一一）清 陶貴鑒 鈔校意林跋

是書久無刊本，缺誤實多。就其存者六十九家，大半今所不傳，不特庾氏子鈔藉此可得大概也。予來京城，楊靜岩姊丈出鈔本見示，因與伯兄松岩共加讐勘，頗有糾正。録而藏之，以待好古之君子登之梨棗。庶馬氏津逮儒林之微，更藉以傳遠爾。嘉慶庚申仲冬上浣鏡寰陶貴鑒識。

（一二）清 張海鵬 刊刻意林跋

唐馬氏意林一書，本梁庾仲容子鈔增損而成，文約趣深，爲藝林所寶。近世藏書之家，范氏天一閣爲最富，所藏只鈔本而多脱誤。明嘉靖間廖氏有刻本，較范氏鈔本爲完整，而與宋高似孫所稱意林一遵子鈔書目者缺三十六種，目存而書缺者又二種。蓋是書久無刊刻之家，流傳者絶少，傳而簡編脱佚者復多，故全璧罕覯。今幸際右文之朝，蒐採岩穴，是編得入秘府，而占畢者猶未得遍窺也。吾邑楊舍人静岩從日下得館閣諸公校定底本，别録一册，攜歸見示，以余方雪鈔露校，嗜刻古書，屬付梓，以廣其傳。撫卷玩索，不啻錫我百朋。而舍人愛素，好古之意，亦從可識矣！嘉慶甲子冬杪虞山張海鵬識。

（一三）清　海甯　周廣業　意林注叙略

緑飲鮑君家有賜書，好古，孜孜不倦，近者恭録御覽天一閣范氏本意林一書，備載四庫館校□，復爲參考道藏，逐條標列異同。廣業假以來，反復校寫數過，更參以别本，證以原書，尚有訛異者數條。不揣固陋，殫慮校對，謹爲推演擴充於篇段字句間，依文附綴，不能自知當否也。

乾隆己亥秋七月。

（一四）清　仁和　汪遠孫　校意林跋

海昌周耕厓先生校本書，名下詳注撰人姓氏、爵里及著書大略。其書今存者，逐條備注篇名，取便覆檢，後附逸文五條。嘉興李君金瀾鈔自先生門人查康齋，余從李君借鈔，惜弟三卷全缺，弟二卷缺六十條，弟五卷缺「一百一」一條。李君即取聚珍本補之，聞先生哲嗣紀君能守楹書，必有全本，當假以補録其弟六卷暨弟二卷鶡冠子二條、王孫子一條。李君從家選樓先生借鈔選樓照宋本，補耕厓先生未之見也。選樓有意林翼，剌取古籍中所引諸子之逸者補馬氏所未備。稿藏横河許氏，燬於火，遂不傳。

道光戊子八月七日遠孫校畢並識卷尾。

(一五)清 烏程 嚴可均 校意林跋

唐馬總因梁庾仲容子鈔作意林，其列名及戴叔倫序，稱總字元會，唐書本傳作會元，誤也。總歷任方鎮，終戸部尚書，贈右僕射，見本傳。成書時官大理評事，見戴序；陳振孫以爲總後仕至大理評事，誤也。戴序作於貞元二年，云「裁成三軸」。明年柳伯存序云「六卷」，又云其本「且曰編録所取，先務於經濟，次存作者之意」。蓋初稿甚略，旋增廣之。唐志作「一卷」，「一」蓋「六」之誤。宋時著録作「三卷」，其初稿本乎，抑合併之乎？今世流傳以道藏五卷本爲稍舊，惜殘闕不完。以目録校之，卷二莊子後有鶡冠子、王孫子，今本鶡冠子全闕，而所載王孫子皆莊子「雜篇」

也。卷三説苑後有新序，今本新序全闕。卷五次序與目録傎到不符，又中論、傅子、物理論三家文皆羼越，以物理論爲傅子，以傅子爲中論，以傅子、中論爲物理論；有數十條皆錯者，有半句在此、半句在彼者。蓋由所據本破爛零落，隨手黏聯，匀分五卷，實則原書六卷，今本不足四卷也。以高似孫子略校之，王逸正部後當有牟子一家，末卷當有蔣濟萬機論至筆墨法三十七家，今僅存原書十分之六耳。總所見諸子，亡者大半。斷圭殘璧，足供考訂之資，因據家本莊子、中論及各書所引物理論、傅子，移歸原所，並補目録之闕，别爲一卷，附道藏本後。其餘譌脱尚多，讀者自能互證得之。

嘉慶乙亥冬月。

（一六）清 黄以周 意林八校本叙

意林六卷，唐扶風馬總元會編。首有戴叔倫、柳伯存二叙。戴叙作於貞元二年五月，云「裁成三軸」。明年夏，柳叙云「六卷」。蓋三軸者，猶今之所謂三篰也。篰分二卷，故有六卷。柳叙又云：「扶風爲余語其本尚，且曰編録所取，先務於經濟，次存作者之意。」此馬氏自道編書之意云爾。自「且曰」譌作「且日」，後人遂謂馬氏初稿甚略，旋增廣之，豈其然與！唐志作「一卷」，「一」乃「六」字之誤。宋時箸録作「三卷」，蓋沿戴叙「三軸」之言而誤。其書實有六卷，尚有宋本可據。

今世流行之本，卷二佚二家，卷六全闕四十家。仁和汪選樓照宋本，書六卷，子百一十一家，僃最完善，世間罕見是書。

校讎家所依據者，一爲道藏本，一爲范氏天一閣鈔本，一爲嘉靖廖德潛刻本，其書皆五卷，無六卷。而范氏鈔本，傅子以下其文俄空。廖氏刻本卷目雖具，書中删節綦多，故其書自名語要。惟道藏本五卷較爲完備，而誤以莊子爲王孫子，又誤以物理論爲傅子，以傅子爲中論，以傅子、中論爲物理論，其失亦與廖刻等。乾隆間館閣諸公所校，皆據天一閣本。又參考道藏、廖刻本，出王孫子之文以歸莊子，截物理論之文以歸中論，是正舊謬，昭若星日。其書之頒行天下者，今謂之聚珍本。其别校本之流傳人間者，往往與聚珍本文有出入。一時學者又據以復校，訂其異同，有若海昌周耕厓校本，有若虞山張氏所刻陶鏡寰校本；其據道藏本考定其次，補其闕目者，有若烏程嚴鐵橋校本；其據照宋本以校周校本，補完其書，勒成六卷者，有若李金瀾補校本、汪小米過校本；其校刻照宋本弟六一卷以行世者，有若蔣氏別下齋本。總覈諸家，得見照宋本全書者，止李、汪二人。蔣氏又祗見其弟六一卷，而李據宋本以補周校本，惜僅考其章節之分及書題之注，文字異同既未深校，間有據以改正者，溷書于周校本，亦不爲標識。汪過校時，照宋本已燬於火，周、李兩家所校文又難爲區別，無由定其若而爲宋本字，惟章節書題等處，特别之曰李注，以箸宋本之舊，則宋本之不盡見於今者，又以李氏未諳校讎之法也。

今據汪氏過校本攷之，照宋本之優於近刻者固多，其書之不足恃亦復不少。通考偁今本相鶴經自意林鈔出，永樂大典有風俗通姓氏篇，題曰出馬總意林，施注蘇詩引袁準正書「大歲在酉」一條，亦偁出意林，照宋本並無其文，則馬氏原書散逸已多，照宋本亦非其全也。卷三新序之文，溷入説苑，不爲標題，别標題新序於卷六筆墨法之後，又不録其文，卷五序目與書羼襍不倫，李校是書絶不言照宋本之有異同，是豈李氏失檢歟？抑亦照宋本之誤亦同今本也。

仁和許君益齋得汪氏過校本，將付諸梓，病其各家校注溷襍，體例未善，以周爲之繙閱數四，得其端緒。周、李兩家校注可别者，别之曰周校本，曰李校照宋本；其有不可區以別者，則曰周、李校本；周、李所校皆不箸其所出，其有引某書某卷作某者，汪小米所校也，則又別之曰汪校本。

丁君松生又出其家藏廖刻嚴校數種，以周爲之更加董正，以成是書。諸家校語悉備載之，曰藏本者，據嚴校也；曰陶校者，據張本也；曰周校、李校者，據汪本也。割舊題物理論十一事歸入中論，遵聚珍本也；改舊題傅子爲物理論，割物理論九十二事爲傅子，又從嚴校本也。周校已無足本，竊取其例，於中論諸書亦詳注篇名，所以闡發聚珍本改定之意也。偁古籍之引傅子者，以証舊題傅子之爲物理論，所以明嚴校之有據，且以箴陶校歸物理論於唐子之失也。每書標題下識其卷帙篇目之多少，古今之存佚，以見隱括。其條舉者，有本書則校以本書，本書之佚者又參校唐宋類書所偁引，以明文字異同。此皆以周所增注以補諸家之闕也。讎校既畢，又輯馬氏所録諸子之佚者坿諸卷後，此又仿汪選樓意林翼之意也。

光緒五年己卯秋定海黄以周識。

（一七）王重民 中國善本書提要

1 意林五卷，二册（北圖），明萬曆間刻本［十行二十二字（22.2×14.3）］。原題「扶風馬總元會編」。據徐元太序，此本從道藏録出，而郭子章刻之，故與聚珍版互有勝負。卷内有「温陵黃俞邰氏藏書印」、「平江貝氏文苑」、「貝墉」、「千墨弇藏」等印記。徐元太序「萬曆十六年（一五八八）」。戴叔倫序「貞元二年（七八六）」。柳伯存序「貞元三年（七八七）」。

2 意林語要五卷，二册（北圖），明嘉靖間刻本「九行二十字（19.5×12.3）」。唐馬總輯。廖自顯序云：「余以其傳未廣，圖梓有待。雲中於守敖請終厥美。」則此本爲於敖校刻於大同者。大同爲北邊重鎮，蓋軍備既增，而文化亦因以提高焉。廖自顯序「嘉靖八年（一五二九）」。於敖跋「嘉靖八年（一五二九）」。

（上海古籍出版社一九八三年版）

五　主要參考文獻書目

意林主要參校本（凡例中已列者不録）

學津討原本意林五卷、補遺一卷，上海商務印書館一九三五年涵芬樓影印清張海鵬曠照閣嘉慶刻本。

指海本意林五卷，清錢熙祚輯，一九三五年上海大東書局影印清道光刻本。

意林全譯，王天海撰，貴州人民出版社一九九七年七月第一次印刷。

意林校注，王天海撰，貴州教育出版社一九九八年六月第一次印刷。

歷代史志與書目

史記，司馬遷撰，裴駰集解、司馬貞索隱、張守節正義。

漢書，班固撰，顔師古注。

後漢書，范曄撰，劉昭補志，李賢注。

三國志，陳壽撰，裴松之注。

晉書，房玄齡等監修。

隋書，長孫無忌撰。
舊唐書，劉昫撰。
新唐書，歐陽修撰。（以上八種皆用中華書局一九九七年二十四史縮印本）
日本國見在書目録，藤原佐世撰。
子略目，高似孫撰
崇文總目，王堯臣等編。
國史經籍志，焦竑輯。
補續漢書藝文志，錢大昭撰。
補後漢書藝文志，侯康撰。
補三國藝文志，侯康撰。
補晉書藝文志，丁國鈞撰。
補晉書藝文志刊誤，丁辰述撰。（以上九種皆用臺灣新文豐出版公司一九八四年印叢書集成新編第一册）
春秋經傳集解，杜預撰，四部叢刊影宋本，上海商務印書館一九三五年版。
國語，韋昭解，清黄丕烈劄記。見士禮居黄氏叢書，廣陵書社二〇一〇年版。

戰國策，劉向編，高誘注，四部叢刊影印元刻本，上海商務印書館一九三五年版。
吳越春秋，趙曄撰，四部叢刊影印明刻本，上海商務印書館一九三五年版。
崇文總目，王堯臣、王洙、歐陽修等編撰，上海古籍出版社一九九五年影印本。
郡齋讀書志，晁公武撰；附志、後志，趙希弁編。
初遂堂書目，尤袤撰。
通志藝文略，鄭樵撰。
直齋書録解題，陳振孫撰。（以上四種用中華書局宋元明清書目題跋叢刊本，二〇〇六年）
漢藝文志考證，王應麟撰，北京大學圖書館藏元至元六年刻本。
少室山房筆叢，胡應麟撰，中華書局明清筆記叢刊本，一九六四年。
欽定四庫全書考證，王太嶽等撰，書目文獻出版社一九九一年版。
四庫全書總目，永瑢等撰，中華書局一九六四年影印本。
四庫全書簡明目録，永瑢等撰，中華書局一九六三年排印本。
增訂四庫全書簡明目録標注，邵懿辰撰，邵章續録，中華書局一九六三年。
書目答問補正，范希曾編，中華書局一九六三年。

販書偶記，孫殿起録，上海古籍出版社一九八一年。
敦煌古籍敘録，王重民編，中華書局一九七九年。
華陽國志校補圖注，常璩撰，任乃强注，上海古籍出版社一九八七年。
文選，蕭統編，李善注，中華書局一九七七年影印胡克家刻本。
北堂書鈔，虞世南撰，天津古籍出版社一九八八年。
藝文類聚，歐陽詢撰，上海古籍出版社一九九九年。
初學記，徐堅撰，中華書局二〇〇四年。
白孔六帖，白居易撰，孔傳續撰，上海古籍出版社一九九二年。
太平御覽，李昉撰，中華書局一九六〇年。
説郛，陶宗儀編，上海商務印書館一九二七排印本。

經傳及諸子著述

十三經注疏，阮元校勘，中華書局一九八〇年影印本。
四書五經，北京中國書店二〇〇九年影印宋、元人注本。
四書章句集注，朱熹撰，上海書店一九八七年影印國學基本叢書本。

黄侃手批白文十三經，上海古籍出版社一九八三年影印本。

春秋左傳集解，杜預注，上海人民出版社一九七七年。

容齋隨筆，洪邁撰，上海古籍出版社一九七五年。

漢魏叢書，程榮輯，上海涵芬樓一九二五年影印明萬曆程氏刻本。（其中涉及意林所録諸子十二家）

四庫全書子部，上海古籍出版社影印文淵閣本。（其中涉及意林所録諸子四十五家）

羣書治要，魏徵撰，四部叢刊影印日本尾張藩刻本。（其中涉及意林所録諸子四十五家）

四部叢刊子部，上海商務印書館一九三六年縮印本。（其中涉及意林所録諸子四十家）

二十二子，浙江書局彙刻本，上海古籍出版社一九八五年縮印本。（其中涉及意林所録諸子十七家）

百子全書，上海掃葉山房石印本。（其中涉及意林所録諸子三十七家）

諸子集成，上海書店一九八六年影印世界書局本。（其中涉及意林所録諸子二十六家）

叢書集成新編第十八册、二十册、八十一册，臺灣新文豐出版公司印行。（其中涉及意林所録諸子三十一家）

全上古三代秦漢三國六朝文，嚴可均編，中華書局一九五八年。（其中涉及意林所録諸子

五十八家）

玉函山房輯佚書，馬國翰輯，清光緒刻本。（其中涉及意林所載諸子六十家，且皆爲四庫全書所不收者）

案：上列各叢書中涉及意林所載諸子書共四百多種，此外還參考了諸子單行本一百多種，總計約在五百餘種以上。爲節省篇幅，諸子書目未一一録出，讀者自可依其愛好檢尋之。